NUNCA
DESISTA!

SUPERANDO OS DESAFIOS DA VIDA COM DETERMINAÇÃO

JOYCE MEYER

NUNCA DESISTA!

SUPERANDO OS DESAFIOS DA VIDA COM DETERMINAÇÃO

Belo Horizonte

Edição publicada mediante acordo com FaithWords, New York, New York. Todos os direitos reservados.

Diretor
Lester Bello

Autora
Joyce Meyer

Título Original
Never Give up!
Relentless Determination to
Overcome Life's Challenges

Tradução
Maria Lucia Godde / Idiomas & Cia

Revisão
Idiomas & Cia / Fernanda Fonseca / Ana Lacerda

Diagramação
Julio Fado
Ronald Machado (Direção de arte)

Design capa (adaptação)
Fernando Rezende
Ronald Machado (Direção de arte)

Impressão e Acabamento
Promove Artes Gráficas

Rua Vera Lucia Pereira, 122
Bairro Goiânia, CEP 31.950-060
Belo Horizonte/MG - Brasil
contato@belloeditora.com
www.belloeditora.com

© 2008 por Joyce Meyer
Copyright desta edição
FaithWords
Hachette Book Group
NewYork, NY

Publicado pela
Bello Comércio e Publicações Ltda-ME
com a devida autorização de
Hachette Book Group e todos
os direitos reservados.

Primeira Edição – Agosto de 2010
3ª. Reimpressão – Novembro de 2013

Todos os direitos reservados. Nenhuma parte desta publicação poderá ser reproduzida, distribuída, ou transmitida por qualquer forma ou meio, ou armazenada em base de dados ou sistema de recuperação, sem a autorização prévia por escrito da editora.

Exceto em caso de indicação ao contrário, todas as citações bíblicas foram extraídas da Bíblia Sagrada Nova Versão Internacional - NVI, 2000, Editora Vida. Outras versões utilizadas: KJV (Apenas trechos do Novo Testamento: Versão King James em língua portuguesa, Abba Press, Copyright © 2006). As seguintes versões foram traduzidas livremente do idioma inglês em função da inexistência de tradução no idioma português: AMP (*Amplified Bible*), TM (*The Message*) e KJV (*King James Version*, Trechos do Antigo Testamento).

Dados Internacionais de Catalogação na Publicação (CIP)

M612   Meyer, Joyce
          Nunca desista: superando desafios da vida
          com determinação / Joyce Meyer; tradução
          de Maria Lúcia Godde / Idiomas e Cia. – Belo
          Horizonte: Bello Publicações, 2013.
          288p.

ISBN: 978-85-61721-60-2

Título original: Never give up: relentless
determination to overcome life's challenges.

1. Auto-realização – Aspectos religiosos.
2. Autoconfiança. 3.Técnicas de auto-ajuda.
I. Título.

CDD: 234.2
CDU: 230.112

SUMÁRIO

	Introdução	7
1.	Nunca Diga "É Impossível"	11
2.	Nunca Desista de Si Mesmo	27
3.	Recuse-se a Viver com Medo	41
4.	Confronte Seus Medos	59
5.	Isto Vai lhe Custar Algo!	75
6.	O Espírito do Vencedor	95
7.	Nunca Desista do que é Importante para Você	111
8.	As Chaves para o Sucesso	129
9.	Supere os Obstáculos ao Sucesso	147
10.	Testemunho Começa com T-E-S-T-E	165
11.	Experimente Algo Novo	179
12.	O Pior Inimigo	193
13.	Nunca se Envergonhe	207
14.	A Arma Secreta	219
15.	A Força para Voar	233
16.	Nunca Desista do Futuro	245
17.	O Poder da Esperança	257
18.	Como um Vento Impetuoso	269
	Apêndice	283
	Sobre a autora	287

INTRODUÇÃO

Mais do que qualquer coisa, quero que você saiba que pode ter um relacionamento íntimo e pessoal com Deus por intermédio de Jesus Cristo, e desfrutar o melhor que a vida tem a oferecer. Deus não faz acepção de pessoas (veja Atos 10:34) e Suas promessas se aplicam igualmente a todos. Sim, você pode ter o melhor que Deus tem a oferecer, mas terá de ser determinado a nunca desistir até ter êxito em todas as áreas da vida.

Creio que Deus tem um grande propósito para você, por isso eu o incentivo a não se contentar com menos. Ele quer abençoá-lo e lhe dar uma vida que não apenas irá surpreendê-lo, preenchê-lo e lhe trazer uma profunda alegria e uma grande satisfação, como também irá desafiá-lo, expandi-lo e deixá-lo frustrado por vezes, levando-o até mesmo a momentos em que será tentado a desistir.

Pense neste livro como um manual para ser utilizado à medida que você busca o melhor em cada área de sua vida. Ele lhe dará a inspiração que você precisa para continuar colocando um pé na frente do outro quando ficar cansado durante a jornada, e o fará lembrar continuamente e de várias formas: *Você pode conseguir se nunca desistir.* Ele lhe dará forças para planar acima dos testes e provações da vida como uma águia majestosa, aumentará sua determinação e lhe ensinará a transformar adversidades em oportunidades. Você terá o poder para perseverar, e edificará sua confiança na capacidade de Deus vê-lo por meio da realização dos objetivos que Ele lhe deu. Este livro fortalecerá sua fé para crer no desejo de Deus para realizar os sonhos que Ele colocou em seu coração.

À medida que avançar nestas páginas, você encontrará pessoas fantásticas que se recusaram a se contentar com menos do que o melhor e cujas histórias irão inspirar e impressionar você. Em cada palavra que ler, eu estarei animando-o, lembrando que Deus está a seu lado, incentivando-o a nunca desistir.

Uma das principais razões pelas quais as pessoas desistem é porque elas tentam fazer coisas, não obtêm êxito e se sentem "um fracasso". A verdade é que nunca somos um fracasso a não ser que desistamos. Quando não temos sucesso em alguma coisa, muitas vezes não temos coragem de tentar de novo, e nos contentamos com menos do que poderíamos realizar ou desfrutar se simplesmente continuássemos tentando. O fato é que todos nós temos momentos em que as coisas simplesmente não funcionam do jeito que esperamos, embora façamos o melhor possível. Podemos falhar em uma ou mais coisas, mas isso certamente não faz de nós um fracasso na vida. Creio que esses contratempos temporários são parte da vida e que devemos passar por eles a fim de realmente alcançar o sucesso um dia. Falhar enquanto estamos a caminho do sucesso nos humilha e nos ensina as lições que precisamos aprender. Para as pessoas que nunca desistem, o fracasso é simplesmente o combustível para ter mais determinação e sucesso no futuro.

Algumas das pessoas de maior sucesso na história falharam, mas se recusaram a desistir em vez de desanimarem. Reflita sobre os seguintes exemplos:

- Henry Ford, inventor do automóvel, faliu cinco vezes antes de ter êxito nos negócios.

- O grande dançarino e astro do cinema Fred Astaire fez um teste para o cinema nos estúdios da MGM em 1933. Um memorando do estúdio relatou que ele era levemente calvo, não podia atuar e dançava *um pouco*.

- A família de Louisa May Alcott, a excelente autora do livro *Mulherzinhas* (mais conhecido no Brasil pela adaptação para o cinema *Adoráveis Mulheres*), achou que ela devia abandonar a ideia de ser escritora e se tornar costureira.

Introdução 9

- Um jornal demitiu Walt Disney por falta de ideias, e ele faliu diversas vezes antes de construir a Disneylândia.

- Os pais de Enrico Caruso acreditaram na afirmação de um professor de canto sobre o rapaz não ter futuro na música — ele simplesmente não conseguia cantar. Mas Enrico não acreditou no professor e se tornou um dos cantores de ópera mais famosos do mundo.

- Theodore Roosevelt sofreu a morte da mãe e da esposa em 1884, no mesmo dia em que se tornou herói de guerra e um presidente muito eficiente para os Estados Unidos.

- Quando John Wesley, o fundador do Metodismo, pregava nas igrejas, geralmente pediam a ele que não retornasse. Quando ele pregava nas ruas, as pessoas da cidade o expulsavam. Quando pregou em um campo, soltaram um touro sobre ele. Porém, mais tarde, por ter se recusado a desistir, ele pregou em um pasto e dez mil pessoas foram ouvi-lo.

A história de Abraham Lincoln também me impressiona. Diante de muitas derrotas, ele tinha motivos para acreditar que não havia meios de vencer na vida ou de ser presidente dos Estados Unidos. Aos vinte e dois anos de idade, ele fracassou nos negócios. Um ano depois, concorreu à Assembleia Legislativa e perdeu. Aos vinte e quatro anos, sofreu um segundo fracasso nos negócios. Aos vinte e seis, a mulher que amava faleceu, e ele teve um colapso nervoso no ano seguinte. Aos vinte e nove anos, perdeu outra corrida política, e aos trinta e quatro concorreu ao Congresso, sem sucesso. Aos trinta e sete, foi eleito para o Congresso, mas foi derrotado novamente dois anos depois. Aos quarenta e seis, perdeu a concorrência para o Senado, e no ano seguinte, falhou em sua tentativa de se tornar vice-presidente. Aos quarenta e nove anos, foi derrotado no Senado novamente. Ele tinha quatro filhos, mas apenas um viveu até a idade adulta. Porém, aos cinquenta e um anos de idade, Abraham Lincoln foi eleito presidente dos Estados Unidos, e conduziu o povo com êxito através de um dos seus períodos mais difíceis. Muitas pessoas teriam dito: "É impossível", mas Lincoln não disse. Ele nunca desistiu.

Além das pessoas famosas que tiveram de perseverar, houve várias outras cujos nomes não sabemos, mas cujos fracassos ou erros se tornaram alguns dos produtos mais conhecidos e de maior vendagem do mundo atual.

Por exemplo, nunca houve a intenção de que o sabão Ivory (um conhecido sabão em pó vendido nos Estados Unidos) flutuasse. Ele flutua devido a um erro de fabricação — e essa é a qualidade que o distingue de todos os demais sabões do mercado.

Do mesmo modo, originalmente tinha-se a intenção de que o material utilizado para fabricar os lenços de papel Kleenex fosse utilizado para a fabricação de filtros de máscaras de gás durante a Primeira Guerra Mundial, mas não funcionou. Ele também falhou como removedor de cosméticos. Mas quando alguém decidiu embalá-los e comercializá-los na forma de lenços de papel descartáveis... Bom, você conhece o resto da história.

Creio que você está destinado a fazer grandes coisas. Deus o criou com um propósito. Ele tem oportunidades para lhe dar e tarefas para confiar a você. Estou certa de que a esta altura da vida, você já percebeu que enfrentará oposição ao seguir a Deus. As pessoas que são chamadas para grandes coisas enfrentam grandes desafios. Ele nunca prometeu que seria fácil. Na verdade, Ele garante em Sua Palavra que teremos adversidades. Ele também promete estar conosco em meio às dificuldades, lutar a nosso favor, nos fortalecer para superarmos qualquer obstáculo que possamos confrontar, e nos dar a capacidade de vencê-los com uma condição — a de nunca desistirmos.

Independentemente do que surja em seu caminho, recuse-se a desistir. Antes de começar, quero lembrar-lhe de uma verdade bíblica para você levar ao longo das páginas deste livro e muito depois de terminar de lê-lo: "Deus, que levou você a iniciar esta aventura espiritual, compartilha conosco a vida de Seu Filho e nosso Mestre Jesus. *Ele nunca desistirá de você*. Nunca se esqueça disto" (1 Coríntios 1:9, TM, ênfase da autora).

CAPÍTULO 1

NUNCA DIGA "É IMPOSSÍVEL"

*"Sem o caminho, não há como ir; sem a verdade,
não há como saber; sem a vida, não há como viver."*
THOMAS À KEMPIS

Você já enfrentou uma situação e disse: "Isto não é possível?". Talvez algum destes pensamentos tenham passado por sua mente:

- É impossível suportar a pressão do trabalho.
- É impossível pagar minhas contas no fim do mês.
- É impossível salvar meu casamento.
- É impossível meus filhos se tornarem adultos responsáveis.
- É impossível manter minha casa limpa e arrumada.
- É impossível abrir um negócio próprio.
- É impossível voltar à faculdade com a minha idade.
- É impossível perder o peso que preciso perder.

Quero que você saiba que sempre há um meio. Talvez não seja fácil; talvez não seja conveniente; talvez não aconteça rápido. Talvez você tenha de verificar, se mexer, fracassar, vasculhar. Mas se você simplesmente continuar a prosseguir e se recusar a desistir, *encontrará* um meio.

Quero que você faça uma promessa a si mesmo. Prometa a si mesmo que nunca mais dirá: "É impossível". A verdade é que mesmo que pareça impossível, com Deus sempre há um jeito. Se você é um cristão nascido de novo, o Espírito de Deus vive dentro de você. Toda a criatividade do mundo habita Nele, e pelo fato de que Ele vive em você, você tem acesso a toda essa criatividade. O Espírito Santo pode lhe dar ideias que nunca lhe ocorreram e lhe mostrar maneiras de fazer coisas que você nunca pensou poder fazer.

Em vez de nos concentrarmos em nossas dificuldades, precisamos nos concentrar mais no fato de que Deus é por nós e Seu poder está operando em nós. Muitas vezes, desistimos com muita facilidade, dizendo: "É difícil demais" ou "Está demorando muito". Precisamos parar de olhar para as situações em nossa vida e pensar: *Realmente não consigo lidar com isto; é demais para mim. Já tentei muitas vezes. Preciso aceitar que não há como isto acontecer.* Em vez disso, precisamos dizer: "Não me importa se parece haver um jeito ou não. Jesus é o Caminho; Seu Espírito vive em mim; e eu encontrarei um jeito!". Deus prometeu que Ele faria um caminho no deserto e rios no ermo (ver Isaías 43:19).

Jesus disse em João 14:6: "Eu Sou o Caminho, a Verdade e a Vida". Ele é o caminho, e Ele ajudará você a encontrar um caminho onde parecer não haver nenhum. 1 Coríntios 10:13 diz: "Não sobreveio a vocês tentação que não fosse comum aos homens. (...) Mas, quando forem tentados, Ele mesmo lhes providenciará um escape, para que o possam suportar". Em outras palavras, Deus sempre tem um caminho para nós se procurarmos por Ele, se esperarmos por Ele, e nos recusarmos a desistir Dele.

> Eu me pergunto quantas vezes as pessoas desistem imediatamente antes de uma reviravolta, quando estão à beira do sucesso.

Eu me pergunto quantas vezes as pessoas desistem imediatamente antes de uma reviravolta, quando estão à beira do sucesso. Você pode sentir o mesmo durante dez anos e depois, de repente, um dia você acorda e tudo muda. Você não sente nada diferente do que no dia anterior. Nada parece diferente do que sempre foi; nada parece estar acontecendo, mas algo acontece; e quando você vai dormir naquela noite, seu sonho finalmente foi realizado, a situação em que você viveu por tanto tempo finalmente termina, ou você finalmente alcança a realização pela qual trabalhou durante anos. Conheço uma jovem que certa vez estava trabalhando em um emprego do qual não gostava, e era solteira, mas queria se casar. Dentro de um mês, ela ficou noiva e foi admitida no emprego de seus sonhos. Ela esperou um tempo que parecia ser uma eternidade, mas, no tempo certo Deus, fez um caminho. Os caminhos de Deus não são nossos caminhos, mas o caminho Dele é sempre o melhor! Deus tem um plano para você e Ele ouviu suas orações; talvez você não perceba o quanto está perto de uma reviravolta em sua vida. Mesmo que você tenha de esperar por mais três, quatro ou cinco anos, se continuar perseverando, você terá a vitória de que precisa. Seja o que for que você faça, não desista agora que está à beira da vitória. Não pare de ter esperança, de crer e de tentar. Em vez disso, diga: "Jamais desistirei; jamais direi 'É impossível'".

TRÊS ASSUNTOS-CHAVE

Estive com milhares e milhares de pessoas nos últimos trinta anos de ministério e observei que a maioria delas considera três aspectos da vida como os mais desafiadores e os mais dignos de se lutar: saúde, finanças e família. Lidei pessoalmente com cada uma dessas áreas ao longo dos anos, e vi grandes melhorias e vitórias. Se você estiver disposto a perseverar em meio às lutas que enfrenta na saúde, na família e nas finanças, sei que você também sairá vitorioso.

Nunca Desista de Sua Saúde

Fico impressionada com a quantidade de pessoas que simplesmente não se sentem fortes, vibrantes e saudáveis. Muitas vezes ouço-as dizerem umas às outras: "Ai, estou tão cansada" ou "Eu faria algumas coisas de que gosto se tivesse energia para isso". Essa abordagem letárgica da vida não é o melhor de Deus para nós! Deus quer que nos sintamos bem e que tenhamos a paixão e a energia de que precisamos para desfrutar de nossa vida e para fazer tudo que Ele nos chamar para fazer. Ele não quer que estejamos exaustos ou esgotados demais para fazer as coisas que nos dão alegria ou que nos impulsionam em direção a Seus propósitos para nós.

Embora algumas pessoas realmente sofram com vários sintomas que precisam ser tratados com medicação ou terapia, muitos problemas de saúde com os quais lutamos estão relacionados ao estresse. Outros problemas de saúde se desenvolvem porque as pessoas não cuidam de si mesmas; elas não comem de forma saudável, não bebem água suficiente, não se exercitam regularmente, nem descansam o suficiente. Se elas simplesmente fizessem algumas alterações no estilo de vida, sua saúde e qualidade de vida melhorariam drasticamente.

No capítulo 8, discuto em mais detalhes o período de dez anos durante o qual lutei com vários problemas de saúde. Visitei muitos médicos durante esse período, e todos eles me disseram que meus problemas estavam relacionados ao estresse. À medida que aprendi sobre nutrição, exercício; sobre como viver de forma equilibrada e reduzir o estresse, minha saúde melhorou de forma notável. Sinto-me melhor hoje do que há trinta anos.

Minha filha Sandra tem um testemunho semelhante. Ela se sentia mal e sofria com problemas de saúde por anos. Muitos de seus problemas resultavam do estresse decorrente de ser perfeccionista. Depois de ter dado à luz seus gêmeos, ela teve problemas digestivos terríveis, dores nas costas e outros desafios de ordem física, a ponto de ter de ser levada para a emergência de um hospital diversas vezes. Sandra finalmente chegou a um ponto em que ela soube em seu coração que poderia ser saudável e se sentir bem. Ela decidiu descobrir as causas de seus problemas e resolvê-los. Embora tivesse de ser diligente e disciplinada, ela se recusou a abandonar a possibilidade de ter uma boa saúde. À medida que aplicou as lições que aprendeu sobre nutrição e exercícios, e aprendeu a impedir que o estresse do perfeccionismo (preocupação, medo etc.) a afetasse fisicamente, Sandra começou a se sentir melhor e a adquirir força. Agora, ela se sente maravilhosa e desfruta uma ótima saúde. Eu o encorajo a fazer todo o possível para melhorar sua saúde física. Faça as mudanças que precisa fazer em seu estilo de vida para se sentir melhor e para ser mais forte e mais energético. Se você precisa mudar seus hábitos alimentares e incluir mais frutas e vegetais e menos açúcar e gordura, mude-os. Se você precisa beber mais água e menos refrigerantes, faça isso. Se você precisa se disciplinar para dormir certo número de horas por noite, ajuste seu horário para acomodar o sono de que você precisa. Se você precisa se exercitar mais, comece a se exercitar mais.

Além disso, lide com o estresse e com os problemas emocionais que afetam você fisicamente, porque seu estado mental e emocional certamente afeta o corpo. Ser perfeccionista pode estar afetando você, como aconteceu com Sandra. Talvez a preocupação esteja fazendo com que sua pressão sanguínea esteja mais alta do que deveria, ou talvez o medo ou o nervosismo estejam afetando seu sistema digestivo. Talvez o estresse e a tensão estejam lhe dando dores de cabeça ou fazendo com que seus músculos fiquem contraídos em vez de relaxados. Não importa o que esteja afetando você, certifique-se de procurar ajuda para que você não se sinta mal e para que seu corpo não sofra danos permanentes.

Se você vive cansado, letárgico ou simplesmente não se sente bem, visite um médico. Descubra por que você não se sente bem e aprenda o que fazer a respeito. Não se contente com uma saúde ruim quando tudo que é preciso para ter uma boa saúde é fazer algumas mudanças em seu estilo de vida. Faça tudo que puder para se sentir bem e cheio de energia.

Nunca Desista de Suas Finanças

Atualmente, muitas pessoas estão presas na armadilha das dívidas, lutando para pagar as contas no fim de cada mês, se perguntando como abrir uma poupança, e preocupadas com a forma de fazer um plano de previdência ou de pagar pela educação dos filhos.

Lembro-me de quando Dave e eu tínhamos de comprar roupas para nossos filhos em liquidações e andar em carros tão velhos que nunca sabíamos se eles funcionariam ou não. No início de nosso ministério, não podíamos pagar para ficar em hotéis quando eu pregava nas reuniões à noite, então, independentemente de onde estivéssemos ou do quanto estivéssemos cansados, tínhamos de dirigir de volta para casa. Às vezes estávamos tão exaustos que tínhamos de encostar no acostamento da estrada para dormir por algumas horas antes de continuar. Lembro-me de comprar enlatados sem rótulo porque estavam sendo vendidos com desconto nas mercearias. Eu nunca sabia se, ao abrir aquelas latas, encontraria pêssegos, feijões verdes, sopa de letrinhas ou comida para gato, mas as "latas misteriosas" eram tão baratas que eu tinha de experimentá-las.

Estou compartilhando essas lembranças para que você saiba que entendo de problemas financeiros. Também sei, por experiência própria, e por ver Deus transformar a situação financeira de diversas outras pessoas, que você nunca deve desistir das finanças. Nunca se permita acreditar que você estará sempre endividado ou que nunca conseguirá guardar dinheiro.

Livrarias e bibliotecas estão cheias de recursos destinados a ajudá-lo a se libertar do cativeiro da dívida e se tornar um sábio administrador de seu dinheiro. Com disciplina, determinação, bom aconselhamento e tempo suficiente, você pode eliminar a dívida, pagar as compras à vista, fazer investimentos e economizar para o futuro. Não pense que a liberdade financeira não é possível para você, porque ela é. Talvez não seja fácil, mas você pode conquistá-la.

Nunca Desista Daqueles a Quem Você Ama

Antes de Dave e eu nos casarmos, ele pediu a Deus para lhe enviar alguém a quem ele pudesse ajudar. Quando Deus me enviou a ele, Dave ganhou mais do que havia pedido! Por causa de meu

Nunca Diga "É Impossível" 17

histórico de abuso, eu tinha problemas muito, muito sérios. Tentar ter um relacionamento íntimo comigo seria extremamente difícil para qualquer pessoa, e estou certa de que muitos homens teriam desistido. Mas Dave continuou a orar e a buscar a Deus à procura de maneiras de me ajudar, mesmo quando eu agia como se não quisesse ajuda. Às vezes ele até chorava porque não sabia o que fazer. Dave até compartilhou comigo que muitas vezes saía para dar uma volta de carro para poder orar e chorar, e voltava para casa confiando que Deus me transformaria. Depois de alguns dias, ele percebia que eu havia mudado repentinamente. Eu não havia mudado completamente, mas pelo menos ele via algum progresso, e isso fazia com que soubesse que Deus estava agindo.

Sou muito grata hoje por Deus ter sido fiel com Dave e comigo. Ele teve de me conduzir ao longo de um caminho árduo de cura, libertação e integridade. Ele teve de me ensinar a pensar diferente, a confiar nas pessoas, a me permitir ser amada e a amar os outros. Ele teve até de me ensinar a ser gentil, porque cresci pensando que tinha de me proteger, o que significava que geralmente eu era defensiva e áspera.

Nossa jornada não foi fácil, mas Dave se recusou a desistir de mim, e ambos nos recusamos a desistir de Deus. Agora temos mais de quarenta anos de casados, e sinceramente posso dizer que nosso relacionamento está melhor do que nunca. Embora nossos primeiros anos tenham sido difíceis, tivemos muitos anos de felicidade e esperamos ter outros mais.

Assim como Dave, eu também tive a oportunidade de me recusar a desistir de alguém a quem amava. David, meu filho mais velho, era tão parecido comigo que mal podíamos nos suportar em alguns momentos. A certa altura, ele começou a trabalhar no ministério e nós dois nos confrontávamos com tanta intensidade que finalmente decidi dizer a ele para procurar outro emprego. Eu não queria demiti-lo, mas não achava que podia suportar o conflito que era próprio de nosso relacionamento. Planejei falar com ele e dizer que sua presença no ministério simplesmente não estava funcionando, mas Deus falou ao meu coração: *Não desista do David.*

Com o tempo, David e eu aprendemos a nos dar bem. Agora ele dirige o departamento de missões mundiais, abriu dezoito escritórios no exterior para nós, e supervisiona vários programas internacionais de doações aos necessitados. Sou muito grata por seu bom trabalho e estou feliz por Deus ter me dito para não desistir dele. Quando você for tentado a desistir de seus entes queridos, lembre-se de Dave e de mim. Dave se recusou a desistir de mim, e eu me recusei a desistir de David. Quer você esteja crendo que alguém que você ama vai se tornar um cristão, mudar de comportamento, abandonar um mau relacionamento, parar de usar drogas, voltar para a escola, voltar para casa, ou conseguir um emprego, continue acreditando que a mudança é possível. Não desista daqueles a quem você ama; seu amor paciente e sua fidelidade podem ser exatamente o que eles precisam para mudar de direção completamente.

O amor nunca falha. Em outras palavras, ele nunca desiste das pessoas. O apóstolo Paulo descreve o que é o amor em 1 Coríntios 13 e menciona que o amor sempre acredita no melhor; ele é positivo e cheio de fé e esperança. Enquanto Jesus estava na terra, Ele deu um novo mandamento a Seus seguidores: que nós nos amássemos uns aos outros (ver João 13:34). Creio que andar em amor deve ser o principal objetivo de todo cristão.

Deus é amor (ver 1 João 4:8), e Ele nunca desiste de nós. Vamos optar por viver com a mesma atitude. Creia no poder do amor para mudar e transformar qualquer coisa e qualquer pessoa.

CONTRA TODAS AS PROBABILIDADES

Quando penso nas pessoas que nunca desistiram, penso em minha amiga Pennie Shephard. Sua história é o relato notável de uma mulher que passou pela experiência de um tremendo milagre da graça e da cura de Deus em sua vida, porque ela estava determinada a atingir seu objetivo.

Quando Pennie Shephard tinha treze anos de idade, ela caiu e quebrou o cóccix. Durante anos depois daquele acidente, ela vivia com uma dor crônica. Quando saía da cama todas as manhãs, ela sentia como se alguém tivesse enfiado uma faca em suas costas. Depois de se casar, havia vezes em que seu marido tinha de tirá-la da cama no colo. Ela não conseguia ficar de pé ou se sentar por longos períodos ou se curvar para lavar os cabelos em uma pia. Ela dormia com uma bolsa de gelo, ou com uma bolsa de água quente, ou com muitos travesseiros, mas parecia que nada ajudava. Pennie esgotou todas as possibilidades de fugir de sua agonia. Algumas vezes, sentia-se quase que completamente vencida; outras vezes, sentia-se deprimida e pensava: *Como posso suportar viver mais um dia?*

A médica de Pennie, Caroline Rogers, diagnosticou-a com artrite pós-traumática e hérnia de disco degenerativa. Isso gerava falta de estabilidade muscular, o que levava a problemas em partes de seu corpo onde ela não sofria com nada anteriormente. Ela estava presa em um ciclo de dor e sofrimento irreversível — a não ser, é claro, que acontecesse um milagre.

Pennie amava a Deus e realmente acreditava que Ele poderia curá-la. Ela acreditava que cada dia tinha o potencial para uma cura milagrosa em sua vida. Então, dia após dia, ano após ano, ela pediu a Deus por seu milagre.

Certo dia, quando estava orando, ouviu estas palavras em seu coração: *Corra para seu milagre.* Essas palavras não fizeram sentido para Pennie, porque ela não era uma corredora e nunca havia sido. Ela não gostava de correr, e vivia com tanta dor que não queria sequer tentar. Mas quando Deus falou ao seu coração, *Corra para seu milagre,* ela se comprometeu a fazer isso.

A maior distância que ela podia pensar em correr era uma maratona inteira — 42 quilômetros! Então, como o apoio de sua família e com a permissão de sua médica, que se ofereceu como treinadora, ela deu início ao torturante processo de treinamento físico e mental.

Durante os quatro meses seguintes, Pennie enfrentou a dor de treinar para a maratona. Ela manteve uma dieta e um programa rigorosos de sete dias por semana, eventualmente se levantando as três da manhã para fazer uma longa corrida antes de um dia inteiro de trabalho e responsabilidades familiares. Depois de vários meses de treinamento, Pennie não tinha alívio de sua dor, então continuou orando sobre sua participação na maratona para se certificar de que a dor não era um indicador de que ela devia parar de treinar. Ela estava determinada a pagar o preço do progresso e a não desistir. Ela queria ser capaz de se colocar na linha de partida e saber que havia feito tudo que Deus lhe havia pedido para fazer. O dia da maratona se aproximava, mas apenas duas semanas antes da corrida, seu joelho pifou. Na noite antes da corrida, ela mal podia andar pela sala do hotel. Pennie ainda acreditava que Deus havia falado com ela e sentia que tinha de prosseguir através daquela agonia. Ela estava determinada a comparecer na linha de partida. Ela disse: "Vou até aquela linha de partida mesmo que alguém tenha de me carregar até lá".

O marido e as filhas, seus maiores apoiadores, escreveram versículos e mensagens inspiradoras em suas mãos e em seus braços. Antes do nascer do sol, no dia da maratona, ela literalmente mancou até à linha de partida, com a Dra. Rogers a seu lado, sabendo que estava exatamente onde deveria estar. Ela ia correr para seu milagre!

Quando estava na linha de partida, mal podendo andar, ela se virou para a Dra. Rogers e gritou: "Minhas costas não estão doendo! Minhas costas não estão doendo!". Ela não havia dito essas palavras nos últimos vinte e oito anos. Seu joelho doía barbaramente, mas suas costas não estavam doendo!

Dra. Rogers sugeriu que começassem a corrida andando para se aquecer e para ver como seu joelho reagiria. Dois quilômetros e meio depois, Pennie disse à Dra. Rogers: "Acho que vou poder correr".

Pennie teve muito incentivo durante toda a corrida. Um grupo de amigos orou por ela durante as sete horas do percurso. Seu marido e suas filhas estavam na linha de partida e nos pontos de checagem ao longo do caminho para incentivá-la e apoiá-la.

Nunca Diga "É Impossível" 21

Aos 22 quilômetros, Dra. Rogers e Pennie estavam trinta e seis segundos fora do ritmo de sete horas, o que significava que um carro de apoio deveria pegá-las e levá-las até à linha de chegada se elas não conseguissem chegar a tempo. Mas Pennie deu tudo de si. Aos 37 quilômetros, ela sentia tanta dor que suas filhas começaram a correr com ela — uma debaixo de cada braço para ajudar a apoiá-la. Pennie cruzou a linha de chegada em cerca de sete horas.

Em nosso programa *Desfrutando a Vida Diária*, ela disse: "Antes da corrida, eu sempre via em minha mente que cruzaria a linha de chegada e conseguiria meu milagre. A verdade é que eu não fui curada na linha de chegada; eu não recebi meu milagre na linha de chegada. Eu recebi meu milagre na linha de partida. Tudo que tive de fazer foi aparecer lá. Não é necessário correr uma maratona para conseguir um milagre. No meu caso, foi necessário obediência e comprometimento".

Pennie Shephard é uma mulher que poderia ter dito: "É impossível". Em vez disso, com a ajuda de Deus, o apoio da família e dos amigos, e uma atitude de "nunca diga que é impossível", ela não desistiu. O milagre de Pennie ocorreu em janeiro de 2004, e ela continua curada até hoje.

TENHA UM OBJETIVO

Agora mesmo, quero que você pense em uma área de sua vida na qual você precisa se recusar a desistir. Proponha um objetivo — um objetivo que exija de você disciplina e superação de alguns obstáculos, mas que prometa uma grande recompensa. Ele pode ser tão básico quanto fazer a cama todas as manhãs, ou tão ambicioso quanto correr uma maratona ou escalar o monte

> Entre em acordo com Deus e decida qual deve ser o seu objetivo e onde vale a pena você colocar a sua energia.

Everest. Pode ser se libertar do medo de voar ou do medo de falar em público, ou pode ser superar uma deficiência física ou uma falha de aprendizado. Pode ser limpar sua casa ou se ver livre das dívidas.

Se as pessoas acharem que seu objetivo é fácil demais, problema delas. Se é um objetivo legítimo para você, fique firme. Se acharem que ele é impossível, não permita que elas o desanimem. Apenas certifique-se de que você e Deus estejam de acordo e depois corra atrás de seu objetivo com tudo que há dentro de você. Ao ler este livro, você verá que recompensas aguardam aqueles que vencem. Estou orando para que Deus o ajude a ser cheio de uma "santa determinação" — não de um tipo de determinação ou força de vontade carnal, mas de uma determinação realmente dada por Deus. Eu o encorajo a orar e a ser determinado para ser disciplinado e diligente em todas as áreas de sua vida, porque é dessa maneira que você vencerá seus obstáculos e desfrutará os sucessos obtidos com dificuldade. Encare a vida um dia de cada vez e lembre-se de que Deus tem recompensas reservadas para você. Não ouse perdê-las!

SEJA INTELIGENTE

Muitas pessoas nunca realizam seus objetivos porque não sabem como defini-los. Um objetivo deve ser:

Específico
Mensurável
Atingível
Realista
Oportuno

Deixe-me desenvolver melhor esses princípios.

Específico: Certifique-se de que seu objetivo seja tão específico e preciso quanto possível. Por exemplo, não diga simplesmente: "Quero perder peso"; diga: "Quero perder 5 quilos nos próximos três meses". Todas as vezes que você se ouvir falando de seus objetivos em termos vagos, pergunte a si mesmo: "O que isto quer dizer?". Logo você se ouvirá fazendo comentários do tipo: "Vou parar de assistir à televisão às 21h30 e irei para a cama às 22h" em vez de dizer: "Preciso ver menos televisão e dormir mais".

Mensurável: Os objetivos que são difíceis de se medir são objetivos difíceis de se realizar. Antes de se comprometer com um objetivo, decida como você irá monitorar seu progresso. Para os objetivos que envolvem redução de dívidas, você pode medir seu progresso com os extratos mensais. Para os que envolvem exercícios, você pode manter o controle de quantos quilos é capaz de levantar ou de quantos quilômetros pode correr. Sejam quais forem os seus objetivos, encontre formas de medi-los, quer isso inclua um diário, uma lista, um quadro, um gráfico, uma planilha, ou outra forma criativa de verificar como você está se saindo.

Atingível: Certifique-se de que o objetivo em si é alcançável. Não tenha o objetivo de perder 15 quilos em uma semana ou de pagar todas as dívidas em um ano — quando sua dívida é superior a seu salário anual. Escolha objetivos que estejam um pouco além do seu alcance — não tão fáceis que não constituam um desafio, e nem tão difíceis que o levem a desistir.

Realista: Creia em ter grandes sonhos e em sonhar alto, mas não se coloque na posição de se decepcionar por tentar atingir um objetivo irreal. Avalie todos os fatores que afetarão sua capacidade de atingir seus objetivos e trabalhe com esses parâmetros. Certifique-se de que ele seja realista, observadas suas condições físicas e de saúde, suas finanças, seus horários, sua capacidade pessoal, e outras prioridades.

Oportuno: As pessoas que estabelecem objetivos sem uma data-alvo de conclusão raramente os realizam. Dê a si mesmo prazos para a realização de seus objetivos. Se você está trabalhando em prol de uma meta por um longo período, considere a hipótese de estabelecer objetivos intermediários a cada semana ou mês, para se manter nos trilhos.

Ele Cunhou a Frase

Você deve conhecê-lo como um dos líderes políticos mais eficazes do cenário mundial ou como um dos homens da política mais altamente considerado de todos os tempos, mas você sabia o que o ex-primeiro ministro britânico Winston Churchill sofreu antes de atingir a grandeza?

O nascimento prematuro de Winston Leonard Spencer ocorreu em 30 de novembro de 1874 — dois meses antes do tempo devido. Ele nasceu em uma família inglesa importante, mas seus pais não tinham tempo para ele. Sua mãe não o amamentou, mas deixou-o aos cuidados de uma ama de leite quando ele era bebê, e com uma babá quando cresceu um pouco mais, enquanto ela atendia às suas atividades sociais. O pai, um líder político ocupado, nunca demonstrou muito interesse pelo filho.

Churchill teve uma vida difícil, certamente uma vida cheia de desafios, tumultos, oposições e erros. Seus pais enviaram o garoto negligenciado para um internato quando ainda era criança. Ele não sobressaiu na área acadêmica (exceto em Inglês e História) ou na área social. O rapaz tinha um problema na fala (que nunca perdeu inteiramente) e não conseguia fazer amigos ou mesmo conviver bem com os outros. Mais tarde, ele contou histórias sobre como tinha de se esquivar das bolas que os colegas atiravam nele. Depois disso, aos dezenove anos, ele quase se afogou em um acidente no lago Lausanne, e bem mais tarde, aos cinquenta e sete anos, foi atropelado por um carro na cidade de Nova York.

Formado pelo Colégio Militar Real, o baixinho, troncudo e tímido Churchill serviu no exército britânico quando jovem. Durante esse tempo, ele viu o combate; participou de um carregamento de cavalaria; viajou para Europa, África, Cuba e Índia; escreveu para jornais e foi autor de alguns livros.

Aos vinte e quatro anos, Churchill deixou a carreira militar para seguir o jornalismo e a política. Ele buscava um cargo no Parlamento, mas perdeu a eleição. Então, viajou para a África do Sul como jornalista cobrindo a Guerra dos Bôeres, mas foi capturado e lançado na prisão. No entanto, conseguiu fugir, o que lhe deu a posição de herói militar quando retornou à Inglaterra em 1900. Naquele mesmo ano, concorreu ao Parlamento novamente, e venceu por uma margem estreita.

Em 1940, Churchill tornou-se primeiro ministro, e nesse cargo exerceu uma liderança brilhante, corajosa e estratégica, que resgatou a Grã-Bretanha das margens da derrota aparentemente certa na Segunda Guerra Mundial.

Em 1941, enquanto visitava a escola onde havia estudado quando jovem, relata-se erroneamente que o então primeiro ministro Churchill apresentou uma palestra de apenas duas palavras: "Nunca se entregue"; e depois voltou prontamente para seu assento. Na verdade, Churchill ministrou uma palestra mais longa, que incluiu estas palavras: "Esta é a lição: nunca se entregue, nunca desista, nunca, nunca, nunca, nunca — em nada; grande ou pequeno, vasto ou insignificante — nunca ceda, exceto às convicções de honra e de bom senso. Nunca recue diante da força; nunca recue diante do poder aparentemente avassalador do inimigo".

Eu encorajo você hoje, como Churchill exortou os alunos em 1941: "Seja o que for que você faça, *nunca* se entregue — e nunca, nunca, nunca desista".

CAPÍTULO 2

NUNCA DESISTA DE SI MESMO

"Pela perseverança o caracol chegou à arca".
CHARLES HADDON SPURGEON

Um fazendeiro certa vez pegou um ovo do ninho de uma águia. Ele o levou para casa e colocou-o debaixo de uma de suas galinhas, e o ovo foi chocado com uma ninhada de pintinhos. O fazendeiro criou a ave com grande paciência e tentou domá-la. A águia realmente nunca pareceu se encaixar entre as galinhas. Ela sempre andava só; não parecia se identificar ou interagir com as galinhas.

À medida que a águia crescia, ela percebia que alguma coisa estava errada bem dentro dela. Embora nunca tivesse conhecido outra existência além da vida no galinheiro, ela simplesmente não sentia que aquele era seu lar. A águia queria deixar o galinheiro e subir ao céu. Ela até tentou fazer isso, e o fazendeiro finalmente teve de cortar suas asas para impedi-la de voar.

Como a águia não podia voar, ficava no galinheiro olhando para o céu lá em cima. Certo dia, uma tempestade começou a se formar, o céu ficou escuro, e todos os animais do curral correram para se abrigar; as galinhas ficaram terrivelmente assustadas, como as galinhas tendem a ser. A águia ficou observando a cena diante dela, percebendo que a tempestade não a assustava nem um pouco.

Naquele instante, ela não pôde impedir suas asas de se abrirem, e quando fez isso, percebeu que o fazendeiro havia se esquecido de mantê-las cortadas. De repente, seus olhos viram uma grande águia voando acima do vento, com as asas estendidas de forma majestosa. A águia que havia sido criada como galinha olhou novamente para as galinhas correndo para lá e para cá freneticamente, depois voltou o olhar para a águia que planava calmamente acima dela, olhou novamente para as galinhas, e então novamente para a águia. Ela ouviu a águia soltar um grito tremendo e agudo. Naquele instante, ela soube que tinha de sair daquele galinheiro! Uma poderosa rajada de vento soprou por baixo de suas asas estendidas e a levantaram no ar. Com um grito penetrante de vitória e liberdade, ela deixou o galinheiro para sempre.

VOCÊ TEM O CORAÇÃO DE UMA ÁGUIA

Eu quis compartilhar a história da águia no galinheiro para encher você de um novo sentimento de encorajamento para que nunca desista de si mesmo. Espero que ela mexa com alguma coisa bem dentro de você — alguma coisa que o faça querer prosseguir em meio a todos os obstáculos que enfrentar, ser quem você é, e fazer as escolhas corajosas necessárias para se libertar de tudo que o impede de atingir a grandeza para a qual você foi criado.

> Você já se sentiu como uma águia em um galinheiro? Você sabe que há muito mais dentro de você do que está vivendo e expressando em sua vida neste instante.

Você já se sentiu como uma águia em um galinheiro? Você sabe que há muito mais dentro de você do que está vivendo e expressando em sua vida neste instante. Você sabe que Deus tem um grande propósito para sua vida — e você não pode fugir ou ignorar a compulsão interior de "voar". Mas você também sabe que terá de trabalhar duro; se arriscar; suportar a solidão; deixar algumas coisas para trás; tomar algumas decisões difíceis; ou talvez ser mal interpretado, julgado,

Nunca Desista de Si Mesmo 29

ou até criticado para alcançar e desfrutar a plenitude do destino de Deus para sua vida? Saiba disto: todas as águias ficam desconfortáveis em um galinheiro. Todas elas anseiam pelo céu claro, azul e aberto. Quando você está vivendo em um lugar que o impede de ser quem você foi feito para ser e fazer o que deve fazer, você também se sentirá desconfortável. Quando o pensamento de ir além de onde está começar a criar raízes em seu coração e em sua mente, quando uma semente de grandeza começar a crescer, quando tiver um desejo ardente de sair de onde está ou um desejo de se aventurar e fazer algo novo ou diferente, preste atenção. Comece a agir com base nisso. Mas entenda também que as pessoas que o cercam talvez não entendam seu desejo de romper com o *status quo*. Elas podem querer cortas suas asas. Elas podem até dizer: "Ora, acalme-se e seja como todas as outras galinhas. Aqui você tem este ótimo galinheiro e estas ótimas minhocas e larvas. Por que você iria querer mais que isso?".

Quando você ouve esses comentários e essas perguntas, alguma coisa dentro de você pode questionar: *O que há de errado comigo? Por que eu penso do jeito que estou pensando? Por que me sinto assim? Por que não consigo simplesmente me acalmar e viver uma vida normal como todo mundo?* O motivo pelo qual não pode se acalmar é porque você não é uma galinha; você é uma águia! Você nunca se sentirá em casa naquele galinheiro porque foi feito para algo maior, mais belo e mais realizador.

Eu o encorajo hoje a atiçar a chama que está aí dentro. Sopre-a até que ela arda fortemente. Nunca desista da grandeza para a qual você foi criado, nunca tente esconder sua singularidade, e nunca pense que não pode fazer o que acredita que foi feito para fazer. Entenda que sua fome por aventura foi dada por Deus; querer experimentar algo novo é um desejo maravilhoso; e abraçar a vida e sonhar alto é aquilo que você foi feito para fazer. Você é uma águia!

COMO UMA ÁGUIA

A águia é um dos melhores exemplos de força, perseverança e determinação existentes na natureza. Ela é um pássaro que se recusa a permitir que seu destino lhe seja negado, um pássaro que nunca desiste. Enquanto você e eu continuamos em nossas jornadas pela vida e permanecemos comprometidos a nunca desistir, podemos aprender algumas lições importantes com esse pássaro poderoso e majestoso.

Águias e galinhas têm uma característica em comum: ambas são aves. Fora isso, elas não podiam ser mais diferentes! Falei muitas vezes sobre o fato de que diferentes tipos de pássaros geralmente me fazem lembrar os diferentes tipos de cristãos que observei no corpo de Cristo. Certas características desses pássaros são semelhantes às características de algumas pessoas, e creio que, ao ler sobre elas, você entenderá o que quero dizer.

A Galinha

Primeiro penso nas galinhas. Elas geralmente são ariscas e têm medo da vida; são preguiçosas e raramente atingem seu potencial. As galinhas apenas ciscam pelos quintais e cacarejam. Não vemos galinhas voando, porque elas só batem as asas, não voam. Elas precisam viver dentro dos limites de uma cerca e estão satisfeitas com isso. Elas não sabem lidar com a liberdade; precisam ser mantidas em um galinheiro. Como você leu na história no início deste capítulo, quando uma tempestade chega, a primeira reação das galinhas é bater as asas pelo quintal, levantando poeira, e correr para o galinheiro para se aconchegar, com medo, entre todas as outras galinhas, tentando encontrar uma minhoca pelo caminho.

Os cristãos que "batem as asas por aí" e "correm para o galinheiro" quando surgem dificuldades não estão vivendo a vida vitoriosa que Jesus morreu para nos dar. Temos de parar de correr das coisas, principalmente das tempestades da vida. Somos mais que vencedores (ver Romanos 8:37). Podemos confiar em Deus em qualquer momento, e podemos permanecer em paz em meio às tempestades. Deus nos chamou e nos equipou para vencer, não para vivermos intimidados ou com medo.

Nunca Desista de Si Mesmo

A Pega-rabuda ou Pica pica

As pegas-rabudas são valentonas extremamente agressivas que abusam dos outros pássaros. O "cristão-pega-rabuda" geralmente afasta os outros de Deus e é egoísta, arrogante e egocêntrico a ponto de ser rude. Esses cristãos ásperos e controladores geram muito desrespeito ao reino de Deus e dão má fama aos cristãos.

O Martim-pescador

Para o martim-pescador, a vida é uma grande festa, uma grande brincadeira. O "cristão-martim-pescador" é aquele que não leva nada a sério e que ri de tudo (mesmo quando o riso é totalmente impróprio). Ele não é sensível a nada a seu redor e geralmente fere, machuca e ofende os outros.

A Bíblia diz que precisamos ser sóbrios (ver 1 Pedro 1:13). Isso não significa que não podemos nos divertir, mas significa que precisamos prestar atenção ao que está se passando a nosso redor, ser sensíveis e entender que há momentos em que certas histórias, brincadeiras ou tipos de comportamento são adequados e momentos em que não o são.

O Abutre

Conhecemos os abutres, ou urubus, como os coletores de lixo do reino das aves. Eles sentem atração pela morte e pela sujeira. Esses pássaros apreciam a destruição e a imundície da vida — tudo que é putrefato, podre e que cheira mal.

O "cristão-abutre" sente atração por pessoas que têm problemas. Ele adora vê-las sofrer e fracassar, e usa suas palavras para destruir a vida das pessoas. O abutre espalha rumores e parece gostar secretamente de arruinar a reputação de uma pessoa ou de um ministério.

Papagaios e Cacatuas

Papagaios e cacatuas são os "falantes" do reino das aves. O "cristão-papagaio" é aquele que "fala" mas não "vive" o que diz. Eles parecem saber muito mais do que sabem porque aprenderam a repetir o que ouvem e a repetir o que os outros dizem. Eles podem ter algum conhecimento intelectual sobre Deus, mas nenhum relacionamento pessoal com Ele. Eles são só barulho e nenhuma ação, só falatório e nenhuma profundidade de experiência.

O Cuco

Os cucos não gostam de trabalhar e ficam felizes em sugar as outras pessoas. Esses pássaros sequer constroem os próprios ninhos; eles procuram os ninhos que outros pássaros já construíram, colocam seus ovos ali e depois deixam os filhotes para os outros pássaros criarem!

Infelizmente, temos cucos na igreja hoje. Eles vivem de esmolas; não querem trabalhar. Às vezes eles nem mesmo são nascidos de novo, mas agem movidos por um espírito de religiosidade. Eles querem ficar na aba da fé das outras pessoas e desfrutar dos benefícios da vida cristã sem investir nela.

O Pavão

Se você já viu um pavão, sabe que ele se empertiga e sai andando como se fosse o dono do mundo inteiro. O "cristão-pavão" é exibido, berrante, extremamente ambicioso, mundano, cheio de orgulho, e muito apaixonado e impressionado consigo mesmo. Ele tem um ego enorme e se sente superior a todos. Adora exibir suas coisas — roupas, carros, joias etc. —, mas são egoístas e oferecem pouco ou nada para as pessoas necessitadas.

O Pelicano

O grande e alegre pelicano tem uma boca grande e só está interessado em comer. Ele procura o que quer que possa encontrar para encher sua barriga.

O "cristão-pelicano" faz o mesmo. Ele tem um apetite voraz e uma grande fome pela Palavra de Deus. Ele poderia se tornar um gigante espiritual, mas se contenta em se sentar no sofá e ficar comendo bobagens, vendo televisão e ignorando a vida espiritual. Ele fica feliz em deixar que outros assumam posições de liderança espiritual, embora pudesse fazer o mesmo se apenas fizesse algum esforço.

O Canário

Os canários e outros pássaros criados em gaiolas geralmente são lindos pássaros que têm um tremendo potencial e que passam a vida trancados em gaiolas. Eles não parecem perceber o cativeiro em que vivem; e até cantam em meio a tudo isso!

O "cristão-canário" é aquele que anda por aí satisfeito, esquecido da "gaiola" em que vive, ou contente com ela. Talvez ele esteja preso na tradição religiosa, em uma igreja sem vida, em uma vida de oração destituída de poder, na inferioridade ou na insegurança, ou em uma série de outros problemas que o impedem de desfrutar a liberdade e a alegria que estão disponíveis para ele em Deus. Ele se recusa a se libertar; assim, ele nunca abraça a vida em toda a sua plenitude.

O Corvo

Se você já visitou uma fazenda ou leu uma história sobre uma, você sabe que alguns campos têm espantalhos. Os corvos precisam ser espantados porque danificam as colheitas. Esses animais sujos e barulhentos comem o que não lhes pertence, reduzindo o valor do sustento do fazendeiro e estragando o fruto de seu trabalho. Os corvos também gostam de destruir os filhotes das outras espécies. Eles são perspicazes, perigosos e só se preocupam com si mesmos.

Nada importa a não ser seus desejos egoístas, e eles buscam a própria realização com voracidade.

O "cristão-corvo" também gosta de ferir os outros e de causar destruição. Ele não acha nada demais arruinar a reputação de um pastor ou dividir uma igreja. Ele é uma das pessoas mais perspicazes e perigosas que estão na igreja.

Um fato interessante sobre corvos é que eles passam muito tempo incomodando as águias. Se você quer ser um "cristão águia", o que definirei na próxima sessão, prepare-se para ser incomodado pelos corvos do reino.

A Águia

Em meio a todos os outros pássaros, encontramos a águia. Ousada, corajosa, ferozmente dedicada, a águia tem muitas características maravilhosas. Charles Prestwich Scott observou com exatidão: "As águias existem em todas as formas e tamanhos, mas você as reconhecerá principalmente por suas atitudes". Entre suas outras características admiráveis, a águia é leal e comprometida, uma parceira confiável, e uma mãe dedicada. A águia tem visão aguçada e penetrante, e sabe voar com eficácia aproveitando as correntes térmicas da terra. Esse pássaro habita as rochas de lugares altos, e é confiante o suficiente para ser forte contra as tempestades, abrindo as asas e planando acima das nuvens e das tempestades destruidoras.

ÁGUIAS OU GALINHAS?

Ao longo dos anos, encontrei muitas pessoas que são águias, mas pensam que são galinhas. Esse é um problema real, porque as águias que pensam que são galinhas agem como galinhas. Elas ciscam e batem as asas pelo quintal fazendo barulho em vez de planarem confiantemente e suavemente acima das tempestades abaixo delas. A Bíblia nos fala uma verdade poderosa sobre nossos pensamentos: "Porque, como ele pensa consigo mesmo, assim é" (Pv 23:7,

Nunca Desista de Si Mesmo

ARA). Em outras palavras, nós nos tornamos o que pensamos. As coisas em que pensamos, em que nos concentramos, e das quais nos cercamos, moldarão as pessoas que nos tornaremos. Se um pássaro pensa que é uma galinha, ele ficará temeroso e passará a ficar histérico quando uma tempestade vier, mas se ele pensa que é uma águia, ele será forte e corajoso.

Deixe-me fazer-lhe algumas perguntas importantes, e quero realmente que você reflita sobre elas e as responda sinceramente: O que você pensa a respeito de si mesmo? Qual é sua atitude para consigo mesmo? Você se respeita, se valoriza?

Você tem um relacionamento consigo mesmo. Você está mais com você do que com qualquer outra pessoa; nunca pode fugir de si mesmo. Não pode ir a lugar algum no mundo sem você, por mais que tente. É por isso que se valorizar, gostar de si mesmo e se sentir bem são coisas tão importantes.

Muitas culturas no mundo sofrem com uma crise de respeito próprio, e creio que um motivo para isso é que as pessoas não cuidam de si mesmas porque elas não se valorizam o suficiente. Alguns até acreditam que se colocar em último plano em sua lista de prioridades é uma característica de santidade! Eles acham que Deus quer que negligenciem o próprio bem-estar e que simplesmente se sacrifiquem sem parar servindo a todos os demais.

Sim, fomos chamados para nos sacrificar, para servir aos outros, para dar, e não para viver uma vida mesquinha e egocêntrica. Ao mesmo tempo, também fomos chamados para entender e abraçar a verdade de que somos o povo em quem Deus habita. Pertencemos a Ele; Ele quer nos usar; Ele quer que sejamos o tipo de pessoas que fazem com que outros desejem conhecê-lo — e para fazer essas coisas, precisamos nos valorizar e cuidar de nós mesmos.

Você é a casa de Deus (ver 1 Coríntios 6:19). Você é o edifício Dele, o templo Dele, e Ele vive em você! Você destruirá esse templo se ficar sobrecarregado, esgotado, se viver comendo bobagens, se não beber água suficiente, se não dormir e descansar o suficiente, e se deixar de se exercitar. Nesse estado, você não pode fazer muito bem a si mesmo, às pessoas que o cercam, ou a Deus, porque você não terá saúde e energia. Você não conseguirá perseverar em meio aos tempos difíceis da vida ou desfrutar inteiramente os bons tempos.

Eu o incentivo hoje: comece a se respeitar e a cuidar de si mesmo mental, física, emocional e espiritualmente. Discipline-se para descansar o suficiente, para se alimentar de forma saudável, para ficar hidratado e para se exercitar. Você se surpreenderá com a forma como sua mente muda, suas emoções se tranquilizam e seu corpo se sente forte e saudável. Para iniciar esse estilo de vida saudável, recomendo a leitura de meu livro *FIQUE SENSACIONAL, SINTA-SE FABULOSA – 12 Chaves para Desfrutar de uma Vida Saudável Agora..*

Creio que você foi criado para ser uma águia. Deus quer que você seja um "cristão-águia", alguém que pode voar alto, ser ousado, viver com poder, manter-se atento às circunstâncias e aos relacionamentos; viver em paz, permanecer forte e planar acima das tempestades da vida. Comece a se ver assim, porque é assim que Deus o vê. Comece a se valorizar, porque Ele valoriza você. Elimine toda "mentalidade de galinha" que possa ter, e viva como a águia que você foi criado para ser.

NÃO DESISTA QUANDO ESTIVER SÓ

A maioria de nós, quando pensa em uma águia voando, imagina um pássaro solitário planando majestosamente contra um céu azul claro. Não pensamos em águias em pares ou em bandos. Isso porque as águias voam sós. Elas não voam em bandos, como os gansos ou como as codornas. Nos Estados Unidos, pode-se ver uma congregação de andorinhas deixarem San Juan Capistrano, na Califórnia, todo mês de outubro, e depois vê-las retornar em março. Esses pássaros migram juntos para o sul a fim de passar o inverno, e fazem uma "viagem em grupo" de volta para a Califórnia a cada primavera. Você pode se deparar com um bando de cotovias gorjeando ou cantando juntas, mas você não encontrará um bando de águias. Elas simplesmente não viajam em grupos. Algo a respeito

Nunca Desista de Si Mesmo 37

do caráter, da força e da natureza das águias lhes dá a coragem para voarem sozinhas.

A primeira lição que precisamos aprender se quisermos ser "cristãos-águias" é que, às vezes, teremos de voar sós. Isso não significa que não podemos ter relacionamentos ou ser amigos das pessoas. Significa simplesmente que muitas vezes tomaremos decisões e agiremos com base em determinações que nos separarão da multidão e nos permitirão atingir alturas maiores do que aquelas que as pessoas que nos cercam podem querer subir.

Certa vez eu estava reclamando por estar só: "Não tenho amigos. Parece que passo minha vida inteira só. Todos pensam que sou estranha e diferente; as pessoas me chamam de fanática. Algumas pessoas de minha família sequer gostam mais de mim...". O Espírito de Deus falou ao meu coração: *Lembre-se apenas disto: os outros pássaros voam em bandos, mas as águias voam sós. O que você quer ser, Joyce?*

Se você quer ser um "cristão-águia", talvez passe por períodos de solidão em sua vida. Talvez haja momentos em que você terá de passar sozinho — talvez como pai ou mãe ou no trabalho — e seguir suas convicções apesar da pressão dos amigos. Talvez seja algo tão pequeno quanto ser tentado a contar uma mentirinha branca a seu chefe ou sucumbir à pressão de fraudar o imposto de renda.

Como pais, muitas vezes somos chamados a ficar sós para o bem de nossos filhos. Todos os amigos de seu filho podem ter autorização para jogar um vídeo game que você acha violento demais ou para navegar na Internet sem supervisão. Não é fácil tomar posição contra a oposição de seus colegas — e é ainda mais difícil quando o desafortunado que tem de fazer isso é seu filho!

Talvez seja tão simples quanto ser a única pessoa que faz ou não algo que os outros estão fazendo. Por exemplo, você pode ter de ficar em casa e passar a noite com Deus enquanto todos os seus amigos vão a uma festa.

Ir à festa pode não ser errado em si, mas se você quer ser uma águia, talvez tenha de perder a festa porque sente que está cansado e percebe que precisa passar tempo de qualidade com Deus para ser renovado em sua postura.

Em todos esses casos, talvez você tenha de tomar uma posição e não ficar excessivamente preocupado com o que as pessoas pensem ou digam. Estabelecer limites para seus filhos ou seus colegas pode ser a escolha mais difícil. Passar a noite a sós orando e estudando a Palavra de Deus pode não parecer empolgante para suas emoções. Mas em ambos os casos, você e aqueles a quem ama colherão os benefícios da sabedoria e da estabilidade. Você também terá a paz de saber que obedeceu a Deus em vez de fazer meramente o que estava com vontade de fazer.

Preciso passar as primeiras duas horas de todos os dias com Deus, porque se eu não o fizer, posso ficar irritada e ser ríspida com as pessoas. Mas quero ser uma águia para Deus, portanto, dedico tempo a Ele no início de todos os dias. É isso que Isaías 40:31 quer dizer quando nos encoraja a esperar em Deus.

Ser uma águia não significa que você nunca ficará cansado nem se sentirá estressado; significa que você corre para Deus e permite que Ele renove suas forças quando se sente esgotado ou pressionado. Muitos de nós poderíamos evitar perder a calma ou dizer palavras que lamentamos mais tarde se simplesmente passássemos algum tempo extra com Deus quando percebemos que o cansaço está se instalando. Isso o ajudará a continuar se fortalecendo e a não querer desistir de si mesmo.

Não se prive de conhecer quem você é, de se valorizar e de encorajar a si mesmo para ser e fazer tudo que Deus pretende que você seja e faça. Mesmo quando você se sentir como uma águia cercada de galinhas, não deixe de acreditar no propósito de Deus para sua vida e nunca desista de si mesmo. Você deve estar bem consciente de suas fraquezas, mas não desanime por causa delas. Em vez de permitir que elas o separem de Deus, corra para Ele com elas. Ele é o Único que pode ajudá-lo a superá-las. Lembre: Deus não se surpreende com seus erros. Ele sabia a respeito deles muito antes de você — e Ele o ama assim mesmo!

Nunca Desista de Si Mesmo

Nobre e Nobel

Marie Curie, também conhecida como "Madame Curie", foi a primeira mulher a ganhar um Prêmio Nobel — e ela ganhou dois deles, um feito realmente notável.

Nascida com o nome Maria Sklodowska na Polônia em 1867, filha de uma pianista e de um professor de Matemática e Física, Marie demonstrou interesse pela educação ainda jovem e ganhou prêmios acadêmicos por conquistas escolares e aplausos pela memória notável. Ela esperava continuar estudando após a conclusão da escola secundária, aos dezesseis anos, mas seu pai perdeu grande parte do dinheiro devido a um mau investimento; assim, Marie teve de ir trabalhar como professora, frustrando seus planos de estudos complementares — pelo menos temporariamente. Aos dezoito anos, ela foi trabalhar como governanta, e durante esse tempo teve um triste relacionamento amoroso.

Marie e sua irmã Bronia, ambas afetadas pela perda de dinheiro do pai, concordaram que Marie usaria os ganhos com seu emprego de governanta para financiar a educação de Bronia; e quando os estudos dela estivessem concluídos, Bronia custearia os de Marie. Ambas mantiveram a promessa feita uma à outra.

Marie viajou para Paris em 1891, a fim de dar prosseguimento à sua educação em Matemática, Física e Química na universidade mundialmente famosa, a Sorbonne. Com uma dedicação surpreendente, Marie viveu em um alojamento pequeno e limitado para estudantes, onde sobreviveu basicamente de pão, manteiga e chá.

Na Sorbonne, Marie conheceu o professor de Física Pierre Curie, e os dois se casaram em 1895. Marie e Pierre dedicaram suas vidas à Ciência, particularmente ao estudo do rádio e do polônio, que isolaram em 1989, e Marie lhe deu o nome em honra a seu país natal. Embora a pesquisa deles tenha sido brilhante, tiveram de conduzi-la nos primeiros anos em um laboratório de condições muito precárias e não conseguiam se sustentar com seu trabalho, de modo que Pierre e Marie tinham de passar horas ensinando a fim de ganhar a vida e sustentar suas duas filhas.

As descobertas de Marie lhe valeram um doutorado em 1903, o mesmo ano em que ela, Pierre e Antoine Henri Becquerel receberam o Prêmio Nobel de Física. Em 1904, ela pôde deixar seu emprego de professora de Física em uma escola de moças das redondezas e se tornou a assistente-chefe do laboratório de Pierre. O casal trabalhava diligente e intensamente, e entre outras conquistas expressivas, descobriu a radioatividade.

A parceria científica de sucesso do casal chegou a um trágico fim em 1906, quando Pierre foi atropelado e morreu. Embora sua morte tenha exercido um profundo impacto sobre Marie, ela intensificou sua decisão de dar continuidade ao trabalho que o casal havia iniciado. Logo ela foi indicada para ocupar a posição de ensino que seu marido havia ocupado, professor de Física Geral na faculdade de Ciências, tornando-se assim a primeira mulher a ensinar na Sorbonne.

Em 1911, Marie Curie ganhou um segundo Prêmio Nobel, dessa vez em Química, e continuou dedicada ao trabalho, particularmente na descoberta de usos terapêuticos para o rádio e na tentativa de aplicá-lo na área médica para aliviar o sofrimento humano.

Marie Curie poderia ter desistido de seu desejo de continuar os estudos, ter decidido não passar pela dificuldade da situação precária dos laboratórios onde trabalhava, e ter desistido do trabalho durante o velório de seu marido. Mas ela seguiu em frente em meio a desafios, demoras e dificuldades — e contribuiu grandemente para os avanços científicos que continuam a afetar e a salvar vidas até hoje.

CAPÍTULO 3

RECUSE-SE A VIVER COM MEDO

"A única coisa que temos de temer é o próprio medo — o terror sem nome, irracional, injustificado que paralisa os esforços necessários para transformar a retirada em avanço".

FRANKLIN D. ROOSEVELT

A primeira aviadora afro-americana licenciada foi uma bela, comunicativa e corajosa jovem chamada Bessie Coleman, que veio a ser conhecida como "Queen Bess" (Rainha Bess). Ela também foi a primeira mulher americana a ganhar um brevê de piloto internacional. Antes de realizar essas conquistas notáveis, Bessie sonhava com aventuras em sua cidade natal, Atlanta, no Texas. Aos vinte e três anos, ela finalmente se aventurou fora dos confins da vida da cidade pequena e mudou-se para a grande Chicago a fim de ficar próxima a vários de seus irmãos e buscar uma vida que estava além de seu alcance em Atlanta.

Em Chicago, Bessie trabalhou como manicure no salão de um barbeiro, onde ouvia histórias sobre os pilotos da Primeira Guerra Mundial e suas aventuras no céu. Ela sonhava se tornar piloto, mas não podia se dar ao luxo de pagar pelo curso. Na barbearia, Bessie conheceu dois homens de negócios influentes que quiseram ajudar a financiar seu treinamento. Um deles era um profissional do jornalismo que achou que sua história seria boa para o negócio. Como as escolas de voo na América não treinavam mulheres negras, Bessie estudou diligentemente para aprender francês e mudou-se para Paris a fim de frequentar a escola de voo em 1920. Por ocasião de seu retorno aos Estados Unidos, ela ganhou muita atenção da mídia, e pessoas de todas as raças a receberam quando souberam a seu respeito pelos jornais. Ao longo de sua carreira, participou de shows aéreos e foi convidada para eventos importantes.

Bessie Coleman morreu em um acidente aéreo, provavelmente resultante de uma pane em um dos motores, em 30 de abril de 1926. Mais de dez mil pessoas compareceram ao funeral daquela jovem mulher corajosa que se recusou a desistir.

Bessie Coleman enfrentou muito desânimo e muitos obstáculos, porque as escolas de voo norte-americanas se recusaram a aceitá-la e ela teve de colocar seus sonhos em espera enquanto se esforçava para aprender uma língua estrangeira. Ela teve de se mudar sozinha para um novo país, o que requereu uma grande ousadia da jovem determinada. Embora seu caminho para o sucesso não tenha sido tão fácil quanto o de uma mulher branca, ela descobriu um meio de fazer o que realmente queria. Foi necessário tempo e esforço extra, mas Bessie Coleman não permitiu que o medo ou as incertezas de se mudar para um país estrangeiro a impedissem de ir em busca de seu sonho — porque ela estava determinada a não desistir.

NÃO É NECESSÁRIO TER MEDO

Durante muitos anos, a conhecida colunista Ann Landers costumava receber aproximadamente dez mil cartas por mês, a maioria das quais tinha a ver com problemas e dificuldades das pessoas. Quando lhe perguntaram qual ela achava que era o maior problema na vida das pessoas, ela respondeu com uma palavra: medo.

Realmente, a maioria de nós luta contra o medo. Deixe-me começar dizendo que aqueles de nós que somos crentes em Jesus Cristo não têm necessidade de temer. Ele está sempre conosco. Ele nos ama com amor perfeito, e como diz a Palavra em 1 João 4:18: "No amor não há medo; ao contrário o perfeito amor expulsa o medo, porque o medo supõe castigo".

Deus sabe, no instante em que Ele nos chama para fazer alguma coisa grande ou pequena que nos levará para um novo nível — mudar de carreira, nos casarmos, ter filhos, deixar para trás tudo que é familiar por uma vida no campo missionário, voltar a trabalhar depois de ser dona de casa por vinte anos, encarar com seriedade a dieta e o exercício — que a primeira emoção que nos atinge com frequência é o medo. Seja um nervosismo leve ou o pânico declarado, a maioria de nós sente certo grau de medo quando pensa em fazer algo novo. Nossa mente fica cheia de entusiasmo, mas pensamos: *E se acontecer isto? E se acontecer aquilo? E se...? E se...? E se...?*

NOVO NÍVEL, NOVO PROBLEMA

Toda vez que saímos para fazer algo novo, principalmente algo novo para Deus, quase sempre — e quase imediatamente — enfrentaremos uma circunstância negativa que tentará nos desanimar ou nos convencer de que não podemos fazer o que Deus está nos pedindo. Algo acontecerá para nos dizer que é difícil demais; não faz sentido; não vai dar certo; ou não somos qualificados para fazê-lo. O inimigo usa essas palavras e esses pensamentos para nos desanimar, esperando com fervor que nunca realizemos o que nos propusemos a fazer.

Apocalipse 12:4 nos dá uma percepção de como o diabo tenta plantar o medo em nós antes mesmo de começarmos. Ele diz: "O dragão colocou-se diante da mulher que estava para dar à luz, para devorar o seu filho no momento em que nascesse". A mulher mencionada neste versículo estava para dar à luz, mas o dragão (que representa Satanás) havia se posicionado diante dela para devorar o filho recém-nascido.

Essa cena representa uma dinâmica que costuma acontecer em nossa vida como crentes. Toda vez que Deus coloca uma ideia nova em nosso coração ou nos dá um sonho, uma visão, ou um novo desafio para nossa vida, o inimigo estará lá para se opor a nós. Não estou me referindo simplesmente aos momentos em que queremos fazer coisas "grandes" para Deus; o inimigo não é seletivo. Enfrentamos novos níveis com frequência. Quando recebemos Jesus como nosso Salvador, isso é um novo nível. Quando começamos a passar a ter uma caminhada mais profunda com Deus, ou começamos a fazer orações mais ousadas, esses são novos níveis. Quando começamos a dar tempo, dinheiro e energia para o reino de Deus, estamos passando para um novo nível. Deus nos chama constantemente para novos níveis; alguns parecem grandes e importantes, ao passo que outros podem parecer relativamente pequenos ou insignificantes. Seja qual for o caso, quando chegamos a um novo nível, enfrentamos um novo nível de oposição de nosso inimigo, o diabo. A Bíblia nos diz que a oposição vem com a oportunidade (ver 1 Coríntios 16:9), mas Deus está sempre conosco e não precisamos temer. Algumas coisas podem parecer grandes demais para nós, mas nada é impossível para Deus. Ele não fica surpreso ou assustado com nada.

Se vamos fazer alguma coisa grande para Deus e se estivermos determinados a nunca desistir de nossos sonhos, precisamos nos arriscar; precisamos ser corajosos. Quando enfrentamos situações que nos ameaçam ou nos intimidam, não precisamos orar tanto para que o medo vá embora quanto precisamos orar pedindo ousadia e um espírito corajoso. Posso lhe garantir que o medo não irá embora. Ele não é algo de que possamos nos livrar, portanto precisamos aprender a vencê-lo.

O espírito de medo sempre tentará nos impedir de seguir em frente. Durante séculos, o inimigo usou o medo para tentar paralisar as pessoas, e ele não vai mudar a estratégia agora. Mas podemos derrotar o medo; somos mais que vencedores por meio Daquele que nos amou (ver Romanos 8:37). Coragem não é

Recuse-se a Viver com Medo 45

ausência de medo; é seguir em frente enquanto o sentimento de medo está presente.

A PERSPECTIVA CORRETA SOBRE O MEDO

Costumo ensinar sobre Isaías 41:10 porque essa passagem nos encoraja e nos ajuda a saber o que fazer quando sentimos medo. "Por isso não tema, pois estou com você; não tenha medo, pois sou o seu Deus. Eu o fortalecerei e o ajudarei; eu o segurarei com a minha mão direita vitoriosa".

O que esse versículo quer dizer com: "não tema, pois estou com você (...) Eu o fortalecerei e o ajudarei"? Significa que Deus nos fortalece cada vez mais ao passarmos pelas situações. Também significa que, com o tempo, somos menos afetados pelas dificuldades e pelos desafios que enfrentamos. É como exercitar-se. Quando começamos, ficamos doloridos, mas à medida que seguimos em frente em meio à dor, criamos músculos e ganhamos força. Precisamos passar pela dor para passarmos a ganhar.

> Se Deus retirasse todo o medo, nunca cresceríamos nem superaríamos obstáculos.

Pense em sua vida. Existem situações com as quais você lida bem agora e que anteriormente o faziam sentir-se temeroso e ansioso? É claro que sim. À medida que você tem andado com Deus, Ele o tem fortalecido e ajudado em meio às dificuldades. Do mesmo modo, posso lhe assegurar e lhe encorajar dizendo que algumas das coisas que o incomodam agora não o afetarão do mesmo modo daqui a cinco anos. Costumo sentir medo quando faço certas coisas pela primeira vez, mas depois que adquiro certa experiência, esse sentimento já não está mais presente. Precisamos avançar em meio aos sentimentos e nunca permitir que eles nos controlem.

Se Deus retirasse todo o medo, nunca cresceríamos nem superaríamos obstáculos. Ele costuma permitir a dificuldade em nossa vida porque está tentando revelar algo que precisa ser fortalecido

46 NUNCA DESISTA

ou transformado em nós. Nossas fraquezas nunca se revelam nos tempos bons, mas aparecem rapidamente nos momentos de prova e tribulação. Às vezes Deus nos mostra aquilo que tememos porque Ele quer nos libertar daquele medo e nos fortalecer para as coisas que virão no futuro. Nesses momentos, precisamos dizer: "Obrigado, Senhor, por me permitir ver este medo em minha vida. Ele revela uma área que precisa ser tratada em mim". Quando aquela área específica for tratada, então o inimigo terá muita dificuldade em incomodar você — e em ter êxito — naquela área novamente. Essa é uma forma de Deus nos fortalecer para enfrentar as dificuldades e nos ensinar a não termos medo.

Independentemente do que possamos passar na vida, devemos sempre nos lembrar de que Deus só nos faz bem enquanto vivemos (ver Deuteronômio 8:16). Algumas coisas podem não parecer boas a princípio, mas elas cooperarão para o bem se continuarmos avançando e confiarmos em Deus a cada passo do caminho.

DEUS DIZ: "EU ESTAREI COM VOCÊ"

A presença de Deus em nossa vida nos ajuda a vencer o medo. Se sabemos pela fé que Deus está conosco, podemos enfrentar qualquer desafio com confiança e coragem. Talvez não sintamos sempre a presença de Deus, mas podemos confiar em Sua Palavra e nos lembrar de que Ele disse que jamais nos deixaria ou nos abandonaria (ver Deuteronômio 31:6).

Em Josué 1:1-3, Deus chamou Josué para um grande desafio de liderança — levar os filhos de Israel à Terra Prometida: "Depois da morte de Moisés, servo do Senhor, disse o Senhor a Josué, filho de Num, auxiliar de Moisés: 'Meu servo Moisés está morto. Agora, pois, você e todo este povo preparem-se para atravessar o rio Jordão e entrar na terra que eu estou para dar aos israelitas. Como prometi a Moisés, todo lugar onde puserem os pés eu darei a vocês'".

A Bíblia simplesmente nos diz nessa passagem que Moisés havia morrido e que Josué iria tomar seu lugar como líder do povo de

Deus. Assim que Deus deu essa notícia a Josué, Ele imediatamente garantiu: "Ninguém conseguirá resistir a você todos os dias da sua vida. Assim como estive com Moisés, estarei com você; nunca o deixarei, nunca o abandonarei. Seja forte e corajoso" (vv. 5-6). Mais tarde, nessa mesma cena, Deus encorajou Josué novamente, dizendo: "Seja forte e corajoso! Não se apavore, nem desanime, pois o Senhor, o seu Deus, estará com você por onde você andar" (v.9). Deus estava dizendo basicamente a Josué: "Você tem uma grande obra a fazer, mas não deixe que isso o intimide. Não tenha medo. Não tenha medo porque Eu estarei com você".

Na Bíblia, a base para não temermos é simplesmente esta: Deus está conosco. E se conhecemos o caráter e a natureza de Deus, sabemos que Ele é digno de confiança. Não temos de saber o que Ele vai fazer; simplesmente saber que Ele está conosco é mais do que suficiente.

O medo é um espírito que gera sentimentos. Quando Deus disse a Josué para não ter medo, não estava ordenando que ele não "sentisse" medo; Deus estava ordenando que ele não *se entregasse* ao medo que estava enfrentando. Talvez você tenha ouvido meu ensino "Faça com medo". Basicamente, isso significa que quando o medo atacar, você precisa seguir em frente e fazer o que quer que Deus esteja lhe dizendo para fazer, de qualquer maneira. Você pode fazer o que é preciso com os joelhos tremendo ou com as palmas das mãos suando, mas faça assim mesmo. É isso que significa "não temas".

Quando sinto medo, costumo meditar na Bíblia porque ela me fortalece para continuar seguindo em frente, independentemente de como eu me sinto. A Palavra de Deus possui um poder inerente e ela realmente irá fortalecê-lo interiormente. Pessoalmente fui encorajada muitas vezes pelas palavras de Gênesis 28:15: "Estou com você e cuidarei de você, aonde quer que vá; e eu o trarei de volta a esta terra. Não o deixarei enquanto não fizer o que lhe prometi".

Toda pessoa que um dia recebeu a oportunidade de fazer algo grande teve de enfrentar o medo. O que você fará quando for tentado a ter medo? Vai fugir, ou ficará firme, sabendo que Deus está com você?

ENFRENTANDO O MEDO

Um dos significados da palavra *medo* é "fugir", de modo que quando usamos a expressão "não temas", estamos dizendo, em um sentido muito real, "não fuja daquilo que o assusta. Enfrente a situação; não fuja. Não tente se esconder dela; apenas encare-a de frente, mesmo quando você preferiria não fazer isso".

Uma das mulheres que trabalham no Ministério Joyce Meyer tem um testemunho notável. Quando foi confrontada com uma enfermidade potencialmente fatal, ela decidiu não fugir do medo. Ela ficou com muito medo quando recebeu o diagnóstico, mas não desistiu — ela foi em frente. Minha esperança é que você encontre encorajamento para enfrentar seus medos, sejam eles quais forem, com o poder de Deus, até ver a vitória, assim como Peggy fez. Eis como ela conta sua história:

> *Depois de quarenta e oito anos vivendo a vida "do meu jeito", vi-me na emergência de um hospital. Minhas irmãs me levaram para lá porque estavam preocupadas com minha aparência. Eu estava pálida; tinha dificuldades em me sentar; e estava com falta de ar porque meu abdome estava inchado. Em 2 de março de 1996, fui diagnosticada com câncer de ovário.*
>
> *Passei por uma cirurgia, uma histerectomia completa (durante a qual os cirurgiões retiraram um tumor de cinco quilos e meio), e depois de uma recuperação de quatro semanas após a cirurgia, fiz os tratamentos quimioterápicos durante seis meses.*
>
> *Quando ouvi o diagnóstico, naturalmente fiquei muito assustada; pensei que ia morrer. O câncer estava no estágio três, um estágio avançado, e me senti como se tivesse recebido uma sentença de morte. Meus médicos estavam muito preocupados, e um deles me disse que algumas mulheres vivem de cinco a dez anos depois da cirurgia e da*

quimioterapia. Isso não era nada encorajador para mim, e foi então que decidi começar a orar e a avaliar minha vida. Como acontece com tantas pessoas, foi necessária uma grande sacudidela para chamar minha atenção.

Eu havia frequentado a igreja quando criança (principalmente a Escola Dominical), e acreditava em Deus. Pouco depois que comecei a orar, percebi em mim um sentimento de paz, e desenvolvi uma atitude positiva com relação à minha situação. Era difícil explicar a meus amigos e à minha família, mas eu sabia que ficaria bem se não desistisse de ter esperança.

Meus tratamentos de quimioterapia terminaram em outubro de 1996. Fui colocada em licença médica e me informaram que eu não poderia trabalhar por pelo menos cinco anos. Durante uma de minhas visitas de rotina aos médicos, um deles perguntou se poderia orar por mim em seu consultório; eu disse que sim. Ele sugeriu uma igreja para que eu fosse. Fui por três vezes e na terceira vez recebi Jesus como meu Senhor e Salvador! Isso foi em 2 de março de 1997. Exatamente um ano depois do dia em que recebi a "sentença de morte", recebi a vida eterna! Tenho servido a Deus desde então, e estou completamente livre do câncer!

Peggy aprendeu a enfrentar o medo da morte entregando sua vida a Jesus Cristo. Quando fez isso, ela foi curada e aprendeu uma lição preciosa: fugir do medo não funciona, mas enfrentá-lo corajosamente com a ajuda de Deus traz esperança e vitória.

Eu também enfrentei um episódio com o câncer em 1989. Fui ao médico para um *check-up* de rotina e soube, dois dias depois, que tinha câncer de mama e que precisava fazer uma mastectomia rapidamente porque o tumor que haviam encontrado era uma forma de câncer muito agressiva. Dizer que fiquei chocada e assustada seria pouco, mas Deus rapidamente me lembrou de Sua Palavra e me deu coragem para seguir em frente. Eu realmente pensei em simplesmente ignorar o câncer e prosseguir com minha vida. (As pessoas muitas vezes fazem isso, porque é uma forma de fugir do problema em vez de lidar com ele. Elas simplesmente ignoram as coisas esperando que elas desapareçam. O problema é: essas coisas não desaparecem.) Se Deus me tivesse dito para não fazer a cirurgia, eu não a teria feito, mas realmente senti em meu coração que devia passar pela operação, e foi o que fiz. Assim como Peggy, ouvi todos os relatórios negativos sobre a possibilidade do câncer retornar. Mas isso foi há dezenove anos, e ainda estou livre do câncer.

Uma jovem teve um tipo diferente de contato com a morte, mas, como Peggy, ela nunca permitiu que as probabilidades contra sua sobrevivência a impedissem de perseverar. Como a maioria das pessoas que se formam, Juliane Koepcke devia estar muito entusiasmada ao receber o diploma do ensino médio. Essa nativa da Alemanha havia terminado seus estudos em Lima, no Peru, onde seu pai trabalhava como biólogo. Juliane e sua mãe estavam sentadas lado a lado em um voo que as levaria de Lima para encontrar seu pai em Pucallpa.

Quando o avião que transportava noventa e duas pessoas entrou em uma tempestade inesperada, Juliane percebeu que a asa direita do lado de fora de sua janela estava em chamas. Sua mãe comentou: "Este é o fim de tudo". A próxima coisa que Juliane soube — e a última de que se lembra — foi que ela estava caindo pelo ar, ainda presa ao assento.

Várias horas depois, Juliane acordou em algum lugar na vasta Floresta Amazônica, incapaz de ver com um olho, com uma clavícula quebrada e um corte profundo em seu braço. Depois de se soltar do assento, ela começou a procurar por sua mãe. Não encontrou nada além de alguns assentos vazios e os corpos de três jovens mulheres. Logo Juliane percebeu que era a única que havia sobrevivido ao acidente.

Juliane estava determinada a não morrer na floresta, mas não tinha ideia de onde estava e não havia ninguém para ajudá-la. Traumatizada, de algum modo se lembrou de ter ouvido seu pai dizer que em uma floresta, toda direção descendente leva sempre à água, e que a água sempre leva à civilização. Ela saiu andando sozinha, descendo as encostas o tempo todo, abrindo caminho

Recuse-se a Viver com Medo

no mato através da floresta. Juliane ouviu aviões acima dela, mas não conseguia sinalizar para eles escondida pela densa vegetação da Amazônia.

Depois de dez dias torturantes, finalmente viu uma pequena cabana e encontrou sal e querosene dentro dela — exatamente o que ela precisava para tirar os vermes de sua ferida. No décimo primeiro dia depois do acidente, encontrou um grupo de caçadores do Peru, e eles a levaram para um aeroporto onde ela pôde pegar um avião para encontrar seu pai. Juliane se recusou a desistir por onze dias agonizantes, sem saber o que enfrentaria na selva. Ela seguiu em frente e se tornou bióloga na Alemanha.

O MEDO DO FRACASSO

O medo da morte é apenas um dos muitos medos que podemos ter. A verdade é que temos todo tipo de medo — de tudo, desde o medo de altura, medo de aranhas, ao medo de falar em público. No restante deste capítulo, quero falar sobre um tipo diferente de medo que afeta o íntimo de nosso ser — o medo do fracasso.

Há muitos motivos pelos quais o medo do fracasso nos sufoca. Ele pode estar enraizado no medo do que as outras pessoas pensam de nós. Não queremos que os outros pensem coisas negativas a nosso respeito, ou talvez não queiramos viver com maus pensamentos a respeito de nós mesmos, de modo que sequer tentamos fazer as coisas, achando que estamos nos protegendo do sentimento de fracasso. Seja qual for o caso, o medo do fracasso pode ser tão forte a ponto de nos impedir de sair e assumir desafios e riscos.

Se você quer ser uma pessoa corajosa, que nunca desiste, precisa enfrentar esse tipo de medo de forma direta. O medo do fracasso o impedirá de passar ao próximo nível em sua vida, ou ele o impedirá até de dar o primeiro passo em direção a seu objetivo. Se você não confrontar e vencer esse medo, ele evitará que você faça e seja tudo que Deus tem para você. Lembre-se sempre disto quando você der passos para enfrentar o medo do fracasso e lidar com ele: Deus está com você! Lembre-se sempre de que as pessoas nunca fracassam a não ser que parem de tentar. Quando cometemos erros ao longo do caminho, podemos aprender com eles e permitir que acrescentem sabedoria à nossa vida. Podemos aprender errando!

O Que é?

O medo do fracasso é incapacitante porque impede que as pessoas ajam com base em seus desejos, e certamente o impedirá de cumprir seu destino. O medo do fracasso não é nada mais do que o medo de ser incapaz de fazer o que precisa ser feito em determinada situação. Em outras palavras, não teremos êxito em fazer alguma coisa que tentemos fazer. Esse medo está especialmente ativo em nós quando pensamos em fazer alguma coisa que nunca fizemos antes. Temos medo de falhar, então falhamos em tentar. Quando olho para minhas capacidades sem Deus, tenho medo de tudo, mas se mantenho meus olhos Nele tenho certeza de que *com Ele* posso fazer o que quer que Ele me peça para fazer (ver Filipenses 4:13).

CRIADO PARA A AVENTURA

A verdade é que não fomos criados para fazer as mesmas coisas a vida inteira. Deus colocou em nós um anseio por aventura, e isso significa tentar alguma coisa que nunca fizemos antes. Aventura quer dizer sair, fazer algo diferente, fazer algo um pouco radical, e não viver sempre no que consideramos ser uma "zona de conforto".

Eu lhe garanto que se você tem de fazer alguma coisa, Deus o capacitará para isso. Você não precisa se *sentir* capaz, e não precisa ter experiência. Tudo que precisa é ter a motivação correta e o coração cheio de fé. Deus não está em busca de capacidade; Ele está em busca de disponibilidade. Ele está procurando alguém para dizer: "Eis-me aqui, Deus, envia-me. Eis-me aqui, usa-me. Quero Te servir, Deus. Quero fazer algo para Ti!"

Lembro-me de um domingo específico em minha igreja há muitos anos. Naquele dia, tive de confrontar um medo terrível de fracassar que poderia ter me impedido de ir mais fundo com Deus. Naquela época de minha vida, eu realmente amava a Deus, mas havia verdades e princípios bíblicos que eu não conhecia. Eu sabia um pouco sobre o que uma pessoa precisava fazer para ser salva, mas não entendia nada sobre vitória, superar obstáculos, poder, autoridade ou ser usado por Deus. Eu não tinha esperança real de que minha vida fosse nem um pouco melhor do que era naquele tempo.

Naquela igreja, tínhamos o *Domingo de Missões* uma vez por ano e naquele dia, sempre cantávamos o cântico "Eis-me Aqui, Envia-me a Mim". Lembro-me de um momento específico em que alguma coisa brotou em mim, vindo do fundo do coração, e cantei as palavras com cada parte de meu ser: "Deus, eis-me aqui! Envia-me! Envia-me!" Não sei onde pensei que Ele me enviaria porque eu tinha um marido e três filhos pequenos. Sofri abuso quando criança e passava meu tempo simplesmente tentando sobreviver a cada dia. Mas em meu coração, senti que queria que Ele me usasse. Eu podia não ter muita capacidade, mas estava disponível para Deus. Eu estava disposta a dizer: "Posso quebrar a cara, Deus, mas se Tu quiseres me usar, estou disposta a tentar".

Se você quer que Deus o use, não permita que o medo do fracasso o impeça de obedecer quando Ele o direcionar. Deus não vê apenas onde você está, mas vê onde você pode estar. Ele não vê apenas o que você fez, vê o que você fará com a ajuda Dele.

Seguir a Deus muitas vezes é como andar em um nevoeiro. Só conseguimos ver um ou dois passos diante de nós, mas à medida que damos esses passos, os próximos começam a ficar claros. Com Deus, não vemos sempre claramente o futuro distante, mas se estivermos dispostos a confiar Nele, teremos uma jornada empolgante que tornará a vida uma aventura que vale a pena ser vivida.

Fracasso ou Ponto de Partida?

Ninguém pretende fracassar ou quer fracassar. Porém, como escrevi na introdução deste livro, realmente creio que o "fracasso" pode ser um degrau·importante a caminho do sucesso. O fracasso certamente nos ensina o que *não* fazer, o que muitas vezes é tão importante quanto saber o que *devemos* fazer! O suposto fracasso tem a ver com a maneira como o vemos.

Muitas histórias circularam sobre quantas vezes Thomas Edison fracassou antes de inventar a lâmpada elétrica. Ouvi dizer que ele tentou setecentas vezes, duas mil vezes, seis mil vezes e dez mil vezes. Não importa quantas tentativas ele fez, mas o número é impressionante. Ele nunca desistiu. Conta-se que Edison disse que, em todas as tentativas, ele nunca fracassou — nem uma só vez; ele apenas tinha de passar por muitos, muitos degraus para acertar! Se você realmente quer fazer algo que valha a pena, é preciso ter esse tipo de determinação.

O homem que levou a IBM à projeção mundial, o ex-presidente Thomas J. Watson, não tinha medo do fracasso. Na verdade, eis o que ele tinha a dizer a respeito: "Você quer que eu lhe dê a fórmula do sucesso? É muito simples, realmente. Dobre a taxa de fracassos. Você está pensando no fracasso como inimigo do sucesso, mas ele não é. Você pode ficar desanimado com o fracasso — ou pode aprender com ele. Portanto, vá em frente e cometa erros. Cometa todos os erros que puder. Porque, lembre, é ali que você encontrará o sucesso".

Ceder ao medo do fracasso certamente o impedirá de atingir seu pleno potencial na vida. A boa notícia é que você não tem motivo para temer o fracasso. Em primeiro lugar, Deus está com você. Em segundo lugar, não existe fracasso se você simplesmente se recusar a desistir.

Todas as vezes que você for tentado a temer, lembre que Deus está com você. Ele não falhará nem o abandonará. Ele é seu Deus; Ele o ajudará e o segurará em Sua mão. Ele está fortalecendo-o para que você seja capaz de enfrentar as dificuldades. Ele está construindo em você a força, a estabilidade e o caráter que precisa para avançar em direção às boas coisas que Ele tem reservadas para você, e está edificando em você a coragem para nunca desistir. Muitas vezes me perguntei por que algumas pessoas fazem grandes coisas enquanto outras fazem pouco ou absolutamente nada. Sei que o resultado de nossa vida depende não somente de Deus, mas também de algo em nós. Cada um de nós precisa decidir se vamos buscar lá no fundo a coragem para superar o medo, os erros, os maus tratos nas mãos dos outros, as aparentes injustiças e todos os desafios que a vida apresenta. Isso não é algo que qualquer pessoa possa fazer por nós; precisamos fazer isso nós mesmos.

Quero encorajá-lo a assumir a responsabilidade por sua vida e pelo resultado dela. O que você fará com o que Deus lhe deu? Você vai investir seu talento e seu tempo ou vai escondê-lo por causa do medo? Realmente acredito que Deus dá a todos oportunidades iguais. Ele disse: "coloquei diante de vocês a vida e a morte... escolham a vida" (Dt 30:19). *O medo está na categoria da morte, a fé e o progresso nos enchem de vida.* A escolha é sua, e creio que você fará a escolha certa!

Ligado no Sucesso

Alexander Graham Bell, inventor do telefone e fundador da Bell Telephone Company, era esperto, curioso, trabalhador e persistente. Essas qualidades contribuíram enormemente para o sucesso que ele desfrutou como resultado de suas invenções, mas o verdadeiro ímpeto por trás de suas grandes invenções era o simples fato de querer ajudar as pessoas que viviam com desafios e dificuldades.

A mãe de Bell, Eliza Grace, tinha uma deficiência auditiva, e ele queria encontrar uma forma mais eficaz de se comunicar com ela que não através do tubo que a maioria das pessoas utilizava. Em vez disso, Bell falava com ela colocando a boca próxima à sua testa, acreditando que ela poderia sentir as ondas sonoras de sua voz vibrante. A surdez da mãe e o trabalho do pai em patologia da fala, e o interesse de toda sua vida em ajudar os deficientes auditivos a se comunicarem deram a Bell o talento para ajudar as pessoas a se comunicarem também.

Nativo da Escócia, Bell viajou para Londres a fim de prosseguir com seus estudos universitários. Enquanto esteve na Inglaterra, seus dois irmãos contraíram tuberculose e morreram. Bell também teve a temível doença, e na tentativa de salvar sua vida, seus pais se mudaram, juntamente com o último filho que lhes restava, para o Canadá. Embora o tempo na Universidade de Londres tenha sido abreviado, foi lá que ele passou a se interessar pela obra de um físico alemão chamado Hermann Von Helmholtz. Bell não sabia ler alemão, mas não permitiu que isso o impedisse de encontrar formas de aprender o que Helmholtz ensinava. Uma de suas declarações, que capturou a atenção de Bell, foi a de que o diapasão elétrico e o ressonador podem ser usados para fazer sons de vogais. Sem treinamento suficiente em alemão, Bell interpretou mal a teoria de Helmholtz e pensou que o físico acreditasse que o som podia ser transmitido por um fio, o que ele finalmente realizou. Falando sobre essa interpretação errônea, ele disse mais tarde: "Ela me deu confiança. Se eu fosse capaz de ler alemão, talvez nunca tivesse iniciado minhas experiências com a eletricidade". Essas experiências, é claro, levaram à invenção do telefone.

Bell é mais conhecido como o inventor do telefone, mas ele também inventou vários outros aparelhos importantes, inclusive um precursor do pulmão de ferro utilizado para ajudar pacientes com pólio nos anos 50. Esse aparelho também surgiu em resultado das dificuldades pessoais na vida de Bell. Em 1881, seu filho recém-nascido Edward morreu devido a problemas respiratórios. Em resposta a isso, Bell projetou uma jaqueta de metal que ajudaria as pessoas com os mesmos problemas a respirar com mais facilidade. Naquele ano, o presidente dos Estados Unidos James A. Garfield levou um tiro e Bell usou suas habilidades para tentar salvar sua vida usando rapidamente um dispositivo detector de metais a fim de localizar a bala. Embora o presidente tenha morrido em virtude dos ferimentos, Bell fez o melhor que pôde para ajudar a salvá-lo.

Deixe-me encorajá-lo a ser como Alexander Graham Bell e permitir que as dificuldades que você experimenta e observa o inspirem a ser criativo. Nunca desista enquanto você procura tornar o mundo um lugar melhor e melhorar a vida das pessoas que o cercam.

CAPÍTULO 4

CONFRONTE SEUS MEDOS

"Coloque uma águia em uma gaiola e ela morderá as barras, sejam elas de ferro ou de ouro".

IBSEN

As galinhas costumam ficar no mesmo quintal durante a vida toda, mas as águias aprendem a voar a novas alturas. Enquanto você prossegue sua jornada rumo a se tornar um cristão-águia, quero chamar sua atenção para sete medos com os quais você precisa lidar na vida. Se não lidar com esses medos, eles podem manter você no quintal das galinhas, mas à medida que confrontá-los e superá-los, você estará a caminho de se tornar uma águia. Nunca desista; enfrente os medos com a ajuda de Deus e deixe a "mentalidade de galinha" para trás!

SETE MEDOS QUE VOCÊ PRECISA CONFRONTAR

1. Medo do Que as Pessoas Pensam

Se você quer se libertar de onde está agora e passar para o próximo nível em sua vida, a primeira coisa com a qual você precisa lidar é o medo do que as pessoas pensam. Muitas de nossas decisões são tomadas para agradar os outros e não para agradar a Deus. Deixamos de seguir nosso coração, mas vivemos para agradar as pessoas que nos cercam porque queremos ter a aceitação e a aprovação delas. Queremos que elas gostem de nós; queremos ser parte do grupo; não queremos que elas nos julguem, nos critiquem, ou falem de forma negativa a nosso respeito.

O apóstolo Paulo tratou dessa questão em Gálatas 1:10: "Se eu ainda estivesse procurando agradar a homens, não seria servo de Cristo". Em outras palavras, se ele tivesse escolhido se importar com o que as pessoas pensavam a seu respeito, ou procurasse ser popular, ele não poderia ter servido ao Senhor da forma que serviu. O mesmo pode acontecer em sua vida.

Querer agradar as pessoas é um desejo bastante natural, mas se você estiver desequilibrado e tiver uma necessidade excessiva da aprovação das pessoas, o diabo pode usar isso para roubar seu destino. Você nunca será tudo o que Deus quer que você seja se o seu objetivo é agradar as pessoas.

Descobri que as pessoas em minha vida que não queriam se comprometer plenamente em servir a Deus tentavam me impedir de fazer isso. As pessoas geralmente tentam nos levar a fazer o que elas fazem, em vez de nos deixarem livres para fazermos as próprias escolhas. Não devemos ceder a essa pressão porque, no fim, cada um de nós comparecerá diante de Deus e prestará contas de sua vida. Não responderemos às pessoas; responderemos a Deus, portanto devemos viver para agradar a Ele e somente a Ele.

Creio que você realmente quer prosseguir com Deus; você tem fome por ir mais fundo com Ele; você quer ser uma águia. Mas para fazer isso, terá de correr o risco de não ser compreendido por alguns de seus amigos ou colegas de trabalho. Vamos encarar isto: ler a Bíblia durante seu intervalo de almoço ou dar uma volta e orar em vez de ficar fofocando talvez não seja um comportamento popular no ambiente em que você vive ou trabalha. As pessoas podem ridicularizá-lo, mas o motivo para isso é que suas boas escolhas fazem com que elas se sintam culpadas. Elas podem chamar você de "cheio de si" ou dizer que você se tornou um fanático religioso

Confronte Seus Medos   61

que se acha melhor do que todo mundo. Elas podem rejeitá-lo ou falar de você de uma forma grosseira, mas se você sabe que o desejo de seu coração é simplesmente amar a Deus e servi-lo, continue seguindo em frente e não permita que nada o impeça.

Como mencionei, na maior parte do tempo, as pessoas que estão irritadas por você querer andar com Deus são aquelas que não querem andar com Ele. Assim que encontrar outro cristão que compartilha os mesmos valores que você e que quer participar das mesmas atividades das quais você participa, terá um novo amigo. Deus é fiel. Quando você quer andar com Ele, Ele lhe dará novos amigos e o cercará de pessoas que são da mesma opinião. Não posso prometer que você não terá de passar por tempos de solidão a princípio, mas sei que Deus lhe dará os amigos e as companhias de que você precisa. Eu, sem dúvida, passei por tempos de solidão em minha vida; se você se sente só, não desanime porque as coisas um dia vão mudar.

João 12:42-43 retrata uma situação muito triste que caracteriza a vida de muitas pessoas.

> *Ainda assim, muitos líderes dos judeus creram nele. Mas, por causa dos fariseus, não confessavam a sua fé, com medo de serem expulsos da sinagoga; pois preferiam a aprovação dos homens do que a aprovação de Deus.*

Os homens dessa passagem deixaram de ter um relacionamento profundo com Deus porque se importavam mais com o que as pessoas pensavam do que com o que Deus pensava. Não seja assim! Se você luta com a necessidade de aprovação e aceitação, eu o encorajo a ler meu livro *O Vício de Agradar a Todos*. Faça o que precisar fazer para chegar ao ponto de se importar mais com o que Deus pensa do que com o que a família, os amigos, os vizinhos ou os colegas pensam. Procure agradar a Ele e você poderá levantar voo com as águias em vez de ficar ciscando no quintal com as galinhas.

2. Medo da Crítica

Um companheiro do medo do que as pessoas pensam de nós é o medo de que elas nos critiquem. Queremos que as pessoas que nos cercam pensem que somos inteligentes, maravilhosos, e que sempre fazemos a coisa certa. Não gostamos de nenhum tipo de crítica ou julgamento, nem gostamos de saber que alguém está falando de forma negativa a nosso respeito. Não temos de gostar dessas coisas, mas não podemos nos permitir ter medo delas.

Quando sofremos de insegurança, contamos com a aprovação dos outros porque isso nos faz sentir que estamos fazendo a coisa certa. A insegurança e o medo de cometer erros fazem com que muitas pessoas tomem a maior parte de suas decisões, se não todas, com base no que os outros pensam. Mas o que nos faz pensar que elas têm as respostas e nós não? Quando somos realmente confiantes e seguros, a opinião dos outros não pode nos controlar.

Minha filha Sandra sofreu de insegurança e perfeccionismo por muitos anos. Lembro-me dela perguntar excessivamente a opinião dos outros e de ficar muito confusa quando não concordavam com suas ideias sobre o que deveria fazer em certas situações. Eu costumava vê-la mudar de opinião para concordar com os outros, embora ela ainda sentisse em seu coração que a decisão original era a correta.

Felizmente ela recebeu a cura de Deus nessa área. Embora seja muito aberta a pedir conselhos, ela é segura o bastante para, no fim das contas, fazer o que acredita que é certo. Ela é muito mais feliz e tem a paz de saber que está seguindo a Deus o melhor que pode.

> **Quando somos realmente confiantes e seguros, a opinião dos outros não pode nos controlar.**

Muitas pessoas sofrem com inseguranças como a de Sandra, e com outros tipos de insegurança. Se isso inclui você, tenho boas novas: Deus vai libertá-lo. Eu o encorajo a começar a confrontar o medo de estar errado e a crer que o Espírito de Deus vive em você para lhe dar sabedoria e para conduzi-lo em todas as situações. Ao pensar nas pessoas que superaram o medo da crítica, penso no Dr. Martin Luther King Jr. Quando ele começou a falar contra a segregação e o tratamento injusto que os afro-americanos recebiam nos Estados Unidos, os críticos se levantaram de várias partes, alguns deles muito cruéis. Diante da crítica, da crueldade, das ameaças, da intimidação e da prisão, King permaneceu leal à sua causa. Quando a bala de um assassino matou-o em 4 de abril de 1968, ela atingiu um homem determinado a nunca desistir. Por King ter confrontado e vencido o medo da crítica, as mudanças sociais pelas quais ele se esforçou finalmente se tornaram realidade e resultaram em grandes transformações na sociedade americana.

Creio que qualquer pessoa que faça qualquer coisa significativa deve primeiro vencer o medo da crítica. Simplesmente não podemos seguir a Deus e manter todas as pessoas felizes o tempo todo. Para fazer grandes coisas, precisamos aceitar que certa porcentagem das pessoas não vai concordar conosco — e não podemos permitir que isso nos paralise.

3. Medo de Não Agradar a Deus

Se quer ir mais alto com Deus, você também precisa lidar com o medo de que suas imperfeições o impeçam de agradá-lo. Essa é uma dificuldade séria para muitas pessoas; elas sofrem terrivelmente com preocupações secretas de não estarem agradando a Deus, de não estarem fazendo o bastante, ou de simplesmente não estarem fazendo as coisas corretamente. Elas temem que Deus esteja desgostoso delas porque não leem a Bíblia o bastante, não oram adequadamente ou não têm fé suficiente. Elas vivem cativas do medo de que nada do que fazem seja o bastante para Deus. Isso é mentira! O diabo quer que acreditemos que nada nunca é o suficiente. Ele quer que acreditemos que, independentemente do que façamos, Deus sempre irá querer algo mais ou algo diferente.

64 NUNCA DESISTA

Isso é muito triste, porque a verdade é que Deus não é nem de longe tão difícil de ser agradado quanto nós achamos que Ele é! Sim, Ele tem padrões elevados e deseja a excelência em todas as áreas, mas a verdade é que nada a nosso respeito o surpreende. Deus sabia o que estava fazendo quando nos chamou para termos um relacionamento com Ele. Quando cometemos erros, Ele não se senta no céu apertando as mãos e dizendo: "Estou chocado com seu comportamento. Eu não esperava isso!" O Salmo 139 nos diz claramente que Ele sabe o que vamos fazer antes de o fazermos, portanto, tente ter em mente que Deus sabe *tudo* sobre você e o ama assim mesmo!

Leia isto com atenção: *Se você pudesse ser perfeito, não precisaria de Jesus.* A disposição de continuar prosseguindo para o alvo da perfeição é tudo o que Deus requer. Se você realmente está apaixonado por Jesus, seu amor fará com que continue prosseguindo rumo à perfeição todos os dias. Se você é realmente um cristão sincero, não há como adotar uma atitude despreocupada do tipo, "Ah, bem, eu não me importo" para com seus defeitos. O amor por Jesus o obrigará a querer fazer o melhor todos os dias. Você se levantará no dia seguinte e tentará fazer o melhor novamente; talvez você se saia melhor em uma área, mas pode falhar em outra coisa. A mensagem que Deus está tentando lhe transmitir por meio dessas situações é: "Você ainda precisa de mim".

Na *Amplified Bible*, Jesus diz em Mateus 5:48: "Portanto, sejam perfeitos [crescendo em completa maturidade de piedade em mente e caráter, tendo atingido a estatura de virtude e integridade adequada], como perfeito é o Pai celestial de vocês" (AMP). Quando pensamos em ser perfeitos, podemos nos sentir intimidados, mas precisamos entender o significado dessa palavra na linguagem original do Novo Testamento. A *Amplified Bible* deixa isso claro. *Perfeito* significa simplesmente "crescendo em maturidade". Precisamos nos

> **Se você pudesse ser perfeito, não precisaria de Jesus.**

Confronte Seus Medos 65

alegrar e ficar felizes quando estivermos crescendo em maturidade e parar de nos criticar quando não somos perfeitos de acordo com os padrões humanos. Quero encorajá-lo a desfrutar sua jornada. Afinal, a vida não tem tanto a ver com atingir seu destino quanto com a forma como fazemos a viagem. As pessoas que se esforçam e são infelizes por toda a vida, mas finalmente chegam a seu destino não realizam nem de longe tanto quanto aquelas que podem não chegar, mas que aproveitam o processo.

Você pode ter me ouvido dizer: "Não estou onde deveria estar, mas, graças a Deus, não estou onde costumava estar. Ainda não cheguei, mas estou a caminho!" Esse tipo de atitude deixa o diabo enfurecido. Deixe-me encorajá-lo a não estabelecer um padrão de perfeição mundano para si mesmo. Em vez disso, comece a se entusiasmar com cada passo de progresso que você der. Quando você não estiver exatamente onde quer estar, lembre-se de que você também não está onde estava antes! Em vez de se concentrar nos erros, ponha o foco no progresso. O simples fato de estar lendo este livro mostra que você está progredindo.

> Quando você não estiver exatamente onde quer estar, lembre-se de que você também não está onde estava antes!

Você terá de continuar focado enquanto confronta e quebra o medo de não estar agradando a Deus. Não pode permitir que suas falhas o distraiam, impedindo-o de seguir em frente com Ele. Ele é o único que pode ajudá-lo a superar falhas e fraquezas, portanto, concentre-se Nele em vez de concentrar-se nessas imperfeições. Hebreus 12:2 nos ensina uma poderosa lição sobre permanecer focado: "tendo os olhos fitos em Jesus, autor e consumador da nossa fé". O diabo é o autor da distração, e ele usa sua distração para sua destruição. O diabo quer que você se distraia porque ele sabe que se você mantiver os olhos em Jesus, então ele se tornará não apenas o autor e a fonte, mas também o consumador de seu sonho, de sua visão e de sua fé.

Lembre, você não é surpresa para Deus. Suas falhas e seus fracassos não o assustam. Ele nunca olha para mim e diz: "Ah, Joyce! Eu não sabia que você ia ser *assim*! Se eu soubesse que você ia fazer *isso*, não teria permitido que você fosse uma mestra da Bíblia!". Leia o Salmo 139. Todos os dias de sua vida foram escritos em Seu livro antes de você aparecer no planeta Terra. Deus conhece cada palavra de sua boca, mesmo aquelas que você ainda não pronunciou. Suas imperfeições não o chocam. Ele as cobriu na cruz com o sangue de Seu Filho.

Se você realmente ama a Deus, se está apaixonado por Jesus, você não vai querer pecar ou desagradar a Deus. Você fará tudo que puder para ficar longe do pecado. Mas você vai pecar, e não pode permitir que isso o distraia ou o impeça de seguir em frente com Deus, porque quando pecar, você tem um advogado junto ao Pai. Jesus Cristo, o Justo (ver 1 João 2:1), é fiel e justo para perdoá-lo por todos os pecados e para purificá-lo de toda injustiça (ver 1 João 1:9). Não permita que pecados, falhas ou fracassos o distraiam ou façam com que você creia que não está agradando a Deus. Se você está em Cristo, agrada a Deus Pai completamente, porque Ele vê quem você é em Jesus, e não quem você é por seus méritos. Lembre, você é salvo pela graça, e não por suas obras. A salvação não é o resultado de nada que possamos fazer; ela é um presente de Deus para ser recebido pela fé (ver Efésios 2:8-9).

4. Medo de Tomar a Decisão Errada

A fim de avançar como um cristão-águia, o quarto medo com o qual você precisa lidar é o medo de tomar decisões erradas, que é conhecido como insegurança. Não creio que seja a vontade de Deus para nós que duvidemos de nós mesmos; Ele quer que tenhamos confiança e segurança.

Certa vez tomei uma decisão e algumas pessoas não gostaram; elas não acharam que eu tinha feito uma boa escolha. Também havia pessoas que gostaram de minha decisão e que acreditaram que ela estava certa. Mas eu não conseguia tirar os "do contra" da

Confronte Seus Medos 67

cabeça, e comecei a pensar: *Será que fiz a coisa certa? Talvez eu não tenha feito a coisa certa.* Então falei com Deus a respeito: "Senhor, fiz a coisa certa?". Ele me confirmou que sim, dizendo que eu havia tomado a decisão correta.

Assim como pode ter acontecido com você, tive de aprender a não ouvir minha insegurança. Deus ainda me lembra de tempos em tempos para tomar cuidado nessa área porque Satanás está sempre nos atacando com todo tipo de medo e dúvida. Aprendi a não acreditar meramente em meus sentimentos, mas, em vez disso, verificar meu coração e ver o que realmente acredito que Deus está dizendo. É impressionante o que encontraremos em nosso coração se simplesmente reservarmos um tempo para ouvi-lo.

Se nos questionarmos excessivamente ou ficarmos discutindo interiormente sobre se tomamos ou não a decisão certa, podemos nos perder em nossas inseguranças e depressa nos tornaremos pessoas de ânimo dobre. Tiago 1:7-8 nos ensina que as pessoas que têm a mente dividida são instáveis em todos os seus caminhos e não devem esperar receber nada de Deus. Acontece que quando ficamos extremamente divididos, também ficamos confusos. Quando estamos realmente confusos, ficamos desanimados e deprimidos. Logo, estamos de volta ao quintal ciscando com as galinhas, quando devíamos estar voando com as águias.

Não se permita chafurdar na insegurança e ficar com a mente dividida. Se você acha que cometeu um erro, vá falar com Deus a respeito. Diga: "Deus, se cometi um erro, confio que Tu me mostrarás. Quero saber se cometi um erro ou se tomei uma decisão errada. Por favor, mostra-me se eu estiver errado". Depois, dê um tempo, fique em silêncio, e veja o que você sente em seu coração. Lembre, você não terá uma direção sábia ouvindo sua mente, suas emoções ou as outras pessoas. *Ouça o coração!* Como cristão, o Espírito de Deus vive em você — em seu coração — e Ele o conduzirá e o guiará.

Não suponha que você está errado simplesmente porque algumas pessoas discordam de sua decisão. Se tudo que o diabo precisa fazer para tirá-lo do rumo é encontrar alguém para discordar de você, então ele está definitivamente no volante do carro no que diz respeito à sua vida. Certifique-se de ficar concentrado, firme e livre da insegurança à medida que você continua se tornando um cristão-águia.

Descobri que a dúvida costuma tentar me visitar quando estou orando. Esse sentimento vago me faz questionar se Deus está me ouvindo e se Ele responderá, quando eu deveria estar confiando que Ele está ouvindo e que responderá certamente! A oração é nosso maior privilégio e ela é necessária para que Deus possa agir na terra. A Bíblia nos diz que não temos porque não pedimos (ver Tiago 4:2), mas ela também diz que precisamos pedir com fé sem vacilar, hesitar ou duvidar (ver Tiago 1:6). Deus trabalha por intermédio de nossa fé, e não de nosso medo. Manter uma atitude de fé requer um esforço consciente de nossa parte. Podemos decidir crer ou duvidar; a escolha cabe a nós.

5. Medo de Perder Deus

O próximo medo que precisamos confrontar, se estivermos determinados a nunca desistir, é o medo de "perder" Deus, de fazer algo "errado" enquanto tentamos segui-lo. Tudo que tenho a dizer é: se você perder Deus de alguma maneira, não se preocupe; Ele o encontrará.

Parte do medo de perder Deus (tomando uma decisão errada) inclui o medo da escassez. Geralmente, quando Deus coloca um sonho em nosso coração e nos chama para fazer alguma coisa, uma de nossas primeiras perguntas é: "O que acontece se eu sair e tentar fazer isto e não for a vontade de Deus? E se Ele não suprir minha necessidade?"

Se você tem medo de errar com Deus, tudo que tem a fazer é se lembrar do quanto Deus o ama e olhar os testemunhos das pessoas que vieram antes de você. A Bíblia está cheia de histórias milagrosas da direção e provisão de Deus. Ele é o Deus que fez cair maná do céu todos os dias por quarenta anos para que os filhos de Israel

Confronte Seus Medos 69

tivessem o que comer! Se você quiser ler mais histórias notáveis, bibliotecas e livrarias têm todo tipo de livros que narram a direção e a provisão de Deus na vida das pessoas ao longo da história.

Um conceito errado que os cristãos costumam ter nessa área é a ideia de que devemos assumir toda a responsabilidade por nunca cometer um erro. Na verdade, o ponto principal do amor e da graça de Deus é que se nosso coração estiver reto diante Dele e estivermos fazendo o melhor que pudermos, quando dermos um passo de verdadeira fé depois de orarmos e buscarmos a Deus, se realmente cometermos um erro, Deus nos ajudará a voltar aos eixos. Deus nunca nos abandonou, e Ele pode fazer com que esse suposto erro de alguma forma coopere para o bem. Não podemos ter medo de errar com Deus, ou nunca seremos capazes de dar o primeiro passo para segui-lo.

A verdade é que todos cometem erros enquanto tentam aprender a seguir a Deus, mas isso não é o fim do mundo! Não fique com tanto medo de falhar a ponto de nunca tentar. Na verdade, prefiro tentar e cometer um erro a viver minha vida sem nunca tentar nada. Deus gosta de atitudes determinadas. O medo de errar com Deus é, na verdade, o medo do fracasso; não permita que o medo influencie suas decisões. Meu lema é: "Vá em frente e descubra". Não se pode dirigir um carro estacionado! Dirija-se para alguma direção; se você fizer uma volta errada, poderá sempre dar a volta na quadra e depois seguir no caminho oposto.

6. Medo de Mudanças

O ex-presidente dos Estados Unidos Woodrow Wilson disse: "Se você quer fazer inimigos, tente mudar alguma coisa". Por alguma razão, muitas pessoas não gostam de mudanças, e creio que isso geralmente acontece porque elas têm medo de mudanças.

Muitas vezes, quando ficamos cansados ou simplesmente entediados com uma situação, ficamos inquietos e começamos a orar: "Ó Deus! Alguma coisa tem de mudar!". Então, quando Deus tenta trazer mudanças às nossas vidas, dizemos: "Senhor, o que Tu es-

tás fazendo? Não creio que eu consiga lidar com esta mudança!".
Costumamos ficar presos na tensão entre o desejo de mudança e
o medo dela.

Graças a Deus, Ele nunca muda. Por ser sempre o mesmo, podemos confiar Nele em meio a qualquer mudança de circunstância
ou situação. Hebreus 13:8 diz: "Jesus Cristo é o mesmo, ontem,
hoje e para sempre". E o próprio Deus fala em Malaquias 3:6, dizendo: "De fato, eu, o Senhor, não mudo". Isso deve nos dar grande
coragem e consolo quando enfrentamos mudanças em nossa vida.
Não precisamos temer as mudanças; podemos lidar com elas, porque Deus permanece o mesmo.

E se Abraham Lincoln tivesse medo das mudanças? Ele não teria
assinado a Proclamação de Emancipação e o terror da escravidão
teria continuado nos Estados Unidos. E se Orville e Wilbur Wright
tivessem medo de mudanças? Todos nós estaríamos empacados viajando por terra ou navegando pela água em vez de voarmos pelos
céus. E se Thomas Edison, que mencionei anteriormente, tivesse
medo de mudanças? Ainda es-
taríamos lendo à luz de velas
depois do pôr do sol.

> A mudança é um fato da vida e quanto mais a tememos e resistimos a ela, mais estamos resistindo a Deus.

Compartilho essas ilustra-
ções para inspirá-lo a pensar
sobre as muitas boas mudan-
ças que melhoraram a vida das pessoas e a tornaram mais fácil ao
longo dos anos. Estou certa de que você poderia fazer uma lista
própria de mudanças positivas que ocorreram em sua vida. Lembre,
o medo de mudanças pode impedir que algo maravilhoso aconteça
para você. Eu o incentivo a não deixar isso acontecer, mas a abraçar
com ousadia as mudanças que surgirem em seu caminho.

Sem mudança não há crescimento, e tudo que não está crescendo está morrendo. A mudança é um fato da vida e quanto mais a
tememos e resistimos a ela, mais estamos resistindo a Deus. Como
mencionei anteriormente, o próprio Deus não muda, mas Ele definitivamente transforma as pessoas, as circunstâncias e as coisas.

Confronte Seus Medos 71

Comecei a notar há alguns anos que as pessoas que frequentavam nossas conferências eram todas da minha idade ou mais velhas. Comecei a me perguntar onde estava a geração mais jovem e finalmente tive de entender que eu não estava oferecendo a eles nada com que pudessem se identificar. Decidi que faria as mudanças necessárias para ser relevante à geração mais jovem porque eles são o futuro. Nunca podemos mudar a Palavra de Deus porque ela permanece sempre a mesma, mas podemos mudar a maneira como a apresentamos, e foi exatamente isso que fizemos. Mudamos a aparência de nossas conferências acrescentando estilos musicais diferentes, uma tecnologia de mídia atualizada e técnicas de iluminação diferentes. Embora essas coisas não alterem a Palavra de Deus, que é o principal a ser apresentado, elas realmente atraem as pessoas. Simplesmente por estarmos dispostos a modificar algumas dessas coisas externas, agora desfrutamos uma congregação de todas as idades e temos o prazer de ver que, se estivermos dispostos a mudar nossa velha forma de fazer as coisas, não é necessário existir um vácuo entre gerações.

Todos nós temos a tendência de pensar de acordo com a geração na qual fomos criados, mas precisamos entender que as coisas estão sempre mudando. Se não estivermos dispostos a mudar, Deus não vai parar e esperar por nós, e ficaremos nos perguntando por que perdemos as coisas que Ele está fazendo hoje.

7. *Medo do Sacrifício*

Quando acreditamos que Deus está nos pedindo para fazermos algo, começamos com as perguntas: *De que vou ter de abrir mão se fizer isto? Se eu fizer isto, o que me custará? Se eu fizer isto, que tipo de desconforto sofrerei?*

A verdade é que tudo que fazemos para Deus exige um investimento. Parte de amar a Deus envolve a disposição de renunciarmos à nossa vida por Ele. Nossa disposição de nos sacrificarmos é parte do teste pelo qual Ele costuma nos fazer passar, não apenas para que Ele saiba se realmente o amamos e falamos sério sobre segui-lo, mas também para provar Seu amor e comprometimento conosco e estabelecê-lo em nosso coração.

Há mais de trinta anos, quando Deus me encheu com o Espírito Santo e me chamou para o ministério, perdi quase todas as minhas amigas, Deus me pediu para deixar minha igreja, e perdi o favor de muitos membros da família. Fiquei constrangida; fui rejeitada; e foi difícil passar por essas experiências sem desistir. Mas tudo era parte do preço que eu tinha de pagar para andar com Deus. Não tenha medo do sacrifício quando Deus o chamar ou colocar um sonho em seu coração. Decida-se a pagar o preço e a passar no teste. Eu lhe garanto, vale a pena.

Medo do fracasso; medo do que as pessoas pensam; medo da crítica; medo de não agradar a Deus; medo de tomar decisões erradas; medo de perder Deus; medo de mudanças; medo do sacrifício. Deixe esses medos no quintal das galinhas; eles não têm lugar no céu com uma águia. Você pode ter medo de sair de seu quintal porque isso significa que você terá de deixar a segurança do que lhe é familiar. Eu o incentivo a nunca desistir quando você enfrentar seus medos; abra suas asas e voe com coragem e ousadia.

A Grande Superadora

Uma das pessoas "superadoras" mais conhecidas da história dos Estados Unidos teria de ser Helen Keller, que se recusou a permitir que a cegueira e a surdez a impedissem de desfrutar a vida, atingindo objetivos notáveis e fazendo contribuições significativas à sociedade.

Até os dezenove meses de idade, a vida de Helen Keller foi relativamente normal. Mas tudo mudou quando ela ficou muito doente do que na época se chamava meningite. Hoje, muitas pessoas acreditam que ela sofria de escarlatina, mas independentemente do diagnóstico, a doença a deixou gravemente deficiente, destruindo completamente sua capacidade de ver e ouvir.

Esforçando-se para ajudá-la, seus pais a levaram para ver Alexander Graham Bell, que adquiriu fama como inventor do telefone, mas que também era um experiente professor de surdos e uma fonte útil para ajudar pessoas com deficiência auditiva. Bell indicou aos Keller a Escola Perkins de Boston para Cegos.

A Escola Perkins ofereceu a Helen uma tutora chamada Anne Sullivan, a quem Helen chamou afetuosamente de "Professora" até sua morte. Quando criança, Helen ficava extremamente frustrada com suas deficiências, e muitas vezes ficava violentamente zangada. Mas sua "Professora" permanecia paciente e diligente, e com o tempo ensinou Helen a ler braile, a escrever e a se comunicar com eficácia apesar de ser cega e surda. Para aprender mais sobre o assunto, conheça a peça *The Miracle Worker*[*] de William Gibson ou veja o filme de mesmo nome.

Desde criança, Helen sabia que queria ir para a faculdade e estava decidida a não permitir que suas deficiências lhe negassem esse privilégio. Depois de estudar muito e se preparar diligentemente, ela foi admitida na Faculdade Radcliffe, a escola de mulheres associada

---

[*] Em língua portuguesa, o filme recebeu o nome de *O Milagre de Anne Sullivan*.

à Harvard University, e iniciou seus estudos, com a ajuda de Anna Sullivan, em 1900. Quatro anos depois, ela havia dominado vários idiomas e se formado com honras.

Na faculdade, Helen embarcou em uma carreira de escritora que duraria meio século e incluiria livros, artigos de jornais e colunas de revistas. Seu primeiro livro, *The Story of My Life* (*A História de Minha Vida*), foi publicado em 1903 e, finalmente, acabou sendo impresso em mais de cinquenta idiomas.

Antes do fim de sua vida, em 1968, Helen recebeu vários títulos honorários e prêmios por seu trabalho humanitário e pela inspiração que ela dava aos cegos e surdos, inclusive o prêmio de grande prestígio, a Medalha Presidencial da Liberdade. Talvez mais do que isso, ela desfrutou de muitas oportunidades de conhecer dignitários como Oliver Wendall Holmes e todos os presidentes americanos desde Grover Cleveland até Lyndon Johnson.

Uma das principais razões pelas quais Helen Keller nunca desistiu de si mesma foi porque Anne Sullivan nunca desistiu dela. Ao longo deste livro, eu o incentivei a não desistir de si mesmo, e quero encorajá-lo novamente. Mas também quero ter certeza de que você se lembrará de fazer todo o possível para inspirar outros a perseverarem em meio às dificuldades e a superarem desafios, assim como você.

CAPÍTULO 5

ISTO VAI LHE CUSTAR ALGO!

*"O bloco de granito que foi um obstáculo
no caminho do fraco se torna um degrau
no caminho do forte".*

THOMAS CARLYLE

Você deve ter ouvido o nome Wilma Rudolph. Talvez você a conheça como uma atleta extraordinária cuja história foi contada no filme *Wilma* e cuja imagem apareceu em um selo do correio dos Estados Unidos. Na verdade, essa corredora, treinadora e comentarista esportiva fenomenal ganhou reconhecimento e aclamação notáveis, mas você tem ideia do que lhe custou atingir seus objetivos e viver seus sonhos?

Ela nasceu prematuramente, a vigésima de vinte e dois filhos de uma família pobre, cambaleante com o impacto da Grande Depressão. Além de ter sofrido com a meningite e com uma pneumonia dupla quando bebê, foi afligida pela pólio desde o nascimento e tinha de ser levada por 80 quilômetros duas vezes por semana até um hospital para negros, onde recebia tratamento. Sua mãe tinha de esfregar suas pernas quatro vezes por dia durante anos. A certa altura, os médicos lhe disseram que nunca andaria, mas finalmente ela provou que eles estavam errados e Wilma andou com um aparelho nas pernas até os nove anos. Aos doze, ela finalmente pôde andar normalmente. Dentro de quatro curtos anos, aos dezesseis, ela ganhou sua primeira medalha olímpica. Quatro anos depois, nas Olimpíadas de 1960, em Roma, ela ganhou medalhas de ouro em três eventos e tornou-se uma estrela internacional.

A garotinha a quem disseram que nunca andaria acabou aprendendo a correr — melhor do que qualquer outra mulher do mundo. Mas ela não fez isso sem dor, sem sacrifício, sem disciplina ou sem pagar um preço. Ela queria ver seus desejos realizados — e os realizou porque nunca desistiu.

Para sermos pessoas que nunca desistem, precisamos aprender a superar tanto os obstáculos naturais, como Wilma Rudolph fez, quanto as forças invisíveis como a ira, a falta de perdão, a culpa, a vergonha e o medo. Nos próximos capítulos, falarei muito sobre vencer essas questões para poder superar qualquer coisa que o esteja impedindo de prosseguir para ser tudo que Deus pretende que você seja. Avance, prossiga, siga em frente e pague o preço agora para poder atingir seus objetivos e seu potencial.

ATRAVESSAR

Todos nós passamos por situações na vida. Muitas vezes, achamos que a frase "Estou atravessando uma situação" reflete más notícias, mas se a encararmos adequadamente, percebemos que *atravessar* alguma coisa é bom; significa que não estamos estacionados! Podemos atravessar dificuldades, mas pelo menos estamos avançando.

Isaías 43:2 diz: "Quando você atravessar as águas, eu estarei com você; quando você atravessar os rios, eles não o encobrirão. Quando você andar através do fogo, não se queimará; as chamas não o deixarão em brasas". A Palavra de Deus aqui é clara: passaremos por muitas coisas. Enfrentaremos adversidades em nossa vida. Isso não é uma má notícia; é a realidade.

Deixe-me repetir: atravessaremos situações na vida, mas essas situações são exatamente as circunstâncias e os desafios que nos tornarão pessoas que sabem como superar a adversidade. Não crescemos nem nos tornamos fortes durante os bons tempos da

Isto Vai lhe Custar Algo!

vida; crescemos quando prosseguimos em meio às dificuldades sem desistir.

Você deve se lembrar do trágico dia em abril de 2007 em que um homem armado abriu fogo na Virgina Tech, matando insensivelmente trinta e três alunos brilhantes e promissores e a si mesmo. Uma das alunas mortas naquele dia foi Caitlin Hammaren, uma vibrante estudante do segundo ano e filha única de dois pais que a adoravam. A mãe de Caitlin, Marian, teve de encontrar a força de vontade e a determinação para prosseguir depois de uma perda inimaginável.

Depois da morte de Caitlin, as autoridades deram seu laptop a Marian e a seu marido Chris. Eles o abriram e viram um bilhete colado na parte de cima da tela: "Deus, sei que nada pode acontecer hoje com o qual o Senhor e eu não possamos lidar juntos". Marian sabia que Caitlin acreditava naquelas palavras de todo o coração, mas ela não conseguia acreditar nelas por si mesma — não no meio da maior tragédia de sua vida.

Nos meses que se seguiram à morte de Caitlin, Marian lutou para encontrar paz em meio à perda e achar forças para viver sem Caitlin, que havia sido o centro de sua vida. Ela devorou livros sobre espiritualidade e começou a ler a Palavra de Deus depois de muitos anos sem fazer isso. Ao longo do caminho, as palavras do bilhete de Caitlin continuaram a vir à tona nos pensamentos de Marian. Mas cerca de quatro meses após o massacre em Virgina Tech, elas se tornaram muito pessoais. Marian as ouvia como se estivessem sendo ditas diretamente para ela e conseguia acreditar nelas para sua vida.

Marian escreveu na revista *Guideposts*: "A morte de Caitlin tirou-me do meu velho mundo e levou-me para um mundo novo. Um mundo onde as coisas podem dar errado — mais errado do que eu jamais poderia imaginar que fosse possível. Mas com a ajuda do Senhor, não havia nada — absolutamente nada — que pudesse acontecer comigo que eu não pudesse atravessar".

Hoje, Marian e Chris ainda lutam com a perda de sua filha única. A primeira festa de Ações de Graças e de Natal depois da morte de Caitlin foram extremamente difíceis, e eles lamentaram os muitos eventos importantes que jamais comemorarão com Caitlin. Mas o casal também está ganhando força a cada dia, e seu relacionamento com Deus ganhou dimensão e profundidade. Chris está pensando seriamente em se tornar capelão militar, e Marian usa a própria dor para dar apoio e amor a outros diante de situações de dor.

O sofrimento e a tragédia são parte da vida. A Bíblia nos diz que sofreremos e passaremos por provações para podermos aprender a lidar com elas de uma maneira que nos ajude a vencê-las em vez de permitirmos que elas nos vençam. Gosto do bilhete encontrado no laptop de Caitlin e encorajo você a encará-lo de forma pessoal: "Deus, sei que nada pode acontecer hoje com o qual o Senhor e eu não possamos lidar juntos".

Precisamos ter equilíbrio em nossa maneira de encarar o crescimento e a adversidade, porque o crescimento não é um resultado automático da dificuldade. As dificuldades não produzem necessariamente crescimento ou força em nós; não é tão simples. Algumas pessoas recuam ou desmoronam quando as dificuldades surgem. Como Marian Hammeran aprendeu, crescemos quando decidimos, em meio à adversidade, pensar e nos portar de acordo com os caminhos de Deus. Quando fazemos o que sabemos ser certo quando as coisas são difíceis, desconfortáveis e inconvenientes, crescemos espiritualmente e somos fortalecidos. Talvez tenhamos de fazer o que é certo por muito tempo até sentirmos que está compensando, mas se permanecermos fiéis e nos recusarmos a desistir, os bons resultados virão. Quando passamos por adversidades e desafios, saímos tendo nos tornado pessoas melhores do que éramos quando entramos neles.

Decida-se a seguir todo o caminho através de cada dificuldade que você possa enfrentar na vida. Tome a decisão agora de continuar seguindo em frente, independentemente do quanto seja difícil. Eu garanto que você ficará satisfeito por ter feito isso.

Isto Vai lhe Custar Algo!

Este versículo me deu coragem e consolo em meio a muitas de minhas batalhas na vida, e creio que ele também o encorajará: "O Senhor Deus é a minha força, a minha coragem, e o meu exército invencível; Ele faz os meus pés como os do cervo; faz-me andar [não ficar imobilizado pelo terror, mas andar] e avançar [espiritualmente] sobre os meus lugares altos [de problemas, sofrimento ou responsabilidade]!" (Hc 3:19, AMP).

FAÇA AS ESCOLHAS CERTAS DE QUALQUER MANEIRA

Uma parte importante de nunca desistir é fazer as escolhas certas quando você está sofrendo, desanimado, frustrado, confuso ou sob pressão. A escolha certa geralmente é a mais difícil. E quando estamos no meio de um terrível estresse, naturalmente queremos tomar o caminho da menor resistência. Mas são exatamente esses os momentos em que você precisa se disciplinar para fazer a escolha mais difícil. Para colher os resultados "certos" na vida, você precisa fazer o que é certo quando não sente vontade de fazê-lo. Chamo isso de seguir em frente com determinação, e saber fazê-lo é um dos componentes mais importantes para se tornar uma pessoa que nunca desiste.

Veja bem, o progresso tem um preço; e se tornar uma pessoa que nunca desiste vai lhe custar algo.

Você nunca chegará onde quer estar na vida sem estar disposto a se sacrificar e a avançar através dos obstáculos e das adversidades que se colocam em seu caminho. O obstáculo pode ser uma atitude, um conjunto de circunstâncias, um relacionamento, um problema do passado, um pensamento ou uma mentalidade, um sentimento ou um mau hábito. Seja ele qual for, você é a única pessoa que pode vencê-lo; ninguém mais pode fazer isso por você. Talvez você tenha tentado superar os desafios no pas-

> O progresso tem um preço; e se tornar uma pessoa que nunca desiste vai lhe custar algo.

80 NUNCA DESISTA

sado. Talvez você tenha tentado a ponto de estar esgotado, exausto ou desanimado. Esse é precisamente o ponto onde você tem de reunir novas forças vindas de Deus e insistir mais uma vez.

Sempre ficamos cansados e podemos até vacilar em nossa determinação se não nos apoiarmos continuamente em Deus. A Bíblia diz que quando esperamos em Deus, nossas forças são renovadas como as da águia (ver Isaías 40:31). Esperar em Deus significa esperar que Ele faça o que precisa ser feito, apoiar-se Nele e depender Dele. Precisamos tomar decisões pessoais para prosseguir, mas nunca experimentamos o sucesso em nada a não ser que estejamos contando com Deus para nos ajudar.

A palavra em inglês para prosseguir, neste caso, é *press through*. Uma das definições de que gosto para a palavra *press* é: "exercer força ou pressão contra alguma coisa". Costumo dizer: "Você precisa fazer pressão contra a pressão que está pressionando você!".

Quando alguma coisa o pressiona, você precisa ser determinado para prosseguir, avançando com grande força, porque poucas coisas que realmente valem a pena ou são dignas de se ter na vida acontecem sem esse tipo de esforço.

Às vezes você precisa prosseguir vencendo as circunstâncias naturais. Por exemplo, digamos que seu sonho seja abrir um negócio em determinado bairro de sua cidade e a prefeitura rejeita continuamente o pedido de construção das instalações de que você precisa. Ou talvez seu sonho seja ir para a faculdade, mas você é sempre rejeitado todas as vezes que solicita uma bolsa de estudos.

Quando criança, sofri abuso sexual, mental e emocional. Por causa disso, precisei sair de casa e comecei a me sustentar imediatamente depois de me formar na escola secundária, e não consegui cursar uma faculdade. Meus professores do ensino secundário reconheciam o dom da escrita em mim e me incentivaram fortemente a tentar uma bolsa de estudos em uma faculdade, mas não consegui fazer isso.

No entanto, isso não paralisou Deus! Escrevi quase oitenta livros e nunca fui à escola para aprender a fazer isso. Também recebi di-

Isto Vai lhe Custar Algo!

versos títulos honorários e dois títulos por causa de meus escritos. Eu não pude ir à faculdade do jeito "normal", mas Deus tinha outro modo de me ajudar a fazer o que Ele queria que eu fizesse. Fico impressionada quando penso no que Ele fará se simplesmente nos recusarmos a desistir. Com Ele, todas as coisas são possíveis! As situações e os desafios que descrevi nesta seção são reais; eles precisam ser tratados. Mas estou mais preocupada com sua reação a esses obstáculos do que com os obstáculos em si, porque se você puder manter os pensamentos e as atitudes corretas — e se você se recusar a desistir — finalmente terá a transformação de que precisa. Não posso lhe prometer que você conseguirá exatamente o que quer, mas se Deus não lhe der o que você está pedindo, Ele lhe dará algo melhor. Os caminhos Dele são mais altos que os nossos, e os Seus pensamentos também o são. Enquanto você pensa em sua vida e toma uma nova decisão de pagar o preço pelo progresso, tenha em mente algumas das coisas que você pode precisar superar:

- Fracasso
- Medo
- Decepção
- Rejeição
- Traição
- Ciúmes
- Frustração
- Demora
- Ofensa
- Autocomiseração
- Dificuldades
- Opinião das pessoas
- Desânimo
- Cansaço e fadiga
- Depressão
- Ira
- Culpa

- Vergonha
- Abuso

É claro que existem outras dinâmicas e emoções que você talvez tenha de superar, mas essa lista o ajudará a reconhecê-las como obstáculos a serem vencidos quando você as encontrar. Ao enfrentá-las em sua vida, lembre: continue avançando com determinação!

VÁ EM BUSCA DO FRUTO

Hebreus 12:11 faz uma declaração com a qual estou certa de que a maioria de nós concordaria: "Nenhuma disciplina parece ser motivo de alegria no momento, mas sim de tristeza. Mais tarde, porém, produz fruto de justiça e paz para aqueles que por ela foram exercitados".

Não conheço muitas pessoas que ficam animadas em serem disciplinadas. Disciplinar a nós mesmos é algo que fazemos porque sabemos que é bom e que precisamos disso, mas não é algo que costumamos dizer que nos dá prazer. Embora seja difícil, a disciplina tem suas recompensas. Quando nos disciplinamos para gastar menos dinheiro do que ganhamos, terminamos com uma boa poupança e sem a pressão das dívidas. Quando nos disciplinamos para termos comunhão com Deus, orar e estudar Sua Palavra, colhemos as recompensas da intimidade com Ele.

Penso em uma mulher que me ajudou fielmente em minha casa por muitos anos. Ela costumava me dizer: "Eu gostaria de ser tão pequena a ponto de poder usar suas roupas!". Ela sabia que eu costumo dar roupas, mas, naquela época, elas eram pequenas demais para ela. Muitas vezes ela dizia: "Puxa, como eu gostaria de poder vestir suas roupas!".

Bem, chegou o dia em que ela finalmente se decidiu e me disse: "Vou vestir suas roupas. Quando você for doar, vou ser a primeira da fila porque estou bem aqui na sua casa!".

Isto Vai lhe Custar Algo!

Essa mulher não ficou sentada desejando ser mais magra, nem fez uma dieta fulminante. Ela começou a mudar seus hábitos alimentares, desenvolveu um estilo de vida mais saudável do que o que costumava levar, e suportou a dor de não comer comidas que eram erradas para ela. Logo notei que ela começou a emagrecer mais, mais e mais. No ano seguinte, ela perdeu vinte e dois quilos e pôde vestir minhas roupas. Ela terminou ficando com muitas delas, porque tinha razão — era mais fácil dá-las para ela que estava ali em minha casa do que ter de colocá-las no carro e levá-las para algum lugar para dar a alguém.

Perder vinte e dois quilos em doze meses exigiu disciplina, e não foi fácil ou agradável. Mas a disciplina dela compensou e produziu a alegria de um desejo cumprido em sua vida.

Deixe-me chamar sua atenção para Hebreus 12:11 novamente: "Nenhuma disciplina parece ser motivo de alegria no momento... *Mais tarde*, porém..." (ênfase da autora). Não devemos aceitar a mentira de que podemos viver apenas para o momento ou que o presente é tudo que temos. Também temos um futuro a considerar, e precisamos começar a viver com um olho no "depois", no que virá "mais tarde". Temos de começar a nos importar tanto ou mais com o depois quanto nos importamos com o agora.

Se você quer estar mais magro quando chegar a hora de usar uma roupa de banho em janeiro, precisa começar a comer de forma saudável e a se exercitar antes que o verão chegue. Se você quer ser capaz de comprar um carro novo no ano que vem, precisa se esforçar para sair das dívidas agora. Se você sonha em morar em uma casa boa, limpa e organizada, precisa acabar com a desordem e limpá-la!

A disciplina pode não ser agradável para a carne enquanto você a está exercitando, mas ela lhe dará um enorme sentimento de satisfação na alma — a satisfação que vem de saber que você está fazendo boas escolhas. Se você pagar o preço de ser disciplinado agora, desfrutará recompensas mais tarde. Se você não pagar o preço de fazer o que é certo agora, sofrerá as consequências de uma vida indisciplinada mais tarde. Você pode pagar agora ou pode pagar mais tarde, mas em algum momento, todos nós colheremos o resultado das escolhas que fizemos. Não podemos simplesmente desejar que nossas vidas fossem diferentes; temos de vencer a preguiça, os desejos da carne e as más atitudes, e nos recusar a desistir da disciplina que dará bons frutos mais tarde.

SEJA PERSEVERANTE

Lembro-me de um tempo em que eu tinha ganhado cerca de quatro quilos e meio e havia tentado tudo que conseguia pensar para perdê-los. Minhas roupas estavam ficando apertadas; eu me sentia muito desconfortável; queria perder aquele peso depressa. Durante alguns dias, não comi nenhuma gordura. Quando essa dieta não funcionou, não comi nada além de proteína. Quando não tive sucesso com a dieta de proteínas depois de alguns dias, decidi comer somente novecentas calorias por dia. Quando nada estava funcionando, e eu ainda não estava conseguindo me livrar dos quilos extra, tentei outra coisa e finalmente concluí que meu metabolismo estava em desordem e que meus hormônios estavam de mau humor. Como você pode imaginar, fiquei muito frustrada.

Certo dia, Deus falou comigo e disse uma coisa muito simples, mas algo que nunca esquecerei: *A perseverança é a chave*. Desde aquele dia, certamente descobri que essas palavras eram verdadeiras. Se quisermos progredir em qualquer área de nossa vida, precisamos continuar fazendo a coisa certa por um período. É isso que significa perseverança.

No que dizia respeito a meus quatro quilos e meio, eu não precisava de uma dieta da moda; eu precisava comer de forma saudável e comer uma quantidade razoável de alimentos regularmente, como um *estilo de vida*. Eu sabia disso, mas continuei a ter dificuldades até o dia em que Deus me fez lembrar de uma frase da Bíblia: "alimento necessário" (Jó 23:12, AMP). Deus falou comigo com base nesta escritura: *Se não for necessário, não coma*. Aquilo foi

Isto Vai lhe Custar Algo! 85

o suficiente para mim. Ao longo dos meses que se seguiram, perdi aqueles quatro quilos e meio e desde então não os recuperei.

O ponto que quero provar com as histórias sobre a mulher que trabalhava em minha casa e sobre minha luta com a balança tem a finalidade de deixar bem claro o seguinte: nenhum de nós pode ter tudo que quer agora e tudo que quer mais tarde; lembre: "Nenhuma disciplina parece ser motivo de alegria no momento...".

Deixe-me perguntar: Se você não está feliz com a situação em que está agora, está disposto a fazer o esforço para mudar? Você quer estar na mesma situação a esta hora no ano que vem? Ou você quer algo diferente? Se você quer algo diferente, então terá de pagar o preço deste lado para ter o que quer do lado de lá. Você terá de passar uma parte deste ano avançando em direção a seus objetivos para o ano que vem. À medida que você seguir em frente, você terá de fazer escolhas difíceis e chegará a algumas encruzilhadas dolorosas. Quando você atingir essa posição, ou voltará correndo para o lugar de onde veio, ou continuará prosseguindo. Se você prosseguir sem desistir, terá a vitória que anseia mais tarde.

Meu marido é extremamente saudável, e ele às vezes se sente melhor que eu fisicamente porque tem mais força e mais energia. O motivo da saúde e da força de Dave é que ele se exercita dia sim, dia não, desde os dezesseis anos. Como o mecanismo de um relógio, ele fez um investimento deliberado no seu bem-estar físico por muitos anos. Sua pele parece a de alguém trinta anos mais moço.

Lembro-me de olhar para ele e desejar não ter nenhuma celulite ou protuberâncias, mas desejar não me ajudou em nada. Ter inveja de Dave também não ajudava. Tive de começar a me exercitar também! Agora, depois de ser diligente e perseverante, não tenho quase nenhuma flacidez. Paguei o preço e consegui o que queria!

Durante um tempo em minha vida, parecia que eu me machucava com frequência quando tentava me exercitar, e essa era a minha desculpa para evitar o exercício. Eu tentava levantar pesos e machucava o cotovelo. Eu tentava fazer agachamentos e machucava as costas. Agora trabalho com um treinador que me ensinou como levantar pesos e me exercitar da forma correta. Faço exercícios três vezes por semana e não me machuco mais. Dave pagou o preço para se sentir bem há muito tempo. Ele começou há anos, de modo que não teve as lesões que tive. Estou pagando o preço agora, e embora eu esteja anos atrás de Dave, sei que vale a pena. Já me sinto melhor hoje do que me sentia há trinta anos, e espero continuar me sentindo cada vez melhor à medida que continuar me exercitando e cuidando de mim mesma.

Outra desculpa que eu usava era a de que era muito ocupada. Finalmente percebi que se realmente quisermos fazer alguma coisa, encontraremos um jeito de fazê-la. Se estivermos muito ocupados para sermos saudáveis, nossa vida provavelmente está desequilibrada e precisamos fazer algumas mudanças. Sendo uma ministra, eu estava ocupada ajudando as pessoas e sentia que precisava me sacrificar para fazer isso. Mas aprendi que se eu não reservar um tempo para cuidar de mim mesma, por fim também não poderei ajudar mais ninguém. Colocar a si mesmo no fim da lista das pessoas de quem você cuida não é espiritual. Na verdade é uma tolice.

Precisa investir em um relacionamento que necessita desesperadamente ser melhorado? Se você simplesmente esperar que a outra pessoa mude, a mudança pode nunca acontecer. Talvez você tenha de dar o primeiro passo em direção à reconciliação. Lembro-me de um tempo em que eu sentia que meu relacionamento conjugal não estava atendendo às minhas necessidades. Eu pensava em todas as coisas que achava que Dave deveria estar fazendo para me deixar mais feliz, mas nada mudava. Eu até orava por isso e nada acontecia. Então, certo dia o Senhor falou ao meu coração, me dizendo que eu veria mudanças se começasse a elogiar Dave com frequência. Isso foi difícil no princípio porque eu achava que ele deveria estar fazendo coisas para mim, mas quando obedeci a Deus, vi mudanças impressionantes. Não demorou muito, e Dave estava fazendo a maioria das coisas que eu queria que ele fizesse. Tive de agir primeiro e depois ver os resultados.

Não importa o que você quer ver mudar, ou você supera a dor agora e faz o que é certo, ou você estará exatamente onde está hoje daqui a trinta anos — ou talvez em algum lugar ainda pior. Deus é um Deus bom; Ele tem planos tremendos para sua vida, mas você precisa pagar o preço da obediência à Sua Palavra. Eu o encorajo a começar a pagar hoje, e a manter os olhos nos benefícios de longo prazo que você colherá amanhã.

NÃO OUSE SE ACOMODAR

Quero compartilhar um versículo que costumamos negligenciar quando lemos a Bíblia. É Gênesis 11:31: "Terá tomou seu filho Abrão, seu neto Ló, filho de Harã, e sua nora Sarai, mulher de seu filho Abrão, e juntos partiram de Ur dos caldeus para Canaã. *Mas, ao chegarem a Harã, estabeleceram-se ali*" (ênfase da autora). Você deve conhecer Abrão, Sara e Ló, mas talvez não tenha ouvido muito sobre esse homem chamado Terá.

Creio que Terá, o pai de Abrão, fracassou em aproveitar uma oportunidade que Deus queria que ele aproveitasse. Creio que Deus queria que Terá fosse até Canaã, a Terra Prometida, mas veja as palavras enfatizadas na escritura: "Mas, ao chegarem a Harã, estabeleceram-se ali". Em outras palavras, Terá parou antes. Ele devia ir de Ur até Canaã, mas parou ao chegar a Harã. Sua família e ele iniciaram a jornada em um lugar, se dirigiam a outro, e antes de chegarem a seu alvo, a viagem ficou tão difícil que eles se estabeleceram. Esse grupo se contentou com muito menos do que Deus tinha para eles porque não queriam superar a dor e seguir em frente.

Creio que o pai de Abrão poderia ter sido a pessoa com quem Deus faria a aliança. Deus disse a ele para ir, mas ele parou; ele se estabeleceu. Abrão acabou recebendo uma bênção fenomenal, mas creio que Deus também a ofereceu a seu pai. O pai simplesmente desistiu antes de chegar ao lugar onde poderia recebê-la.

Eu o incentivo hoje a não se contentar com menos que o melhor que Deus tem para você. Não se permita permanecer na posição de imaginar por que outra pessoa termina recebendo algo e perceber que você teve a mesma oportunidade e a perdeu.

Se lermos Gênesis 11, aprenderemos que "Terá viveu 205 anos e morreu em Harã" (v. 32). Ele morreu onde se estabeleceu. Creio que muitas pessoas simplesmente se acomodam em algum lugar e morrem ali. Elas podem não morrer fisicamente, mas seus sonhos morrem; suas visões morrem; sua paixão morre; o zelo delas morre. O entusiasmo pela vida morre. Por quê? Porque elas desistiram e não seguiram em frente em direção ao melhor que Deus tinha para elas. Elas não queriam a dor que estavam enfrentando, mas terminaram com algo ainda pior — a dor da decepção e do destino que lhes foi negado.

Você enfrentará diferentes tipos de dor e encontrará dificuldades enquanto passa pela vida. Você simplesmente terá de escolher que tipo de dor quer — a dor de ter de prosseguir ou a dor de desistir. Estou convencida de que não existe dor pior que a dor de uma vida de insatisfação e de falta de realização, na qual você sabe lá no fundo que perdeu Deus porque não teve a coragem de seguir em frente. Não seja assim. Comprometa-se agora mesmo a andar com Ele até o fim e a prosseguir em meio aos tempos de desafio.

Em Gênesis 12, lemos o resto da história. "Então o Senhor [em Harã] disse a Abrão: Saia da sua terra, do meio dos seus parentes e da casa de seu pai, e vá para a terra que eu lhe mostrarei" (v. 1). Aqui, Deus está pedindo algo extremamente difícil a Abrão, mas Ele também lhe dá a promessa de uma recompensa.

Creio que, na linguagem de hoje, Deus teria dito alguma coisa deste tipo a Abrão: "Sei que o que estou lhe pedindo é difícil. Sei que você vai se sentir só. Sei que fazer as malas e deixar tudo que lhe é familiar será difícil. Sei que você vai ter noites de solidão. Sei que as pessoas não vão entender. Sei que vão falar de você, julgá-lo e criticá-lo. Portanto, deixe-me dizer o que farei por você: "Farei de você um grande povo, e o abençoarei. Tornarei famoso o seu nome e você será uma bênção" (v. 2). Deus prosseguiu prometendo

Isto Vai lhe Custar Algo! 89

a Abrão que Ele o abençoaria tanto que as pessoas que o abençoassem seriam abençoadas, simplesmente porque o abençoaram.

Ao longo da Bíblia, encontramos muitos lugares onde Deus dá uma ordem que é difícil cumprir, mas ela sempre vem com a promessa da recompensa. Deus não é um receptor; Ele é um doador. Ele nunca nos diz para fazermos nada a não ser que seja definitivamente em nosso benefício. Eu lhe garanto: tudo que Deus lhe pede para fazer, mesmo que seja difícil, Ele o faz porque tem algo grande em mente para você — mas você não pode receber se não prosseguir em meio àquela condição difícil. Pague o preço e nunca desista. A vitória vale tudo o que ela custa.

Muitas vezes sinto-me envergonhada quando penso nos sacrifícios extraordinários que as pessoas foram chamadas a fazer simplesmente a fim de sobreviverem. A história de um jovem sobressai em minha mente. Em fevereiro de 2003, Aron Ralston, um apreciador da vida ao ar livre experiente e

> Tudo que Deus lhe pede para fazer, mesmo que seja difícil, Ele o faz porque tem algo grande em mente para você.

entusiasmado, escapou da morte por pouco quando foi atingido por uma avalanche terrível. Rapidamente a avalanche o cobriu até o pescoço e enterrou completamente seu companheiro de esqui. Com perícia e força consideráveis, Ralston se libertou e conseguiu livrar seu amigo e ambos foram salvos.

Mas esse resgate não foi o único ato heroico de Ralston naquele ano. Três meses depois, enquanto caminhava sozinho pelo Parque Nacional Canyonlands de Utah, Ralston enfrentou outra situação de vida ou morte que exigiu uma tomada de decisão desesperada e a adoção de uma medida drástica para que ficasse vivo.

Ralston foi parar no fundo de um buraco, trinta metros abaixo da superfície do deserto, a quilômetros de distância de uma estrada pavimentada, com o braço preso a uma rocha por uma pedra de trezentos e sessenta quilos. Por mais que ele tentasse, a pedra não se mexia. Logo, a dor agonizante em sua mão cedeu à perda total da sensibilidade — o que não era um bom sinal.

Enquanto Ralston pensava no que fazer, percebeu que havia quebrado uma regra importante dos adeptos da caminhada: sempre dizer a alguém onde você está indo. Ninguém sabia onde ele estava; ninguém estava esperando que ele voltasse de sua viagem por vários dias. Quando alguém desse por sua falta, não saberiam onde procurar por ele. Quando alguém o encontrasse, ele provavelmente estaria morto. Ele estava em um local tão escondido em um deserto tão remoto que talvez seu corpo nunca fosse encontrado.

Cinco dias depois de ter ficado preso, pensando que a morte fosse iminente, Ralston conseguiu usar sua câmera de vídeo para gravar mensagens que ele esperava que alguém encontrasse caso ele não sobrevivesse. Em um esforço para ajudar aqueles que recuperassem seu corpo a identificá-lo, usou um canivete para gravar na pedra onde estava preso seu nome; o mês e o ano de seu nascimento, outubro de 1975; 3 de abril, o mês de sua viagem; e a expressão de falecimento "RIP".

Então, Ralston fez a única coisa que sabia para salvar sua vida. Ele usou seu canivete para amputar o braço a fim de ficar livre da pedra. Surpreendentemente, ele então fez um torniquete e aplicou os primeiros socorros em si mesmo antes de conseguir subir vinte metros de *rappel* e caminhar por onze quilômetros para sair do cânion. Ele estava se aproximando do lugar onde havia estacionado a camionete, mas teve de subir duzentos e quarenta metros, direto, para chegar lá. Sangrando, desidratado e quase em choque, Ralston se esforçou para chegar ao veículo. Quando se aproximou, viu equipes de resgate se reunindo para começarem a procurar por ele.

Primeiro ele recebeu tratamento no hospital mais próximo, e depois foi transferido para outro local para fazer uma cirurgia na parte restante de seu braço.

Espero que você nunca se veja em meio a circunstâncias tão drásticas quanto essas, mas espero que desenvolva a coragem, a desenvoltura e o comprometimento com a vida que Ralston de-

Isto Vai lhe Custar Algo!

monstrou quando se deparou com uma situação aparentemente intransponível.

Não pense ou diga "Isto é difícil demais para mim", quando você sabe que precisa fazer alguma coisa. Deus nunca exige que tenhamos de lidar com mais do que podemos suportar, mas para cada dificuldade Ele sempre nos dá um meio de vencermos. Nunca diga "Não vejo saída", porque Ele é o caminho (ver João 14:6) e Ele faz um caminho para nós. Você pode fazer o que quer que precise fazer na vida! Você tem o que é preciso!

O Rei do Brim

Você já vestiu sua calça jeans favorita e se perguntou quem a inventou? Talvez não, mas creio que vale a pena compartilhar essa história.

Durante anos, Levi Strauss foi o nome mais famoso dos tecidos em brim, mas Strauss nunca pretendeu patentear essas calças populares ou fazer fortuna com sua venda. Ele era simplesmente um imigrante da Bavária, inteligente e trabalhador, determinado a levar uma vida de sucesso e prosperidade nos Estados Unidos, depois de se mudar de onde hoje é a Alemanha para Nova York com sua mãe, após a morte de seu pai por tuberculose em 1845. Dois dos irmãos mais velhos de Levi, Jonas e Louis, se fixaram e estabeleceram um negócio em Nova York antes de sua chegada. Seguindo as pegadas dos irmãos, Levi começou a aprender sobre o ramo de produtos têxteis.

Quando soube da Corrida do Ouro na Califórnia, ele decidiu seguir para o oeste. Fixou residência em São Francisco, onde iniciou um negócio próprio de produtos têxteis e roupas e também representava a empresa de seus irmãos. Então, ele importava os produtos e os vendia a pequenas lojas da Califórnia e pelas cidades em crescimento do oeste dos Estados Unidos.

Em 1872, a oportunidade bateu à porta de Levi quando ele recebeu uma carta de um cliente de Nevada. Aquele homem, um alfaiate chamado Jacob Davis, explicou em sua carta que havia começado a fazer calças para os trabalhadores — com rebites de metal nos locais sujeitos a maior pressão, como os cantos de cada bolso e a base do fecho. Por não poder arcar com as despesas para patentear as calças sozinho, ele solicitou a ajuda de Levi para pagar pela documentação necessária e sugeriu que os dois ficassem como titulares da patente. Em 20 de maio de 1873, os dois receberam a patente pelo que chamaram de "macacão de cintura" hoje conhecido como calça jeans.

Logo Levi convidou Jacobs para juntar-se a ele em sua fábrica de São Francisco a fim de supervisionar a produção em massa do macacão de cintura com rebites. A princípio, as costureiras cosiam as calças

Isto Vai lhe Custar Algo!

em casa, mas por volta de 1880 a demanda estava crescendo, e Levi alugou um espaço na fábrica para a produção de suas calças populares. Os primeiros *jeans* 501®, que ainda estão disponíveis hoje em dia, foram produzidos por volta dessa época.

Com o passar dos anos, o negócio de Levi continuou a crescer, e ele ficou conhecido não apenas como um homem de negócios inteligente e trabalhador, mas também como um empregador gentil, amigável e realista. Ele também foi um filantropo generoso que contribuiu com grandes somas de dinheiro para projetos de caridade locais, e em 1897, financiou vinte e oito bolsas de estudos para a Universidade da Califórnia, em Berkeley.

Você precisa entender que atingirá níveis que nunca sonhou ser possíveis se continuar a perseverar. Ao fazer isso, seja bondoso e generoso, como Levi Strauss, e lembre-se de compartilhar o sucesso e as recompensas de seu trabalho árduo.

CAPÍTULO 6

O ESPÍRITO DO VENCEDOR

"As dificuldades mostram aos homens quem eles são. No caso de alguma dificuldade, lembre-se de que Deus posicionou você contra um antagonista feroz para que você possa ser um vencedor, e isso não pode acontecer sem luta".

EPITETO

Em 1867, um criativo engenheiro chamado John Roebling teve a inspiração de construir uma ponte espetacular ligando a cidade de Nova York ao Brooklyn. No entanto, peritos em construção de pontes em todo o mundo acharam que esse era um feito impossível, e disseram a Roebling para esquecer a ideia. Ela era simplesmente impossível. Não era prática. Aquilo nunca havia sido feito antes.

Roebling não podia ignorar a visão da ponte que havia tido em sua mente. Ele pensava nela o tempo todo e sabia no fundo de seu coração que podia ser realizada. Ele sentia que só tinha de compartilhar aquele sonho com mais alguém. Depois de muita discussão e persuasão, Roebling conseguiu convencer seu filho Washington, um engenheiro empreendedor, de que a ponte podia ser construída de fato.

Trabalhando juntos pela primeira vez, pai e filho desenvolveram conceitos sobre como a obra poderia ser realizada e como os obstá-

96   NUNCA DESISTA

culos poderiam ser vencidos. Com grande entusiasmo e inspiração, e prevendo um desafio feroz adiante, eles contrataram uma equipe e começaram a construir a ponte de seus sonhos.

O projeto começou bem, mas quando tinha apenas alguns meses de iniciado, um trágico acidente no canteiro de obras tirou a vida de John Roebling. Três anos depois, Washington se feriu, e teve lesões cerebrais que o deixaram incapacitado para andar, falar, e até se mover.

"Nós avisamos".

"Esses homens loucos e seus sonhos loucos".

"É tolice correr atrás de visões mirabolantes".

Todos tinham um comentário negativo a fazer e achavam que o projeto podia ser jogado fora, uma vez que os Roebling eram os únicos que sabiam como a ponte poderia ser construída. Inacreditavelmente, Washington nunca desanimou e ainda tinha o desejo ardente de concluir a ponte. Apesar das várias limitações, sua mente ainda estava lúcida como sempre.

Ele tentou passar seu entusiasmo a alguns de seus amigos, mas eles estavam muito amedrontados com a tarefa. Deitado na cama em seu quarto de hospital, com a luz do sol entrando pelas janelas, uma brisa suave abriu as finas cortinas brancas e ele pôde ver o céu e o topo das árvores do lado de fora apenas por um instante.

Parecia que era uma mensagem para ele não desistir. De repente, uma ideia o atingiu. Tudo que ele podia fazer era mexer um dedo e ele decidiu fazer o melhor uso disso. Mexendo esse dedo, lentamente desenvolveu um código de comunicação com sua esposa.

Ele tocou o braço de sua mulher com o dedo, indicando que queria que ela chamasse os engenheiros novamente. Então ele usou essa mesma forma de comunicação com os engenheiros. Parecia algo tolo, mas o projeto estava em andamento novamente.

Durante onze anos, Washington digitou instruções com o dedo no braço de sua esposa, até que a ponte finalmente foi concluída. Hoje, a espetacular Ponte do Brooklin está de pé em toda sua glória, como um tributo ao triunfo do espírito indomável de um

O *Espírito do Vencedor* 97

homem e de sua determinação em não se deixar vencer pelas circunstâncias. Ela também é um tributo aos engenheiros e à equipe de trabalho, e à fé deles em um homem que era considerado louco pela metade do mundo. A ponte é também um monumento ao amor e à dedicação de sua esposa, que por onze longos anos decodificou pacientemente as mensagens de seu esposo e disse aos engenheiros o que fazer.

— Autor desconhecido
http://www.dizzyboy.com/stories/inspirational-stories/inspirational_ story_three.html

O ESPÍRITO DE UM VENCEDOR

Washington Roebling tinha o que chamo de "o espírito de um vencedor", e eu o encorajo a chegar ao ponto de ter o espírito de um vencedor também. Quero ajudar e inspirar você a se ver de modo diferente do que pode se ver agora, a se ver como alguém que supera adversidades, não como alguém que recua, com medo, ou que se sente oprimido todas as vezes que uma provação surge.

Quero que você seja e se veja como alguém que é ousado diante da adversidade e perfeitamente capaz de lidar com as dificuldades com coragem, confiança, sabedoria e fé.

As adversidades não são opcionais, e é preciso ser um vencedor para superá-las. O próprio Jesus disse: "Neste mundo vocês terão aflições; contudo, tenham ânimo! Eu venci o mundo" (Jo 16:33).

Paulo entendia isso, e escreveu em Romanos 8:35-37: "Quem nos separará do amor de Cristo? Será tribulação, ou angústia, ou perseguição, ou

> As adversidades não são opcionais, e é preciso ser um vencedor para superá-las.

fome, ou nudez, ou perigo, ou espada? Como está escrito: 'Por amor de ti enfrentamos a morte todos os dias; somos considerados como ovelhas destinadas ao matadouro.' Mas, em todas estas coisas somos mais que vencedores, por meio daquele que nos amou". O que significa ser mais que vencedor? Creio que significa que antes de enfrentar qualquer adversidade, antes que a batalha contra você comece, você já sabe que vencerá no fim se simplesmente se recusar a desistir.

Veja também Romanos 8:31: "Que diremos, pois, diante dessas coisas? Se Deus é por nós, quem será contra nós?". Eu lhe garanto, se Deus é por você, você não tem motivos para ter nenhuma outra atitude além da de um vencedor. Ele está do nosso lado, e Ele lhe dá o espírito de um vencedor. Se você não sente que tem um relacionamento com Deus, pode não sentir que Ele é por você. Ele é, mas você precisa acreditar nisso e colocar sua fé Nele não apenas para perdoar seus pecados, mas para ajudá-lo ao longo da vida. Veja a oração no fim deste livro. Quando você recebe Jesus em seu coração, também recebe o espírito de um vencedor.

Independente do que você esteja passando na vida, se você tem o espírito de um vencedor e realmente sabe quem você é em Cristo e acredita verdadeiramente que Deus está a seu lado, não precisa ficar atemorizado ou oprimido por qualquer dificuldade que possa enfrentar. Quer você esteja tentando pagar uma montanha de dívidas, concluir seus estudos, combater uma enfermidade, deixar um relacionamento intimidador e abusivo, começar o próprio negócio, entrar para o ministério, ou simplesmente limpar sua casa, você pode fazer isso com Deus a seu lado. Você só precisa desenvolver o espírito de um vencedor.

Lembre-se do versículo sobre o qual escrevi anteriormente: "Nenhuma disciplina parece ser motivo de alegria no momento, mas sim de tristeza. Mais tarde, porém, produz fruto de justiça e paz para aqueles que por ela foram exercitados" (Hb 12:11). Quando for confrontado pela adversidade, nunca diga "Não suporto mais isso". Em vez disso, tenha o espírito de um vencedor e diga "Deus é por mim. Ele está ao meu lado e tudo posso em Cristo que me fortalece".

RESISTA AO DIABO

Muitos cristãos parecem acreditar que sua fé deveria torná-los imunes aos ataques e ao assédio do inimigo, e agem com surpresa quando ele começa a incomodá-los. Isso simplesmente não é verdade; como aprendemos neste capítulo, *passaremos* por adversidades. Algumas vezes, mas nem sempre, nossas adversidades serão obra do inimigo. O que chamamos de "um golpe de má sorte", "uma situação difícil", ou "um dia ruim" pode realmente ser obra do diabo. Diante de tais adversidades, o que fazer?

Primeiro, precisamos lembrar que realmente temos autoridade sobre Satanás, e a Bíblia nos diz que devemos resistir-lhe *com firmeza*. Tiago 4:7 nos instrui: "Portanto, submetam-se a Deus. Resistam ao Diabo, e ele fugirá de vocês". Precisamos entender que realmente não temos nenhum poder para resistir a Satanás se não estivermos primeiro nos submetendo a Deus. Isso é tão importante que quero repetir: não poderemos exercer poder sobre Satanás se primeiro não nos submetermos a Deus — o que significa simplesmente que precisamos ser obedientes a Ele. Aquela obediência e submissão de todo o coração ao Senhor é o que nos dá a autoridade e a capacidade para resistirmos ao diabo.

Resistir ao diabo não significa que simplesmente queremos que nossas provações ou dificuldades desapareçam, mas sim que estamos determinados a permanecer firmes e a termos um bom comportamento em todo o tempo. "Aquele que está em vocês é maior do que aquele que está no mundo" (1 Jo 4:4); e com o poder de Deus operando em você, você não apenas pode sobreviver ao inimigo, como pode continuar a servir a Deus enquanto a batalha está sendo travada.

Lembre-se, Tiago 4:7 diz que devemos "resistir" ao inimigo. Ele não vai sair simplesmente porque atendemos a um apelo ou usamos bijuterias com símbolos cristãos. Ele não irá embora porque vamos à igreja todos os domingos ou porque temos uma biblioteca cheia de livros e CDs cristãos. Não podemos derrotá-lo a não ser que estejamos firmes em nossas decisões e determinados a nunca desistir.

COMECE COM FORÇA E TERMINE BEM

Tudo que realizamos na vida tem um princípio e um fim. Geralmente, ficamos entusiasmados no começo de uma oportunidade, de um relacionamento ou de uma empreitada; também ficamos felizes quando podemos celebrar nossa realização e ter a satisfação de um desejo cumprido. Mas entre o princípio e o fim, toda situação ou busca tem um "meio" — e o meio é onde geralmente enfrentamos nossos maiores desafios, obstáculos, barreiras, dificuldades, desvios e testes. As pessoas que são facilmente guiadas pelas emoções raramente terminam o que começam. Elas desistem quando o projeto já não é mais empolgante e tudo que veem diante delas é trabalho árduo. Deus quer que sejamos pessoas que terminam o que começam, e Ele nos ajudará se permitirmos que Ele faça isso.

Você pode estar no meio de muitas coisas neste instante. Talvez você esteja no meio do processo de sair das dívidas. Você pagou todas as contas menos uma e está começando a pensar: *Estou me saindo muito bem. Acho que vou fazer compras hoje porque li sobre uma liquidação enorme no shopping.* Estar "se saindo muito bem" não é o suficiente porque esse não era seu objetivo original. Discipline-se por um pouco mais de tempo; você ficará muito contente por ter feito isso quando pagar a última conta e estiver completamente livre das dívidas. Se você precisa fazer alguma coisa para se divertir ou para aliviar a tensão emocional, encontre alguma coisa que não gere despesas. Seja o que for que você esteja fazendo e esteja no meio, decida-se a ir até o fim.

Entre nossos princípios e nossos fins, precisamos desenvolver a ousadia e a determinação necessária para superar as circunstâncias avassaladoras que encontrarmos no meio. O inimigo quer que nos contentemos com menos do que o melhor de Deus para nossa vida, e que paremos antes de receber e desfrutar tudo que Deus tem para nós. O diabo odeia o progresso e nos impulsiona a desistir. Deus, por outro lado, quer o melhor para nós; Ele quer que completemos a carreira que está diante de nós e que a terminemos

O Espírito do Vencedor 101

com alegria (ver Hebreus 12:1). Pergunte a si mesmo se você está disposto a pagar o preço para terminar o que começou.

As pessoas que terminam bem na vida são aquelas que têm um caráter forte. Elas têm resistência. Jesus não desistiu quando as circunstâncias ficaram difíceis, e Ele é nosso exemplo. A Bíblia, na verdade, diz que devemos desviar o olhar de tudo que nos distraia de Jesus, que é o autor e consumador de nossa fé (ver Hebreus 12:2). Certamente, Washington Roebling era alguém que terminava o que começava. Outra pessoa com essa característica era o apóstolo Paulo. De acordo com Atos 20:24, nenhum dos obstáculos que ele enfrentou o abalou nem teve nenhum tipo de efeito negativo sobre ele. Nesse versículo, Paulo também disse que queria completar sua carreira com alegria. Isso não significa que o que ele passou não foi difícil; significa simplesmente que aquilo não o paralisou.

Creio que a maioria de nós quer fazer e ser tudo que Deus pretende para nós, e desfrutar isso ao longo do caminho. Quando terminamos a carreira que Deus nos chamou para correr, isso gera uma grande alegria. Desfrute a jornada e mantenha os olhos no prêmio. Jesus suportou a cruz pela alegria de obter o prêmio que lhe estava proposto.

Paulo teve um ministério notável e terminou muitas coisas em sua vida. Quando se aproximou do fim de sua jornada na terra, ele escreveu: "Combati o bom combate, terminei a corrida, guardei a fé" (2 Tm 4:7). Nesse versículo, ele estava dizendo basicamente: "Passei por muitas coisas. Mas ainda estou aqui. O inimigo tentou me destruir, mas ele não teve êxito!"

Creio que um dos maiores testemunhos que podemos dar se resume nestas três palavras: "Ainda estou aqui". Quando dizemos essas palavras, estamos dizendo: "Não desisti. Não cedi. Ainda estou aqui".

Quando você sentir que está no "meio" enquanto avança em direção a seu alvo, releia algumas das histórias deste livro. Você se sentirá inspirado pela vida de pessoas que fizeram coisas impressionantes, porque elas perseveraram no meio e atravessaram a linha de chegada.

NÃO SE DEIXE DESVIAR PELAS DIFICULDADES

Paulo escreveu em 1 Tessalonicenses 3:3-5:

> *Que ninguém seja abalado por essas tribulações. Vocês sabem muito bem que fomos designados para isso. Quando estávamos com vocês, já lhes dizíamos que seríamos perseguidos, o que realmente aconteceu, como vocês sabem. Por essa razão, não suportando mais, enviei Timóteo para saber a respeito da fé que vocês têm, a fim de que o tentador não os seduzisse, tornando inútil o nosso esforço.*

Nessa passagem, Paulo estava dizendo: "Estava preocupado que vocês cedessem e desistissem por causa de todas as provações, tribulações e aflições que estavam vindo contra vocês". Ele estava encorajando os Tessalonicenses, dizendo: "Quando as dificuldades surgirem em seu caminho, não se impressionem com elas; não deixem que elas os abalem. Não deixem que elas os angustiem. Apenas digam: 'Isto também passará'. Isto é parte da vida, portanto não se dobrem à pressão".

Quando Dave e eu somos desafiados pelas dificuldades, uma das primeiras coisas que ele diz é: "Não estou impressionado!". Ele diz que se nos recusarmos a permitir que as dificuldades nos *impressionem*, então elas não nos *oprimirão* nem nos *deprimirão*. Precisamos aprender a ficar firmes na tempestade e chegaremos com segurança ao destino desejado.

Toda vez que tentamos fazer alguma coisa para Deus, o inimigo se oporá. Isso sempre foi verdade, e é inevitável. Paulo certamente experimentou isso e escreveu a respeito em 1 Coríntios 16:9: "Porque se abriu para mim uma porta ampla e promissora; e há muitos adversários".

Ao longo dos anos, muitas pessoas vieram trabalhar no Ministério Joyce Meyer. Algumas delas se mudam para St. Louis vindas de outros estados e precisam lidar com os desafios de encontrar um lugar para morar, se mudar, colocar os filhos na escola, e se estabelecer em uma nova cidade. Algumas dessas pessoas ficam impressionadas com

O *Espírito do Vencedor* 103

os "muitos adversários" que enfrentam durante as primeiras semanas de emprego. Por muitas e muitas vezes, observei o inimigo usar essas dificuldades para fazer com que elas pensassem: *Bem, talvez eu não tenha tomado a decisão certa, afinal. Pensei que esta mudança fosse da vontade de Deus, mas talvez eu estivesse errado. Talvez eu deva pegar minha família e voltar para casa onde as coisas eram mais fáceis.*

Muitas vezes, Dave e eu tivemos de falar com essas pessoas e dizer: "O fato de você estar passando por um período de adaptação difícil não significa que você não ouviu a voz de Deus. Você só precisa ficar firme. Consulte seu coração. Não se concentre nas circunstâncias. Veja o que está em seu coração".

Se elas nos dizem que realmente acreditam que esta é a vontade de Deus para sua vida, então Dave e eu as encorajamos: "Então decida-se a ficar. Não fique dividido, duvidando de sua decisão. Decida-se a perseverar em meio a este período difícil, e recuse-se a pensar em voltar. Se você realmente acredita que Deus o trouxe aqui, comprometa-se a ficar — aconteça o que acontecer".

Quando dizemos ao inimigo: "Escute aqui, diabo, sei o que está em meu coração; sei o que Deus me disse para fazer; e vou ficar aqui e ver o que Deus tem para mim, não importa o quanto seja difícil ou quanto tempo demore". Então, o inimigo percebe que não pode nos controlar com provações e tribulações. Isso constrói um novo nível de fé e força em nós e demonstra o espírito de um vencedor.

Paulo disse que as dificuldades são inevitáveis. Você se deparará com elas à medida que continua a crescer em Deus e a seguilo. Não permita que elas desviem você, mas esteja determinado a superá-las. Sei que você pode fazer isso. Você terá de fazer sua parte, e será necessário esforço, mas você pode fazer isso!

LIDE COM AS DIFICULDADES

Uma pessoa que tem o espírito de um vencedor precisa confrontar as adversidades e lidar com elas, e não fugir delas. Simplesmente não podemos continuar tentando fugir das situações difíceis ou evitá-las. Todas as vezes que fugimos de uma situação, podemos ter quase certeza de que teremos de voltar e enfrentá-la, ou algo muito semelhante, mais tarde em nossa vida.

Pense no caso de Moisés. Ele fugiu do Egito e passou quarenta anos no deserto, onde Deus o preparou para ser um grande líder. Quando Deus apareceu a ele na sarça ardente, basicamente lhe disse: "OK, agora quero que você volte para o Egito" (ver Êxodo 3:2-10). Sim, Deus enviou Moisés direto de volta para o lugar de onde ele tentou fugir.

A Bíblia está cheia de histórias semelhantes — o suficiente para me convencer de que fugir da adversidade não faz bem a ninguém. Se você fugir de uma situação difícil, haverá sempre outra esperando por você. Deus sabe que você precisa da habilidade, da força e do treinamento que adquirirá com a adversidade, por isso, mesmo que você consiga sair de uma situação difícil, Ele o levará para outra.

Por exemplo, digamos que você seja vizinho de algumas pessoas das quais realmente não gosta. Você não gosta delas a tal ponto que decide se mudar para se afastar. Então, digamos que você se mude para um bairro novo e seus vizinhos dos dois lados têm a mesma personalidade das pessoas das quais você quis se afastar. Pode ser difícil para você imaginar isso, mas é possível que Deus as tenha colocado perto de você. Por que Ele faria isso? Porque pode haver alguma coisa em você que precisa ser tratada e que só virá à tona quando você estiver por perto desse tipo de pessoa.

Eu costumava ter muita dificuldade com pessoas cujas personalidades eram semelhantes à do meu pai. Por ter sido abusada por ele, eu não queria estar perto de pessoas que falassem como ele falava, que agissem como ele agia, ou que me fizessem lembrar dele de qualquer maneira.

Mas depois de certo tempo, comecei a observar que Deus estava me cercando de pessoas que me lembravam meu pai. Todas as vezes que eu encontrava alguém que me lembrava dele, eu me

O Espírito do Vencedor 105

sentia insegura e temerosa, e voltava a meu antigo padrão de comportamento. Eu não gostava de minhas reações, e por algum tempo nem entendia de onde elas vinham. Mas eu estava clamando para que Deus me transformasse e me mostrasse a verdade. Agora entendo que Ele começou a me colocar em situações onde minhas fraquezas ficariam evidentes para que eu pudesse dizer: "Ah, tudo bem, Deus, vejo que o Senhor quer me libertar disso!". Ele estava tentando me fazer crescer e ser uma cristã mais forte e mais madura. Geralmente pedimos a Deus para nos livrar das coisas erradas. Queremos ser libertos das provações, mas precisamos pedir a Ele que nos livre das coisas em nosso coração que impedem os propósitos Dele para nossa vida.

Deus usa as dificuldades para fazer de nós pessoas em quem Ele pode confiar e que Ele pode usar. Quando enfrentamos a adversidade, precisamos ter o espírito de um vencedor. Davi teve de enfrentar Golias antes que pudesse ser rei. Não devemos tentar fugir das situações difíceis ou evitá-las enquanto estamos passando por elas. Em vez disso, precisamos dizer: "Deus, se isto é algo por que preciso passar, então quero passar em vitória. Quero passar por isto com a atitude de um vencedor. Seja o que for que Tu queres fazer em minha vida por meio disto, quero que o faças. Mas uma coisa Te peço, Deus, que o Senhor me ajude

> **Deus usa as dificuldades para fazer de nós pessoas em quem Ele pode confiar e que Ele pode usar.**

a deixar de lado meus sentimentos e me comportar de uma maneira santa enquanto passo por isto". Afastar-se dos problemas nunca deve ser nosso objetivo; nosso objetivo precisa ser vencê-lo com uma atitude e um comportamento semelhante ao de Cristo. Deus nos ensina a abençoar os inimigos e a orar por eles (ver Mateus 5:44), e não a fugir deles. Ele nos diz que nós vencemos o mal com o bem (ver Romanos 12:21). Independente das circunstâncias que o cerquem, continue fazendo o que você sabe que é certo e você vencerá!

FAÇA ISTO PARA DEUS

O objetivo que quero que você tenha ao terminar este capítulo é este: na próxima vez que você enfrentar um desafio, você disciplinará sua atitude, suas emoções, sua boca e sua mente para se comportar de uma maneira santa até o fim. Isso será difícil. Você sentirá sua carne se rebelando. Mas continue dizendo: "Deus, estou fazendo isto para o Senhor. Não posso fazê-lo sozinho, e nem quero fazê-lo para mim mesmo. Quero fazer isto para Ti como um ato de obediência". Jesus não desistiu. Ele foi até o fim por nós, e podemos fazer o mesmo por Ele!

Lembro-me de um domingo anos atrás quando meu pastor encorajou a congregação a tirar um momento para dizer "olá" às outras pessoas e até para abraçá-las e dizer que nós as amávamos. Olhei para a fileira onde eu estava sentada e vi uma mulher que havia me ferido bastante. Senti com força o Espírito de Deus me impelir a abraçá-la e a dizer a ela que eu a amava. Aquilo exigiria uma grande entrega de minha parte, porque eu achava que era ela quem precisava se desculpar comigo e me pedir que a perdoasse. Mas ela não tinha a menor ideia de que havia me ferido! Ir até ela e dizer "Eu amo você", exigiu tudo que eu tinha! Não posso garantir que fui totalmente sincera, mas sei que fui obediente a Deus.

Vários meses depois, Deus me direcionou a dar um de meus objetos favoritos àquela mulher. "Ora, Deus", respondi, "não me importo de dar isto. Quer dizer, eu realmente gostaria de ficar com ele, mas se o Senhor vai me fazer dá-lo para alguém, pelo menos deixe-me dá-lo para alguém de quem gosto para que eu possa ter o prazer de vê-lo usando-o!"

Deus me respondeu: *Joyce, se você puder dar isto a ela, se você puder dar seu bem favorito a alguém que realmente a feriu, quem menos o merece, você quebrará o poder do inimigo. Você destruirá o plano dele de destruir você.*

Não damos passos de obediência nem vencemos tempos difíceis porque sentimos vontade de fazer isso ou porque achamos que a obediência é uma boa ideia. Fazemos porque amamos a Deus, por-

O Espírito do Vencedor 107

que sabemos que Ele nos ama, porque queremos obedecer-lhe, e porque sabemos que Seus caminhos são sempre melhores para nós. Sejam quais forem as adversidades que você está enfrentando agora ou enfrentará no futuro, eu o incentivo a confrontá-las, a abraçá-las e a lidar com elas. Enfrente-as como um vencedor. Lembre, elas estão cooperando para seu bem e Deus as usará para fortalecê-lo. Abrace-as com a atitude de um vencedor, e você estará em um lugar de muito mais maturidade, sabedoria e capacidade do que você já conheceu.

Os problemas, a dor, o sofrimento e a perseguição não são bons em si. Eles vêm do inimigo, mas Deus pretende fazer algo de bom com tudo que Satanás tenciona usar para o mal. A situação em si pode não ser boa, mas Deus é bom; e à medida que continuamos amando a Deus e confiando Nele, Ele transformará essas coisas para nosso bem (ver Romanos 8:28). Crer nisso nos dá a força e a coragem para continuarmos avançando em tempos difíceis. Precisamos ter esperança. Precisamos acreditar que veremos a bondade do Senhor em nossa vida (ver Salmo 27:13).

ATINJA TODO O SEU POTENCIAL

Creio firmemente que atingir seu potencial está ligado à forma como você lida com a adversidade. Winston Churchill disse: "As dificuldades dominadas são oportunidades ganhas", e eu concordo de todo coração. Se permitir que as dificuldades e os desafios o frustrem, o intimidem ou o desanimem, você nunca as superará. Mas se enfrentá-las de frente e deixar para trás as adversidades que encontrar, recusando-se a desistir no meio e avançando com o espírito de um vencedor, você desenvolverá as habilidades e a determinação necessária para ser tudo que foi criado para ser e experimentar tudo que Deus preparou para você.

Do Campo de Algodão para a Corporação

A mulher que veio a ser conhecida como Madame C. J. Walker, a primeira afro-americana milionária dos Estados Unidos, nasceu com o nome Sarah Breedlove em uma plantação da Louisiana em 1867, filha de ex-escravos que morreram e a deixaram órfã aos sete anos. Sarah e sua irmã sobreviveram porque estavam dispostas a realizar o trabalho cansativo e sujo de colher algodão nos campos da Louisiana e do Mississipi.

Aos catorze anos, ela se casou com um homem que morreu seis anos depois, deixando-a sozinha com uma filha pequena. Sarah e sua filha se mudaram para St. Louis, no Missouri, onde seus quatro irmãos haviam encontrado trabalho como barbeiros de sucesso, e ela aceitou um emprego como lavadeira, ganhando um dólar e cinquenta centavos por dia.

Durante o ano de 1890, Sarah sofreu uma grave doença no couro cabeludo que fez com que ela perdesse quase todo o seu cabelo. Ela tentou todos os remédios possíveis para fazê-lo crescer novamente, mas nada funcionava.

Sarah empregou-se como representante de vendas em uma empresa de produtos para cabelos e mudou-se para Denver, Colorado, onde conheceu Charles Joseph Walker e se casou com ele, passando a ser conhecida como "Madame C. J. Walker".

Ainda sofrendo com a perda de cabelos, Sarah finalmente descobriu uma solução — de forma inusitada. Ela sonhou com um homem idoso, que lhe disse quais os ingredientes ela deveria combinar para fazer com que seu cabelo crescesse outra vez. No dia seguinte, ela misturou os ingredientes, experimentou o remédio, e teve êxito!

Madame C. J. Walker rapidamente percebeu que dispunha de um produto que poderia comercializar e vender, então abriu o próprio negócio, produzindo e distribuindo "O Maravilhoso Tônico de Crescimento Capilar de Madame Walker". Para impulsionar o início de seu negócio, Madame Walker percorreu muitos quilômetros viajando

O Espírito do Vencedor

pelos Estados Unidos por mais de um ano, indo de porta em porta falando às pessoas sobre os produtos e apresentando-se onde quer que pudesse encontrar uma plateia. Com diligência e determinação, ela continuou a desenvolver e aperfeiçoar estratégias para a venda e a comercialização cada vez mais eficaz de seus produtos.

Em 1908, Madame Walker foi a Pittsburgh, na Pensilvânia, a fim de abrir uma escola para treinar uma equipe de "cultivadores de cabelo Walker" para ajudá-la em seu negócio em desenvolvimento. Dois anos depois, ela tinha construído sua casa e uma fábrica para a produção e distribuição dos produtos em Indianápolis — a metrópole industrial daqueles dias. Antes do fim de seu primeiro ano em Indianápolis, Madame Walker deu mil dólares para a construção de uma ACM (Associação Cristã de Moços) para afro-americanos — uma realização notável para uma mulher que um dia se sustentou colhendo algodão, mas que se tornou possível porque ela trabalhou duro e se recusou a desistir.

Em 1916, Madame Walker deixou Indianápolis e foi para Nova York, embora sua fábrica em Indianápolis continuasse funcionando sob a liderança da chefe de equipe que ela havia treinado. Por ter se recusado a desistir diante de seu problema pessoal de perda de cabelos, Madame C. J. Walker passou de catadora de algodão a uma pioneira da indústria da beleza e primeira mulher afro-americana a ficar milionária nos Estados Unidos. Deixe que a história dela o inspire a não desistir quando você enfrentar desafios, mas a ser criativo, a trabalhar duro, e a perseverar até atingir todo o seu potencial.

CAPÍTULO 7

NUNCA DESISTA DO QUE É IMPORTANTE PARA VOCÊ

"Os pescadores sabem que o mar é perigoso e que a tempestade é terrível, mas eles nunca acharam que esses perigos fossem motivo suficiente para permanecerem em terra firme".
VINCENT VAN GOGH

O que é importante para você? Quando você para e pensa nisso, o que realmente importa para você? É o emprego, a reputação, a saúde, a família, o relacionamento com Deus, os bens, um projeto ou uma causa?

Diversas coisas são importantes para pessoas diferentes. Na época do Antigo Testamento, a reconstrução das muralhas destruídas de sua cidade natal, Jerusalém, era extremamente importante para um homem chamado Neemias. Era tão importante que ele pediu ao patrão, o rei da Pérsia, que permitisse sua volta a Jerusalém para supervisionar o projeto, e o rei o permitiu.

Neemias definitivamente tinha o espírito de um vencedor, como você verá ao ler sua história. Ele enfrentou uma oposição feroz, o ridículo e a intimidação, quando tentava concluir a tarefa que era tão importante para ele, o projeto que Deus o havia chamado para concluir. Do mesmo modo, você enfrentará vários tipos de tempestades enquanto se esforça para fazer o que é importante para você. A história de Neemias lhe ensinará a resistir bem a elas e a emergir vitorioso.

ABRIGUE-SE

A melhor maneira de estar seguro em meio a uma tempestade natural é abrigar-se. Se você não procurar abrigo, o vento irá arrastá-lo para lá e para cá, e a chuva poderá impedi-lo de ver claramente. Além disso, você pode ser atingido por um raio. Se não se abrigar, a tempestade o controlará. Mas se você se colocar em um lugar seguro, poderá sobreviver a ela e estar em boa forma para fazer o que for preciso quando a tempestade passar.

O Salmo 91:1 nos dá instruções para as tempestades espirituais da vida: "Aquele que habita no esconderijo do Altíssimo, à sombra do Todo-poderoso descansará". O primeiro lugar para onde você precisa correr quando uma tempestade atingir sua vida é o esconderijo do Altíssimo, a presença de Deus. Leia Sua Palavra; ore; adore-o; diga a Ele que você confia Nele quando os ventos da adversidade soprarem. Essas são as disciplinas espirituais às quais nenhum inimigo pode resistir. Quando você põe em prática esses hábitos, constrói muros espirituais de proteção a seu redor. Eles não manterão as tempestades da vida longe, mas lhe darão proteção e o capacitarão a permanecer firme contra elas.

Muitas das tempestades da vida vêm diretamente do inimigo. Ele é mestre em orquestrar circunstâncias para destruir uma vida, um sonho, um casamento, uma família, um negócio, uma escola ou uma região geográfica. Ele não quer que você construa muralhas de proteção ao redor de sua vida. Ele quer que todas as suas muralhas caiam para que ele possa continuar atacando você sucessivamente.

AS MURALHAS MANTÊM O INIMIGO DO LADO DE FORA

Por ocasião de sua chegada a Jerusalém, Neemias viu que os inimigos do povo de Deus estavam se aproveitando deles porque a

Nunca Desista do que é Importante para Você 113

cidade não tinha muralhas para mantê-los do lado de fora. Quando encontrou o povo de Jerusalém, ele disse: "Vejam a situação terrível em que estamos: Jerusalém está em ruínas, e suas portas foram destruídas pelo fogo. Venham, vamos reconstruir os muros de Jerusalém, para que não fiquemos mais nesta situação humilhante. Também lhes contei como Deus tinha sido bondoso comigo e o que o rei me tinha dito. Eles responderam: 'Sim, vamos começar a reconstrução'. E se encheram de coragem para a realização desse bom projeto" (Ne 2:17-18).

Os mesmos princípios dessa história se aplicam a você quando percebe que sua vida está um caos e que o inimigo o está atacando por causa da maneira como você viveu. Você não manteve suas muralhas de pé; está sem proteção. Mas com a ajuda de Deus você pode começar agora a construir o tipo certo de vida; a construir muralhas de proteção a seu redor para estar protegido do inimigo. Ele pode vir contra você, mas seus planos não terão êxito.

Se você acha que as tempestades da vida o deixaram destruído e devastado por muito tempo e está pronto para construir algumas muralhas de proteção, fico entusiasmada por você. Mas não espere fazer isso sem oposição. Isso é simplesmente uma realidade da vida. A qualquer momento em que comece a avançar e a fazer o que é certo, o inimigo ficará insatisfeito. Mas não se preocupe com a oposição, você tem o que é preciso para vencer cada batalha. Deus é por você, está em você, com você, e a seu redor. Ele também opera através de você, não apenas para vencer suas batalhas, mas para ajudar outras pessoas a vencerem as batalhas delas.

UMA TEMPESTADE ESTÁ SE FORMANDO

Mal os judeus "fortaleceram as suas mãos para a boa obra'', a oposição se levantou. Quando as pessoas começaram a ouvir sobre os esforços de reconstrução, elas ridicularizaram Neemias e os judeus. Três homens especialmente — Sambalate, Tobias e Gesém — começaram a debochar e a zombar deles. "Zombaram de nós, desprezaram-nos e perguntaram: 'O que vocês estão fazendo?'" (Ne 2:19).

Lembro-me de uma experiência semelhante. Escrevi anteriormente sobre como as pessoas reagiram a mim quando recebi o chamado de Deus para minha vida. Muitos riram de mim e disseram: "O que você pensa que está fazendo?". Aquele foi um tempo extremamente difícil, mas fiz o melhor que pude para permanecer de pé em meio à tempestade da reprovação. Fiz tudo que podia para ficar tão perto de Deus quanto possível por meio do estudo de Sua Palavra, orando e passando um tempo em Sua presença. Esforcei-me para melhorar minhas atitudes, meu casamento e o relacionamento com meus filhos. Mesmo em meio à incompreensão e aos risos voltados para mim, continuei trabalhando com Deus para superar os problemas e construir uma autoimagem positiva, aprendendo sobre Seu amor e Sua misericórdia. Fazendo isso, eu estava construindo muralhas de proteção. Eu estava colocando tijolos em meus muros com a maior diligência possível, mas o inimigo continuava a lutar contra mim.

Você já tentou fazer o que era certo o máximo que pôde, mas sentiu que a tempestade ficou ainda mais forte? Lembro-me de uma situação específica que foi especialmente difícil para mim. Um dia, alguém que eu considerava minha amiga foi até mim e disse: "Joyce, alguém me disse que você acredita que Deus vai lhe dar um dos maiores ministérios dirigidos por uma mulher em todo o país. Você disse isso?".

Respondi: "Sim, realmente creio que Deus me disse isso".

Aquela mulher riu entre os dentes e disse: "Bem, para falar a verdade, temos conversado sobre isso, e simplesmente achamos que isso é impossível com a personalidade que você tem".

Ouvir comentários desse tipo é como estar no meio de uma tempestade violenta e sem proteção alguma. Senti-me como Neemias deve ter se sentido quando Sambalate, Tobias e Gesém lhe disseram, entre rompantes de riso: "Que raios você acha que está fazendo? Você não pode fazer isto!"

Neemias permaneceu firme e demonstrou ter o espírito de um vencedor quando disse: "O Deus dos céus fará que sejamos bem-

Nunca Desista do que é Importante para Você 115

sucedidos. Nós, os seus servos, começaremos a reconstrução, mas, no que lhes diz respeito, vocês não têm parte nem direito legal sobre Jerusalém" (Ne 2:20).

Quando o inimigo vier contra você, você também precisa dizer: "Você não tem direito legal aqui. Você não pode ter nenhuma parte de mim, nem pode impedir a vontade de Deus para a minha vida!". Se entregou sua vida a Jesus Cristo, você pertence a Ele, e não ao diabo. Você simplesmente tem de lembrar a ele esse fato e resistir. Você não tem de levantar a voz ou ser dramático, mas precisa usar sua autoridade em Cristo e dizer: "De jeito nenhum, diabo. Você não vai me paralisar. Não desistirei disto. Não importa o que você lance sobre mim, não desistirei!".

Recusei-me a desistir e finalmente a mulher que me disse que ela e suas amigas achavam impossível que eu tivesse êxito terminaram trabalhando para mim. Deus sempre nos vinga se nós continuarmos a fazer o que Ele nos diz para fazermos. Nunca desista só porque alguém lhe disse que você não pode ter êxito.

> Nunca desista só porque alguém lhe disse que você não pode ter êxito.

Para ficarmos firmes contra o inimigo nas tempestades da vida, precisamos realmente ser determinados. Algumas vezes simplesmente desistimos com muita facilidade. Ficamos um pouco desanimados, ou os "Sambalates" da vida ferem nossos sentimentos, e começamos a desabar sob a pressão. Nunca esqueça que, de acordo com a Palavra de Deus, *você é mais do que vencedor* (ver Romanos 8:37).

NEM TODOS GOSTAM DO PROGRESSO

Sambalate era um inimigo formidável; ele não desistia com facilidade. Quando soube que a construção das muralhas da cidade estava avançando apesar de suas objeções, "Sambalate (...) ficou furioso. Ridicularizou os judeus" (Ne 4:1). Quanto mais eles construíam, mais furioso ele ficava.

116 NUNCA DESISTA

Talvez você conheça pessoas que ficam furiosas quando outros tentam progredir, melhorar, ou fazer algo novo e diferente. Por que as pessoas ficariam furiosas com seu progresso? Porque as pessoas que não querem progredir também não querem que você progrida. Elas preferem julgá-lo de forma crítica a encarar o fato de que não querem fazer o esforço necessário para melhorar sua vida ou para seguir seus sonhos. Em vez de investir no futuro e ir em busca de seu destino, elas preferem ficar iradas e agir como se alguma coisa estivesse errada com você. Assim, elas não têm de considerar a possibilidade de que alguma coisa possa estar errada com elas. Isso se chama "transferência de culpa", e as pessoas que fazem isso não querem ser culpadas por não fazerem as escolhas certas, de modo que elas transferem o foco para você e tentam desacreditá-lo.

Sambalate e seus companheiros entraram em uma "grande fúria" porque Neemias estava liderando esforços para ajudar as pessoas e para melhorar a comunidade. Nos seus esforços para ajudar a si mesmo e as pessoas à sua volta, não se surpreenda se você encontrar alguém que fique furioso e crítico com relação a você. Apenas fique firme em meio a essa tempestade; mantenha a paz; e continue fazendo o que você acredita em seu coração que é certo.

QUE CAOS!

Sambalate continuou com seu desvario furioso em Neemias 4:2: "E, na presença de seus compatriotas e dos poderosos de Samaria, disse: 'O que aqueles frágeis judeus estão fazendo? Será que vão restaurar o seu muro? Irão oferecer sacrifícios? Irão terminar a obra num só dia? Será que vão conseguir ressuscitar pedras de construção daqueles montes de entulho e de pedras queimadas?'".

Basicamente, Sambalate estava dizendo: "Este caos é grande demais para se reconstruir!". Sim, as muralhas estavam tão destruídas que não eram nada mais do que pilhas de pedras queimadas. Elas não eram bons materiais de construção para se fazer muralhas — pelo menos não sem muito esforço. Na mente de Sambalate, construir as muralhas era uma má ideia. Elas estavam em péssimo estado.

O inimigo pode estar lançando estas mesmas acusações contra você: "O que você quer dizer com a ideia de começar de novo? Veja o caos em que está sua vida!". "Não há como você conseguir um diploma universitário, não com a maneira como sua mente está confusa!". "Você pensa que vai economizar dinheiro suficiente para mandar seus filhos para a faculdade? Suas finanças estão tão caóticas que nem mesmo o banco pode resolver o assunto!". Seja o que for que ele esteja lhe dizendo, quero que você saiba que você nunca é um caos grande demais que Deus não possa redimi-lo e que nada está além da capacidade Dele de restaurar.

Se existe alguém cuja vida foi um caos, essa pessoa sou eu. Se alguém tinha motivos para pensar que tentar melhorar simplesmente não valia a pena, esse alguém era eu. E o inimigo sabia disso também. Ele tentou me convencer muitas vezes de que eu nunca teria uma vida normal. Ele me disse que nunca estaria "tudo bem" comigo, que eu nunca seria capaz de ter uma autoimagem positiva porque era uma vítima de incesto. Ele disse que eu não poderia confiar nos homens por causa da maneira como eles haviam me tratado, que eu nunca poderia ter um relacionamento de submissão santa a meu marido; que eu nunca poderia parar de tentar controlar tudo a meu redor ou deixar de perder a paciência por causa da raiva reprimida dentro de mim. Ele me disse que eu nunca poderia ser uma pessoa doce, bondosa e gentil, e que eu seria sempre áspera, dura, rude, bruta e grosseira por causa da forma como fui criada. Eu queria desesperadamente mudar e ser o tipo de mulher que acreditava que Deus queria que eu fosse, mas tinha de me posicionar com firmeza em meio ao furor da batalha em minha mente e em minhas emoções.

O diabo é um mentiroso; é simples assim (ver João 8:44). Ele não lhe diz a verdade; ele lhe diz o que quer dizer para destruir você. Ele ataca incansavelmente sua mente e suas emoções. Quando você for tentado a desistir por achar que seus problemas são grandes demais, lembre, o diabo é um mentiroso e com Deus nada é impossível!

O diabo odeia todo progresso. Mesmo que você se comprometa a perder alguns quilos e se saia bem em sua dieta por uma semana, e depois perca a força de vontade um dia e coma um sundae de chocolate, o inimigo estará logo ali para dizer: "Está vendo? É difícil demais. Você não consegue fazer isso. Você sempre esteve acima do peso, e seus hábitos alimentares estão muito impregnados em você para tentar mudá-los agora!".

Quando ele enviar uma tempestade de acusações contra você, levante-se e diga: "Ouça, mentiroso! Tive um pequeno revés, mas ainda não acabou! Vou atingir meus objetivos. Farei o que Deus está me chamando para fazer. O esforço vale a pena, e você não vai me impedir!". Combata o bom combate da fé. Você é um soldado do exército de Deus, e Ele está a seu lado.

Todos nós podemos sofrer revezes quando estamos aprendendo a fazer as coisas corretamente, mas podemos começar de novo todos os dias. Todos os bebês caem quando estão aprendendo a andar. Quando levam um tombo, eles não ficam caídos no chão chorando pelo resto da vida. Eles se levantam, sacodem a poeira, e tentam de novo! Não importa quantas vezes eles caiam, eles nunca desistem.

ORE!

Em Neemias 4:4, encontramos três palavras que são de importância vital para nos lembrarmos quando estivermos tentando resistir a uma tempestade: "E Neemias orou". Como ele reagiu a todos os ataques desferidos contra ele — o riso, a fúria, a ira, o julgamento, a crítica e a acusação — sobre a impossibilidade de seu objetivo? Ele orou!

Deixe-me perguntar a você: O que teria acontecido se você tivesse orado todas as vezes em que tivesse sentido medo ou se sentido intimidado? E se você tivesse orado todas as vezes em que foi ofendido, ou todas as vezes em que alguém feriu seus sentimentos? E se você tivesse orado imediatamente todas as vezes que algum tipo de julgamento ou crítica foi lançado contra você? Sua vida

Nunca Desista do que é Importante para Você 119

teria sido diferente? Você teria sido capaz de resistir melhor a essas tempestades? É claro que sim.

Podemos aprender uma lição importante com a oração de Neemias: "Ouve-nos, ó Deus, pois estamos sendo desprezados. Faze cair sobre eles a zombaria. E sejam eles levados prisioneiros como despojo para outra terra" (Ne 4:4). Observe que Neemias não foi atrás de seus inimigos; ele pediu a *Deus* para tratar com eles. A atitude dele foi: "Estou fazendo a Tua vontade! Tu me disseste para construir esta muralha e estou ocupado construindo-a. Tu terás de cuidar de meus inimigos!".

Muitas vezes Deus nos diz para fazer algo ou nos dá uma tarefa e começamos a fazê-la. Mas então o inimigo se levanta contra nós, e quando nos viramos para lutar contra ele, nos desviamos de Deus. De repente, o inimigo recebe toda a nossa atenção. Passamos nosso tempo lutando contra ele em vez de orarmos e pedirmos a Deus para intervir.

Neemias sabia das coisas e não deixaria que seus inimigos controlassem o foco de sua atenção. Ele estava ciente deles, mas manteve seus olhos em Deus e no trabalho que Ele o havia chamado para fazer. Ele simplesmente orou e pediu a Deus para tratar com aqueles que o estavam atacando.

A maioria de nós jamais esquecerá o dia 11 de setembro de 2001. Li recentemente uma história inspiradora sobre Stanley Praimnath, um banqueiro que trabalhava na Torre Dois do World Trade Center e que sobreviveu milagrosamente aos ataques. Stanley relembra: "Por algum motivo específico, eu havia dado ao Senhor um pouco mais de mim naquela manhã [durante a oração]. Eu disse: 'Senhor, cobre-me e cobre a todos os meus entes queridos debaixo do Teu precioso sangue'. E embora eu tenha dito isso e acreditasse nisso, eu o repeti por muitas e muitas vezes".

Logo depois que chegou a seu escritório no 81° andar, Stanley olhou pela janela e viu a Torre Um pegando fogo. Ele e um colega de trabalho decidiram evacuar o prédio, mas voltaram ao escritório depois que um segurança lhes garantiu que a Torre Dois estava em segurança.

Stanley chegou ao escritório bem a tempo de atender a um telefonema de alguém que perguntou se ele estava assistindo às notícias. Ele respondeu que estava tudo bem. Então, olhou para cima e viu um jato da American Airlines vindo direto em sua direção. Tudo que ele conseguiu pensar em fazer foi pular para debaixo de sua mesa, agachar-se em posição fetal, e orar enquanto o avião batia a cerca de seis metros dele e explodia. Ali, naquela posição, ele disse que sabia "sem sombra de dúvida, que o Senhor iria cuidar [dele]". Stanley viu uma asa do avião em chamas na entrada das salas de seu departamento. Milagrosamente sem ferimento algum, ele sabia que precisava sair do prédio, mas estava preso nos escombros e não podia se mover.

Stanley orou fervorosamente, pedindo a Deus para poupar sua vida, dizendo: "Senhor, assuma o controle. Isto é Teu problema agora". Ele se lembra de se sentir de repente como "o homem mais forte do mundo", enquanto uma força irrompia em todo o seu corpo e permitia que ele retirasse os escombros que o mantinha preso. Ele subiu nos destroços ao redor e desviou-se das chamas que ardiam dizendo: "Senhor, tenho de ir para casa para meus entes queridos. Tenho de conseguir. Tu tens de me ajudar".

Cortado e ferido, Stanley tropeçava em meio aos restos perigosos de seu escritório, e descobriu que todas as saídas estavam bloqueadas. Ele estava encurralado contra uma parede. Então caiu de joelhos e começou a orar novamente, e depois perguntou a alguém do outro lado da parede: "Você conhece Jesus?". Quando o homem disse sim, os dois oraram e pediram a Deus que os ajudasse a atravessar aquela parede. Eles conseguiram, e Stanley subiu por um pequeno buraco, agora capaz de chegar às escadas do prédio que começava a desabar.

Ele e seu novo amigo começaram a descer as escadas, parando em cada andar para ver se alguém precisava de ajuda. Quando se juntaram à multidão, as únicas pessoas que viram eram bombeiros gritando: "Corram! Corram!".

Os homens queriam correr, mas foram cercados pelo fogo. Se não corressem em meio às chamas, seriam queimados até à mor-

Nunca Desista do que é Importante para Você 121

te. Eles espirraram água sobre o corpo por meio do sistema de *sprinklers* do prédio, e se arremessaram contra as chamas, pondo-se finalmente em segurança.

Stanley estava determinado a sobreviver a uma situação de risco de vida, mas não podia fazê-lo sem a ajuda de Deus. Embora a determinação humana seja vital para nunca desistirmos, precisamos nos lembrar de depender de Deus em qualquer situação, nunca tentando "fazer as coisas acontecerem" por nossa própria força, mas fazendo nossa parte para perseverar, enquanto contamos com Deus para trazer a mudança que necessitamos.

Quero que você saiba disto: o inimigo realmente não é problema seu; ele é problema de Deus.Você perderá tempo se desviar sua atenção das atribuições e oportunidades que Deus lhe deu e se concentrar no inimigo. Satanás sabe que se ele puder distrair você, ele poderá definitivamente derrotá-lo. Então, quando o inimigo começa a atiçar uma tempestade em sua vida, seja como Neemias: ore.

CORAÇÃO E MENTE DEDICADOS AO TRABALHO

Neemias dá uma boa noticia no capítulo 4: "Nesse meio tempo fomos reconstruindo o muro, até que em toda a sua extensão chegamos à metade da sua altura, pois o povo estava totalmente dedicado ao trabalho" (v.6). O povo de Neemias estava claramente determinado a trabalhar, embora seus inimigos se levantassem contra eles com persistência. Embora os inimigos fossem obstinados, eles não os impediriam de trabalhar!

O inimigo não pode contê-lo se você estiver determinado!Você precisará estar mais determinado do que ele, mas você pode fazer isso porque Deus está a seu lado. O inimigo pode se opor a você ferozmente, mas você pode construir suas muralhas de proteção e atingir seus objetivos na vida se simplesmente se recusar a desistir.

As muralhas não apenas começaram a subir, como as brechas nos muros estavam sendo fechadas, as rachaduras estavam sendo seladas. Isso deixou os inimigos de Neemias realmente furiosos.

Creio que um dos benefícios de você ler este livro é que as "rachaduras" em sua vida serão fechadas! Qualquer lugar que possa estar fraco em você está sendo fortalecido enquanto aprende a ser uma pessoa que nunca desiste. Isso deixa o inimigo irado, muito irado, porque ele não quer que você avance com os propósitos de Deus para sua vida.

Algumas pessoas ficam com medo quando pensam que o inimigo está furioso, mas não há necessidade de ter medo. Deus está do nosso lado, e Ele sempre nos conduz ao triunfo (ver 2 Coríntios 2:14). Para derrotar um inimigo irado, busque a Deus, permaneça em Sua Palavra, adore-o, e ore, como Neemias fez. Não se permita pensar que você tem de tentar derrotar o diabo sozinho! Ore — continue fazendo o que você sabe que Deus está lhe dizendo para fazer! Ore — e continue fazendo o que você sabe que o diabo não quer que você faça!

Neemias nunca parou de orar. Escrevi sobre a oração dele anteriormente, mas podemos vê-lo orando novamente em Neemias 4:9: "Mas nós oramos ao nosso Deus e colocamos guardas de dia e de noite para proteger-nos deles". Em outras palavras, eles oravam com perseverança.

Eu o encorajo a orar em todo o tempo, não apenas quando você estiver enfrentando uma crise. Você não precisa de Deus somente no meio dos desastres; precisa Dele o tempo todo. Cultive um estilo de vida de oração, porque essa é uma das formas de construir uma muralha de proteção a seu redor e ao redor daqueles a quem você ama. Para aprender mais sobre a oração, sugiro que você leia meu livro *The Power of Simple Prayer* (*O Poder da Oração Simples*).

LUTE, NÃO TENHA MEDO

A esta altura, você pode ver que Neemias era um líder forte e sábio. Ele não apenas buscava e dependia de Deus, mas também tomava decisões inteligentes e sabia como manter o povo encorajado. Neemias 4:13-14 diz:

Nunca Desista do que é Importante para Você

> *Por isso posicionei alguns do povo atrás dos pontos mais baixos do muro, nos lugares abertos, divididos por famílias, armados de espadas, lanças e arcos. Fiz uma rápida inspeção e imediatamente disse aos nobres, aos oficiais e ao restante do povo: Não tenham medo deles. Lembrem-se de que o Senhor é grande e temível, e lutem por seus irmãos, por seus filhos e por suas filhas, por suas mulheres e por suas casas (ênfase da autora).*

Quero repetir as palavras de Neemias para você hoje: Lute por sua casa! Lute por seus filhos! Lute por seu direito de viver livre da culpa e da condenação! Lute por seu direito de viver debaixo da graça de Deus e de não estar preso ao legalismo. Lute por seu direito de ser feliz! Lute pelos sonhos que Deus colocou em seu coração! Lute pelo que é importante para você! Recuse-se a se contentar com nada menos do que tudo que Deus tem para você. O inimigo se levantará contra você, mas não tenha medo dele. Em vez disso, lembre-se do Senhor e anime-se Nele.

Depois desse ponto na história de Neemias, ele sentiu um pouco da vitória: "Quando os nossos inimigos descobriram que sabíamos de tudo e que Deus tinha frustrado a sua trama, todos nós voltamos para o muro, cada um para o seu trabalho.

> Recuse-se a se contentar com nada menos do que tudo que Deus tem para você.

Daquele dia em diante, enquanto a metade dos meus homens fazia o trabalho, a outra metade permanecia armada de lanças, escudos, arcos e couraças. Os oficiais davam apoio a todo o povo de Judá" (vv. 15-16).

A importante lição que aprendemos aqui é que não devemos baixar a guarda quando sentimos algum alívio ou certo grau de vitória. Queremos ser completamente livres, e não ter simplesmente um pouco de alívio. Neemias poderia ter dito: "Ouçam todos! Nossos inimigos sabem que descobrimos o que eles estavam tramando contra nós. Eles sabem que Deus frustrou os propósitos deles! Podemos todos relaxar!". Mas, em vez disso, Neemias manteve sabiamente um exército contra o inimigo, embora soubesse que o inimigo havia recuado um pouco. Ele manteve a mesma atitude o tempo todo: "Estamos lutando para fazer o que Deus quer que façamos. Portanto, não podemos relaxar; não podemos afrouxar; temos de continuar a pensar como guerreiros, embora nosso inimigo não esteja agindo contra nós neste instante".

LEVE SUA ARMA PARA O TRABALHO

Neemias sabia como concluir um trabalho. Podemos ler sobre sua estratégia em Neemias 4:17-18: "Aqueles que transportavam material faziam o trabalho com uma mão e com a outra seguravam uma arma, e cada um dos construtores trazia na cintura uma espada enquanto trabalhava; e comigo ficava um homem pronto para tocar a trombeta".

Uma das maneiras de se trabalhar com uma mão e segurar uma arma na outra é louvar a Deus enquanto trabalhamos. Não importa o que você esteja tentando construir — uma casa, um casamento, um negócio, segurança financeira, um plano de exercícios ou um relacionamento íntimo com Deus — não se esqueça de adorar enquanto trabalha. Lembre-se de louvar a Deus e de agradecer a Ele a cada pequeno passo de progresso. Você não tem de fazer um trabalho com seu louvor; apenas mantenha o coração grato e uma atitude que diz: "Eu Te amo, Senhor. Eu Te adoro. Não posso fazer isto sem Ti. Preciso da Tua ajuda hoje. Obrigado por me dares um objetivo em função do qual trabalhar e por me ajudar a alcançá-lo".

Acredito que a espada que os construtores de Neemias mantinham ao lado deles representa a necessidade de manter a Palavra de Deus conosco o tempo todo. A Palavra de Deus é uma espada para nós, e temos de empunhá-la contra o inimigo. Nossas espadas não farão bem algum se nós as mantivermos na bainha, assim como uma Bíblia não nos ajudará se ela ficar apenas em uma es-

Nunca Desista do que é Importante para Você 125

tante se enchendo de poeira. Ela não será eficaz contra o inimigo se não a usarmos. Usar nossas espadas é saber, crer e declarar a Palavra de Deus.

Se você acordar um dia de manhã e sentir que quer desistir, use sua espada dizendo: "Não vou desistir! Deus tem planos de me dar um futuro e uma esperança e vou continuar trabalhando para poder alcançá-los!" (ver Jeremias 29:11). Deus nos dá armas de guerra para podermos usá-las. Se você quer vencer, terá de permanecer ativo. A passividade e o desejo nunca vencem a batalha.

O RESTO DA HISTÓRIA

Sei que você quer saber o que aconteceu a Neemias e à muralha. Você pode ler toda a história no livro de Neemias, mas deixe-me dizer-lhe que o projeto foi um sucesso. Neemias e o povo tiveram de lutar contra os inimigos até que as muralhas estivessem concluídas. Ele teve de enfrentar os oficiais do governo que não estavam tratando o povo com justiça, e Sambalate continuou a incomodá-lo e chegou a fazer um último esforço para impedi-lo por meio da intimidação.

Quando a muralha foi concluída, como você acha que os inimigos do povo de Deus reagiram? "Quando todos os nossos inimigos souberam disso, todas as nações vizinhas ficaram atemorizadas e com o orgulho ferido, pois perceberam que essa obra havia sido executada com a ajuda de nosso Deus" (Ne 6:16).

Mesmo depois que a construção da muralha foi concluída, Tobias continuou a enviar cartas ameaçadoras a Neemias. O inimigo não foi embora, mas ele também não impediu Neemias de concluir a tarefa. Neemias aprendeu a resistir às tempestades dos ataques do inimigo, a lutar pelo que era importante para ele, e a se levantar vitorioso. É exatamente isso que Deus quer para você.

126 NUNCA DESISTA

A Integridade de um Penney

Filho de um pobre ministro do Missouri, James Cash Penney fundou um negócio de grande sucesso nos Estados Unidos, com base nos valores simples e eternos da honestidade, da integridade, do respeito e do trabalho árduo.

Além do trabalho como ministro, o pai de Penney era um fazendeiro, e Penney aprendeu a trabalhar na fazenda da família próxima a Hamilton, no Missouri. Seu pai queria garantir que os filhos entendessem o valor do dinheiro, então fez James trabalhar para comprar as próprias roupas, desde os oito anos de idade.

Em 1893, Penney se formou na faculdade, esperando se tornar um advogado. Em vez disso, ele se tornou um vendedor em uma loja de produtos têxteis, a J. M. Hale and Brothers. Logo Penney aprendeu que nem todos viviam com base nos mesmos valores que ele prezava. Os outros caixas tiravam a vez dele, e ele teve de aprender a ser mais confiante, a fortalecer suas táticas e a defender as oportunidades de vendas que eram suas por direito.

Em meio a esse tempo de crescimento pessoal e profissional, a saúde de Penney começou a decair. Correndo o risco de contrair tuberculose, seu médico o incentivou a se mudar do Missouri para um clima mais seco. Ele terminou em Denver, no Colorado, onde encontrou emprego no comércio de produtos têxteis que ele havia aprendido com Mr. Hale.

O dedicado e ambicioso Penney logo tinha economizado dinheiro suficiente para iniciar o próprio negócio, então abriu um açougue. Mas fracassou; não por ser um mau negociante, mas por causa de sua integridade. Penney acreditava que deveria tratar todos os clientes com gentileza e respeito, e quando se recusou a conceder tratamento especial a certo cliente influente, aquele cliente usou sua autoridade para tirar Penney do negócio.

Em seguida ao fechamento do açougue, Penney foi trabalhar para a cadeia de lojas de produtos têxteis Golden Rule. Ele teve sucesso ali, e finalmente se tornou sócio da empresa. Enquanto trabalhava na Golden Rule e vivia em Wyoming, Penney se apaixonou por Berta Alva Hess, e casou-se com ela.

Fundamentado em sua filosofia de honestidade, integridade e respeito, o negócio de Penney continuou a crescer e logo ele abriu a própria loja Golden Rule. Ele fornecia mercadorias de qualidade a preços razoáveis para famílias da classe trabalhadora e desenvolveu uma reputação por excelência nos serviços. Penney se recusava a vender a prazo, exigindo que os clientes pagassem à vista por suas compras.

Os proprietários da Golden Rule finalmente venderam a empresa para Penney e ele mudou o nome da cadeia para J. C. Penney Company. Então, mudou a sede da empresa para Nova York em 1914 e abriu a primeira loja oficial J. C. Penney no Missouri, em 1918.

Penney teve diversas tragédias pessoais para superar enquanto continuava a construir seu império varejista. Em 1910, sofreu a perda irreparável de sua esposa Berta, que sucumbiu à pneumonia, deixando-o só para criar dois filhos. Ele escreveu que a morte dela fez o mundo desabar a seu redor. Em 1919, Penney casou-se novamente. Sua esposa Mary lhe deu um filho, mas morreu em 1923, deixando-o viúvo outra vez. Em 1926, casou-se outra vez. Ele e sua esposa Caroline tiveram duas filhas e permaneceram juntos até à morte de Penney.

J. C. Penney construiu um negócio próspero (sua marca de roupas e acessórios é conhecida em todo o mundo) e uma vida baseada em princípios bons e piedosos. Ele nunca desistiu da integridade. Não importa o que você tente realizar na vida, agarre-se aos princípios da Palavra de Deus e você sempre terá êxito.

CAPÍTULO 8

AS CHAVES PARA O SUCESSO

"Nossa maior fraqueza é desistir. A maneira mais certa de ter êxito é sempre tentar mais uma vez".
THOMAS EDISON

Existem quatro chaves para o sucesso em qualquer empreendimento: compromisso, determinação, esperar no Senhor e dedicar tempo para ser renovado e revigorado. Se esses traços de caráter e esses hábitos se tornarem parte da rotina de sua vida, eles impedirão que você desista e o levarão na direção do sucesso que você espera.

COMPROMISSO

Se você quer resumir em uma palavra a ideia de "nunca desistir", pode usar a palavra *compromisso*. Sem isso, as pessoas desistem com facilidade; não têm nenhuma resistência. Se você quer ser alguém que nunca desiste, o compromisso é a chave.

Radicalmente Comprometido

Quando um filhote de águia tem cerca de um ano de idade, começa a desenvolver certa independência. A essa altura a visão é boa, e as garras, afiadas. A pequena águia pode encontrar a própria comida, voar e até planar um pouco. Ela vive como uma jovem águia por cerca de mais três anos, continuando a crescer e a ganhar força, aperfeiçoando todas as habilidades e se afirmando na vida como uma águia.

Mas quando a águia tem cerca de quatro anos, ela começa a mudar — não intencional, mas instintivamente. Ela se sente desconfortável por dentro, estranha e inquieta. Provavelmente não entende o que está acontecendo com ela. Finalmente, em meio a esse estranho período de crescimento, ela começa a perceber que não foi criada apenas para viver para o próprio prazer. Ela quer que a vida tenha a ver com mais do que ela mesma.

A essa altura, a águia macho sai para encontrar uma fêmea. Quando a encontra, inicia um jogo de sinais, que, na verdade, é uma espécie de cortejo. A inquietação dela é um anseio de amor! É tempo de crescer. A águia fêmea plana alto no céu em um padrão em forma de oito e faz com que a águia macho a persiga. Agora o macho não está mais voando em seu rumo; ele está seguindo alguém — alguém que parece estar indo em uma direção estranha.

Depois de algum tempo a fêmea mergulha em direção ao solo, pega um ramo, voa até cerca de três mil metros e solta o ramo. O macho mergulha a cerca de trezentos e vinte quilômetros por hora para pegar o ramo no meio do ar e levá-lo de volta para ela. Qual é a reação dela? Ela o ignora.

Agora, embora provavelmente se sinta muito insultado, o macho tem uma decisão a tomar: "Vou realmente me comprometer e ir até o fim nisto? É realmente isto que quero? Ou devo simplesmente esquecer tudo e encontrar algo mais fácil para fazer com meu tempo?".

A águia fêmea repete o mesmo processo, e torna o trabalho do macho extremamente difícil. Cada vez que ela voa, o ramo fica maior e ela voa a uma altitude menor. Isso significa que o ramo vai atingir o solo mais rápido, e que o macho terá de se esforçar mais se quiser ganhá-la.

As Chaves para o Sucesso 131

Esse jogo pode literalmente prosseguir por dias. Finalmente, a fêmea pega um galho mais pesado que o macho. Posso imaginar que ele teria vontade de dizer: "Isto não é justo! Ora, Deus, o Senhor *sabe* que não consigo fazer isto! Vamos lá, Deus, Tu *sabes* que isto é demais para mim!". Dessa vez a fêmea só voa a cento e cinquenta metros do chão e deixa cair o galho. Se ele o pegar, eles ficam juntos. Se não, ela voa para longe e o deixa; ela decide esperar por uma águia macho que tenha tenacidade para ser seu par.

Para continuar esse processo, a águia macho precisa estar extremamente comprometida. Uma vez tendo passado no teste final do galho, as duas águias passam do cortejo ao teste final de compromisso. Ela voa alto no céu; ele a persegue; e de repente ela faz um movimento estranho. No meio do ar, ela se vira de costas com um movimento brusco e coloca as garras de fora. O macho vai em sua direção e engancha suas garras nas dela enquanto ambos caem em direção à terra. A essa altura, ele já se decidiu. Ele é comprometido, e prefere morrer a deixá-la. Agora eles começam a cantar uma canção de amor. Eles se unem por toda a vida. Se a fêmea morrer, o macho cria os filhotes.

Mesmo depois que o processo de acasalamento termina e ela é dele, e eles estão em seu ninho, a águia macho continua a cortejar a fêmea pelo resto da vida. Os machos já foram vistos acariciando as penas de suas companheiras e trazendo ramos para casa muito depois de concluído o acasalamento. Se você que está lendo isto é uma mulher, provavelmente está desejando que todo homem da terra aprendesse algumas coisas com a águia!

Esse é o tipo de compromisso que permanece estável e forte por toda uma vida, e espero que seja o tipo de compromisso que você possa desenvolver. Você pode não ter compreendido perfeitamente, mas se quer andar com Deus e ser abençoado, você precisa desse tipo de compromisso radical — o tipo de compromisso que permanece mesmo quando os tempos estão difíceis, mesmo quando você se sente só ou rejeitado, ou quando as circunstâncias parecem ruins. Pense na poderosa águia macho que continua

132 NUNCA DESISTA

comprometida, embora seu comprometimento possa lhe custar a vida. E aprenda a dizer, do fundo de seu ser: "Nada vai abalar meu comprometimento nesta situação. Vou continuar até o fim. *Não vou desistir,* aconteça o que acontecer".

Deus, a Águia e Você

Muitas vezes nos sentimos desconfortáveis pelo mesmo motivo da águia de quatro anos: é tempo de crescer. Costumamos sentir um tipo vago de descontentamento e uma sensação de inquietação quando Deus quer nos levar a um novo nível. Devemos reagir mantendo nossos pensamentos claros e nossas emoções calmas porque é possível que não haja nada de gravemente errado. Simplesmente chegou a hora de se fortalecer e de amadurecer, e precisamos nos comprometer com esse processo.

O comprometimento é fácil? Não, mas ele vale todo o esforço que exige. Combati muitas batalhas na vida, mas agora estou muito feliz, realizada e satisfeita. Não, não foi fácil, e sim, eu quis desistir muitas e muitas vezes. Mas estou comprometida com Deus e com a obra do ministério para o qual Ele me chamou. Isso não significa que nunca serei tentada a desistir; significa apenas que a força do meu compromisso me capacita a resistir a essa tentação.

Deus quer levá-lo a um novo nível de compromisso. Ele quer que você, assim como a águia, esteja extremamente comprometido com os propósitos Dele para sua vida e em dedicar-se a Ele. Deus quer que você esteja em um relacionamento de compromisso com Ele —

> O comprometimento é fácil? Não, mas ele vale todo o esforço que exige.

por toda a vida. Não consigo imaginar nada mais satisfatório, recompensador ou cheio de aventura. Ele tem mais reservado para você do que você jamais pediu ou imaginou, porém para ver os planos Dele se tornarem realidade em sua vida, você precisa estar muito comprometido!

DETERMINAÇÃO

Quando recebemos Cristo como nosso Salvador, recebemos o Espírito de Deus; recebemos uma nova vontade, uma determinação que nos capacita a atingir objetivos e a perseguir sonhos que parecem impossíveis. Na verdade, sua vontade é uma das maiores forças da terra. Se ela estiver voltada para a direção certa, você será capaz de realizar coisas extraordinárias na vida. Descobri em minha vida que não devo dar desculpas para nada porque a verdade é esta: se eu realmente quiser fazer alguma coisa, eu a farei!

Nascido no interior da cidade de Detroit, filho de uma mulher que abandonou os estudos no terceiro ano e se casou aos treze anos, o renomado cirurgião pediátrico Ben Carson teve um começo difícil. Seus pais se divorciaram quando ele tinha oito anos, e o resultado foi que sua mãe trabalhava em dois ou três empregos de uma só vez para sustentar Ben e seu irmão Curtis com as necessidades básicas. A história de "não desistência" de Ben Carson é um testemunho da determinação e da perseverança dele e também de sua mãe.

Nenhum dos dois irmãos se saiu bem na escola. Quando Ben estava na quinta série, tinha as piores notas da turma e os outros alunos se referiam a ele como "burrinho". Durante esse período, ele demonstrava uma raiva incontrolável e um temperamento inconstante.

Os problemas de Ben preocupavam muito sua mãe. Ela sabia que tinha de fazer alguma coisa. Primeiro, ela começou a orar, e orou fervorosamente para ter sabedoria e saber o que fazer para ajudar Ben e Curtis a aprenderem as lições que precisavam e se saírem bem na escola. Então ela instituiu uma disciplina rígida em casa, limitando o tempo que os meninos podiam passar vendo televisão, proibindo-os de brincar até terem terminado os deveres de casa todos os dias, e exigindo que eles lessem e escrevessem relatórios sobre dois livros por semana. Como resultado da atenção concentrada que Ben deu aos trabalhos escolares e aos hábitos vorazes de leitura, ele não apenas melhorou suas notas incrivelmente, como também se convenceu de que não era "burro" e que podia aprender tão bem quanto qualquer pessoa. Com o tempo, ele aprendeu a controlar o temperamento e a conviver bem com as pessoas.

Quando terminou o ensino médio, Ben era um aluno fora de série. Ele se formou com honra e foi para a Universidade de Yale, onde recebeu o diploma em Psicologia e tinha planos de continuar seus estudos preparando-se para ser psiquiatra. Já na Escola de Medicina, na Universidade de Michigan, Ben decidiu seguir o ramo da Neurocirurgia em vez da Psiquiatria. Ele concluiu sua residência em neurocirurgia em um dos hospitais mais respeitados do mundo, o Hospital Johns Hopkins, em Baltimore, Maryland, e quando tinha trinta e poucos anos já era o diretor de cirurgia neuropediátrica desse hospital — a pessoa mais jovem que já ocupou um cargo como este no Johns Hopkins. Na época em que este livro estava sendo escrito, ele continuava no cargo e também era professor de cirurgia neurológica, oncologia, cirurgia plástica e pediatria na Escola de Medicina Johns Hopkins. Bem tem uma agenda apertada de palestras nas quais incentiva os jovens a maximizarem seu potencial intelectual.

Se você sonha em atingir um objetivo que parece impossível, lembre-se de Ben Carson, que passou do aluno mais fraco da turma para uma das mentes mais brilhantes da medicina do mundo atual. Isso foi possível porque sua mãe se recusou a desistir dele e ele nunca desistiu de si mesmo.

Se você é pai ou mãe de um filho que tem problemas na escola ou em qualquer outra área da vida, deixe que a história de Ben Carson inspire você. Lembre-se da diferença que a mãe dele fez em sua vida, e faça o mesmo: ore e peça a Deus para lhe dar sabedoria a fim de ajudar seus filhos a terem êxito. Depois, ajude-os a aplicar a disciplina de que eles precisam e não deixe que eles desistam!

Se você quer realmente sair da prisão que o está mantendo cativo, você o fará! Se quer realmente se libertar do passado e ir além dele, você o fará. Se quer realmente desenvolver uma atitude positiva em vez de uma atitude negativa, você o fará. Se quer realmente

As Chaves para o Sucesso 135

esperar para se casar com a pessoa certa e não aceitar "a segunda melhor opção" por ter medo de que ninguém apareça, você o fará! Se tiver determinação suficiente, nenhuma força maligna do inferno, nenhuma pessoa na terra pode impedi-lo de ter êxito. Se obedecer a Deus e fizer o que Ele lhe disser para fazer, e se for determinado a vencer o diabo todas as vezes que ele se levantar contra você, então nada poderá impedi-lo de atingir seus objetivos.

Seja Determinado

Uma das definições de determinar pode ser: "resolver uma disputa por meio da decisão ou pronunciamento de uma autoridade". Essa definição me encoraja, porque costumo fazer "pronunciamentos" como uma maneira de fortalecer minha determinação em certas áreas. Às vezes, quando sei que comi o suficiente, mas minha carne ainda quer comer mais, sento-me à mesa e anuncio em voz alta: "Esta é a minha última porção! Já terminei esta refeição!".

Quando você está determinado em uma área específica, pode ter de falar consigo mesmo do mesmo modo. Às vezes, a melhor forma de vencer a tentação de desistir de alguma coisa é dizer para si mesmo: "Ah, não! Pare de choramingar e endireite-se agora mesmo!". Ao longo dos anos, quando senti vontade de desistir e não tinha ninguém para me encorajar, disse para mim mesma: "Joyce, você vai conseguir! Pode ser difícil, mas você *vai* conseguir e não ouse pensar que não vai!".

> Às vezes, a melhor forma de vencer a tentação de desistir de alguma coisa é dizer para si mesmo: "Ah, não! Pare de choramingar e endireite-se agora mesmo!".

A certa altura de minha vida, passei por um período de dez anos de sofrimento com vários problemas físicos. *Dez anos!* Eu tinha muitos sintomas, alguns dos quais ligados ao baixo nível de açúcar no sangue, mas a maioria deles era causada pelo estresse por trabalhar demais. Eu também estava passando por uma "mudança de vida" que não foi fácil para mim. As alterações hormonais em meu corpo geraram enxaquecas, e em 1989, como mencionei, tive câncer de mama e precisei passar por uma cirurgia.

Não sei dizer o número de vezes durante esses dez anos em que subi em uma plataforma para pregar pensando: *Espero conseguir ficar de pé aqui por tempo suficiente para pregar minha mensagem.* Orava fervorosamente a Deus pedindo a Ele que me curasse. Ele não retirou meus problemas completamente, mas me deu forças para fazer o que eu precisava fazer *apesar deles* — cada uma das vezes. Mas eu não queria a força para seguir em frente; eu queria que os problemas desaparecessem! Tentar continuar prosseguindo ao longo daqueles anos foi difícil, *muito* difícil, mas eu estava determinada a não ser derrotada e a não desistir. Agora entendo que minha fé se fortaleceu durante aqueles anos e que adquiri uma compaixão genuína pelos enfermos.

Agradeço a Deus por me dar uma solução para os problemas depois de dez anos. Gostaria que isso tivesse acontecido mais cedo, mas nosso tempo está nas mãos de Deus. Agora estou ótima, e é maravilhoso fazer o que faço e me sentir bem! Mas muitas vezes, tive de dizer: "Eu preferiria fazer meu trabalho e me sentir bem, mas ouça isto, diabo: Eu o farei, quer me sinta bem ou não".

Enquanto estava sofrendo, eu tinha de falar palavras de determinação em voz alta: "Eu preferiria me sentir bem enquanto faço isto. Fazer isto assim é difícil, mas vou cumprir o chamado de Deus para minha vida, independente de como eu me sinta. Farei tudo o que Deus quer que eu faça e serei tudo o que Ele quer que eu seja!". Lembro-me de uma manhã em que eu estava me sentindo realmente mal. Eu mal tinha forças, mas orei e disse ao Senhor: "Posso não ter muita força, mas o que quer que eu tenha, eu o usarei para Te servir pelo resto de minha vida". Todas as vezes que tomava uma decisão como essa, o diabo estava perdendo e Deus estava vencendo.

O principal motivo pelo qual estava tão determinada a obedecer à vontade de Deus quer eu me sentisse bem fisicamente, quer não, era porque eu amava a Deus. Também sabia que seria infeliz se tentasse fazer qualquer inferior a tudo que Deus me chamou para fazer. Talvez nem sempre você queira fazer o esforço para ser determinado, mas garanto que você não quer se arriscar a estar fora da vontade de Deus, simplesmente porque não quer se comprometer a fazer tudo que é necessário para obedecer a ela.

Resolva a Disputa

Lembre-se de que a definição de *determinar* inclui a ideia de resolver uma disputa. Isso é importante porque se você vai se comprometer com alguma coisa, precisará resolver a disputa interminável entre sua carne e seu espírito. Costumo dizer que a carne é um "jogador", mas o espírito é um "investidor". À medida que seguir o Espírito Santo e a Sua direção em seu coração (seu espírito), você investirá no amanhã fazendo as escolhas certas hoje.

Gálatas 5:17 diz: "Pois a carne deseja o que é contrário ao Espírito; e o Espírito, o que é contrário à carne. Eles estão em conflito um com o outro, de modo que vocês não fazem o que desejam". Esse versículo está nos dizendo basicamente que há uma guerra travada dentro de nós o tempo todo. A carne e o espírito nunca convivem bem; eles estão sempre lutando um contra o outro.

Isso acontece com todos nós. Temos um desejo, um impulso ou um sentimento com relação a alguma coisa, e sabemos em nosso coração o que é certo. Mas nossa mente tenta nos convencer a não agirmos de acordo com ele. Digamos que você sinta que deve dar algum dinheiro a uma família necessitada. Seu coração acredita que essa é a coisa certa a fazer, e você acredita que isso agradará a Deus e que é inspirado por Seu Espírito. Sua carne dirá: "Você não deve dar esse dinheiro. Você sabe que precisa dele" ou "Não dê nada a essas pessoas, elas nunca fizeram nada por você". A carne guerreia contra o espírito, e você começa a tentar discernir a quem deve ouvir.

138 NUNCA DESISTA

Estou convencida de que perdemos muitas bênçãos em nossa vida porque tentamos entender demais em vez de simplesmente permitir que o Espírito Santo nos guie. Precisamos resolver a disputa entre a carne e o espírito e ser determinados a obedecer a Deus, não importa o que aconteça.

ESPERAR NO SENHOR

Deus compara Seu povo às águias: "Mas aqueles que esperam no Senhor renovam as suas forças. Voam alto como águias; correm e não ficam exaustos, andam e não se cansam" (Is 40:31). Creio que Deus escolheu nos comparar às águias para nos motivar a subir em direção a nosso potencial na vida e para nos encorajar a esperar Nele e a encontrar nossa força Nele. Quando o sucesso não vem com facilidade, quando nos vemos frustrados e esgotados em meio a nossos esforços, precisamos esperar no Senhor.

O que realmente significa esperar no Senhor? Significa simplesmente passar tempo com Ele, ficar em Sua presença, meditar em Sua Palavra; adorá-lo, mantendo-o no centro de nossa vida. Um significado da palavra *esperar* é "ser torcido ou trançado junto". Se pensarmos em uma trança no cabelo de alguém, percebemos que o cabelo é entrelaçado de forma que não sabemos onde uma trança começa e onde a outra termina. É assim que Deus quer estar em nossa união com Ele — tão intimamente mesclados e entrelaçados com a ponto de sermos realmente um, para sermos representantes diretos do Seu caráter. Enquanto esperamos Nele, nós nos tornamos cada vez mais semelhantes a Ele. Esperar não é uma atitude passiva; é uma atitude muito ativa espiritualmente. Enquanto esperamos, precisamos esperar ativamente que Deus faça grandes coisas em nós e em nossa vida.

> Esperar não é uma atitude passiva; é uma atitude muito ativa espiritualmente.

Um relacionamento íntimo com Deus o fortalecerá no mais íntimo de seu ser. Ele fortalecerá seu coração; levará você em meio aos tempos difíceis de sua vida com uma sensação de paz e confiança de que tudo está bem, independentemente do que esteja acontecendo. Ele lhe dará força para suportar situações difíceis de tal maneira que muitas das pessoas a sua volta talvez nem sejam capazes de detectar o menor sinal de estresse em sua vida. Quando você espera no Senhor como descrevi, você recebe tudo que precisa Dele. Ele é o refúgio, a alegria, a paz, a justiça, a esperança, aquele que torna você capaz. Ele lhe dá tudo de que você precisa para viver em vitória acima de qualquer circunstância.

Isaías promete que quando esperarmos em Deus e passarmos tempo com Ele, tornando-nos mais semelhantes a Ele, renovaremos nossas forças. Esse pequeno prefixo *re* significa "voltar, ser feito novo, voltar ao princípio de alguma coisa". Quando esperamos em Deus, nossas forças se renovam; podemos voar como as águias sobre as tempestades da vida; podemos andar e correr, e não desanimar. Podemos abordar uma situação que já nos desgastou com uma nova energia e paixão. Somos encorajados, energizados, e é menos provável que queiramos desistir quando o sucesso nos iludir.

Uma razão pela qual as águias simbolizam força é porque elas sabem como fazer sua força trabalhar para elas. Elas não gastam energia desnecessariamente. Assim como esses pássaros magníficos sabem como permitir que as correntes térmicas do mundo físico as levem, os "cristãos-águias" entendem as correntes do Espírito Santo. Eles percebem o mover do Espírito e podem fluir pela vida com facilidade, sem tensão, sem esforço e sem estresse desnecessário. Isso é o resultado de esperar em Deus e nos capacita a passar pela vida com força, poder e vitalidade.

As pessoas costumam me perguntar: "Como você e Dave podem fazer o que fazem na idade de vocês?". A verdade é que provavelmente nos sentimos melhor do que muitas das pessoas de trinta anos que participam de nossas conferências. Um dos motivos para isso é que cuidamos de nós mesmos fisicamente. Nós nos alimentamos de forma saudável; praticamos exercícios; bebemos muita água; e dormimos o suficiente. Nós nos esforçamos para manter o excesso de estresse fora de nossa vida e aprendemos a esperar no Senhor. Jesus disse que os cansados, os esgotados e os exaustos deviam ir a Ele (ver Mateus 11:28) e que Ele lhes daria descanso.

Muitas vezes, durante os intervalos das palestras de nossas conferências, deito-me na cama em meu quarto de hotel e descanso meu corpo. Também utilizo esse tempo para falar com o Senhor. Não digo nada de especial, apenas "Eu Te amo, Senhor; preciso de Ti. Ajuda-me esta noite. Obrigada pelo que fizeste hoje". Nesses momentos, não estou apenas descansando meu corpo físico, mas também estou descansando espiritualmente, confiando em Deus para ser meu ajudador e minha força.

Às vezes fico cansada — não apenas fisicamente, mas de outras maneiras também, e preciso de mais do que um descanso rápido. Quando isso acontece, passo um dia ou dois procurando ficar sozinha o máximo possível. Apenas quero ir a algum lugar com meu café, sentar em uma cadeira e ficar quieta. Quero passar um tempo a sós com Deus, e sei que esse tempo com Ele renovará minhas forças.

Ninguém está isento da necessidade de ser renovado; todos precisam de momentos de descanso, refrigério e restauração. À medida que você passa pela vida, vai ficando cansado. Quando passa por decepções, você se cansa. Quando trabalha para atingir metas, orçamentos e quotas, você se cansa. Quando estuda para provas, você se cansa.

Quando o cansaço se instala, as más situações podem surgir. Pessoas cansadas costumam fazer comentários sem pensar, tomar atalhos que depois lamentam, e se contentar com menos que o melhor porque estão cansadas de esperar. As pessoas cansadas não estarão sendo sábias se não permitirem que suas forças sejam renovadas. Creio que muitas pessoas tomam decisões erradas porque ficam esgotadas e deixam de reservar um tempo para se

As Chaves para o Sucesso

aproximarem de Deus e esperar Nele a fim de poderem ser fortalecidas e restauradas.

Estou convencida de que as pessoas fariam escolhas melhores na vida se simplesmente passassem um tempo com Deus regularmente. Se buscarem a Deus, ouvirão a Sua voz. Muitas vezes, elas podem até não perceber que Ele está falando, mas perceberão que já sabem o que fazer e o que não fazer em determinadas situações. Comece a reservar um tempo para esperar em Deus e permitir que Ele renove suas forças para que você possa voar. A partir de hoje, comece a fazer intervalos assim que você se sentir cansado e diga: "Eu Te amo, Senhor. Preciso de Ti. Sinto-me um pouco cansado, Senhor. Fortalece-me".

Talvez você não possa tirar férias por duas semanas neste momento, mas pode começar tirando várias férias de cinco minutos por dia. Talvez você não possa se ausentar por vários dias, mas mesmo que tenha de fugir para um banheiro ou ouvir uma canção de adoração em seu carro, fique a sós com Deus por alguns minutos e diga: "Jesus, preciso ser renovado.

> Comece a reservar um tempo para esperar em Deus e permitir que Ele renove suas forças para que você possa voar.

Eu Te amo. Eu Te adoro. Fortalece-me e renova-me". Ele quer fortalecê-lo e restaurá-lo para que você possa perseverar e desfrutar o sucesso. Esperar no Senhor não precisa ser algo complicado. Apenas coloque-o no topo de sua lista de prioridades. Ele quer que você tenha e desfrute uma qualidade de vida que pode estar perdendo por não reservar um tempo para estar com Ele.

RENOVAÇÃO

O Salmo 103:2-5 diz:

> *Bendiga o Senhor a minha alma! Não esqueça nenhuma de suas bênçãos! É ele que perdoa todos os seus pecados e cura todas as suas*

doenças, que resgata a sua vida da sepultura e o coroa de bondade e compaixão, que enche de bens a sua existência, de modo que a sua juventude se renova como a águia.

A maioria de nós acha a ideia de ter nossa juventude renovada muito atraente. Gostaríamos de parecer mais jovens e de ter o tipo de energia que tínhamos no passado. Mas creio que o que o salmista chama de "juventude" é o que chamamos de "coração jovem" — uma abordagem fresca e vibrante da vida, em vez de uma aparência cansada, esgotada, negativa. Juventude não é só uma questão de idade cronológica; é o que se passa dentro de você. Você vive em um corpo, mas é espírito, e se mantiver seu espírito forte, isso afetará positivamente seu corpo, sua mente, suas emoções e suas decisões.

O salmista não teria mencionado o fato de termos a juventude renovada como a da águia se este pássaro não tivesse algo a nos ensinar sobre a juventude renovada. Acho o processo de renovação da águia fascinante e extraordinário, e espero que você também ache.

O Processo de Renovação

Chega um tempo na vida de uma águia em que ela não é mais tão rápida quanto era antes. Sua decolagem não é tão rápida quanto era anos atrás; ela está mais lenta no voo; suas garras, antes afiadas, ficaram embotadas; calcificações se formaram em seu bico; suas penas se desgastaram e agora soltam um assobio revelador quando ela mergulha para capturar sua presa. Ela ainda é uma águia, mas perdeu muito de sua força e proeza.

Quando isso acontece, a águia vai para uma rocha elevada tão próxima do sol quanto possível e começa a arrancar suas penas uma a uma — às vezes até sete mil penas. Ela não está nem de longe tão preocupada com a dor quanto com o progresso. Então ela procura um riacho frio e refrescante para se limpar. A água lava toda a lama e sujeira empastada, os parasitas e os insetos que possam ter se

As Chaves para o Sucesso   143

juntado a ela com o passar do tempo. Quando está fresca, limpa e praticamente nua, a águia se expõe ao sol e começa a esperar. O crescimento renovado de que ela precisa levará cerca de quarenta dias. Durante esse tempo, ela afia suas garras e seu bico esfregando-os para frente e para trás em uma rocha. Ela usa a mesma rocha para retirar a calcificação do bico. Outras águias, que já passaram por este processo, podem deixar cair alimento para ela. Ela passa por um período silencioso de uma fraqueza relativa, mas depois sua força é renovada.

Creio que Deus quer que aprendamos algo com esse processo pelo qual a águia passa. Há momentos em que nos sentimos secos, fracos, derrotados e desanimados. Há momentos em que sentimos que a vida nos desfere golpes amargos e nossos sonhos desmoronam bem diante de nossos olhos, quando alguém a quem amamos nos fere, quando alguém em quem confiamos nos trai, quando realmente achávamos que algo finalmente ia dar certo e não dá. São esses tipos de situações que fazem com que queiramos desistir. Durante esses momentos, realmente precisamos ser renovados. Se não separarmos um tempo para a renovação, corremos o risco de reagir a nossas circunstâncias emocionalmente, o que sempre significa reagir sem sabedoria e geralmente contribui para transformar situações ruins em situações ainda piores.

Há momentos em que realmente precisamos falar sério com Deus. Precisamos de mais do que costumamos extrair de nossas rotinas devocionais diárias. Algumas pessoas podem precisar aprender uma lição com a águia e separar um período de quarenta dias de oração e jejum, buscando a Deus, adorando-o e derramando seu coração diante Dele. Para aqueles que nunca jejuaram, isso pode parecer radical, mas pessoas desesperadas fazem coisas desesperadas em momentos de desespero. Outras pessoas precisam ser radicais com relação a trazer a paz para sua vida — desligando a televisão por algum tempo ou desligando seus telefones celulares a certa hora todas as noites. Talvez você precise de tempo para examinar sua vida e decidir o que não está dando fruto e precisa ser cortado.

Estou convencida de que todos nós precisamos de períodos prolongados ou intensivos de restauração e renovação. Pessoalmente, tento programar três ou quatro períodos a cada ano para me retirar sozinha por uma semana. Faço um esforço para separar esse tempo, porque creio que um dos maiores presentes que podemos dar a nós mesmos é passar um tempo a sós com Deus.

Precisamos ter períodos de verdadeiro silêncio porque podemos nos conectar com Deus de uma forma tremenda nesses lugares de profunda paz e quietude. Não é necessário sentir que recebemos uma "palavra" específica de Deus, nem precisamos ter uma experiência sobrenatural para decidir fazer isso. Honrar a Deus dando a Ele um tempo especial e reservado trará resultados maravilhosos em nossa vida, além de restauração e refrigério.

> **Um dos maiores presentes que podemos dar a nós mesmos é passar um tempo a sós com Deus.**

Descobriremos que estamos tomando decisões melhores, demonstrando o caráter divino com facilidade, e desfrutando tudo na vida e muito mais. O tempo é uma das coisas mais importantes que podemos dar a Deus. O tempo diz a Deus que Ele é importante para nós e que entendemos que não podemos administrar a vida de forma adequada sem Ele.

Em sua busca pelo sucesso, lembre-se de ser comprometido e determinado, espere no Senhor e renove suas forças. Ao fazer isso, você será cheio de poder para continuar prosseguindo sem desistir.

As Chaves para o Sucesso

Uma Voz no Deserto

Familiarizada às dificuldades e perseguições, Marian Anderson nasceu em 1897 no "bairro negro" da Filadélfia, filha de uma família amorosa com recursos financeiros muito limitados. No ano em que seu pai morreu inesperadamente quando ela tinha apenas dez anos, o dinheiro era curto, e sua mãe foi trabalhar como faxineira e lavadeira para sustentar Marian e suas duas irmãs.

A habilidade impressionante de Marian como cantora abriu caminho para que ela desfrutasse oportunidades que de outro modo não lhe estariam disponíveis. Ela começou a cantar no coral da igreja Union Baptist Church, onde as pessoas logo notaram a qualidade, o alcance e a riqueza de sua notável voz. Elas sabiam que era algo especial. Também sabiam que a família de Marian não podia pagar por um treinamento vocal formal para ela, de modo que a igreja patrocinou um concerto beneficente, com Marian, a menina de dez anos, como solista, a fim de pagar por suas aulas de canto.

Sua família também não podia pagar por aulas de piano, então ela aprendeu a tocar sozinha. Quando quis aprender a tocar violino, aceitou um emprego onde esfregava escadas para ganhar dinheiro e comprar o próprio instrumento. Obviamente, ela era extremamente comprometida com a música. A certa altura, foi se candidatar como aluna de uma escola de música na Filadélfia e foi tratada com grosseria por uma jovem recepcionista. Quando Marian expressou o desejo de se matricular, a jovem respondeu: "Não aceitamos pessoas de cor".

Aos dezenove anos, Marian foi apresentada ao famoso professor de canto Giuseppe Boghetti, que foi seu professor, instrutor e amigo por anos. À medida que suas habilidades e sua exposição aumentaram, ela começou a receber convites para cantar e até para fazer turnês. Com a confiança fortalecida e o forte apoio das pessoas ao redor, ela se dispôs a cantar na prefeitura de Nova York em 1924. O concerto teve um público tão pequeno e foi criticado de forma tão negativa que Marian considerou a hipótese de abandonar a música definitivamente.

Mas logo se recuperou. Ela prosseguiu, ganhando uma competição de canto patrocinada pela Sociedade Filarmônica da Filadélfia, e depois vencendo mais de trezentos outros concorrentes na competição do Lewisohn Stadium. Ela começou a fazer turnês novamente e, em 1928, cantou em um recital solo no Carnegie Hall.

Em 1939, apesar de suas realizações notáveis, Marian ainda tinha oportunidades negadas por causa do racismo. Naquele ano, os proprietários do Constitution Hall de Washington se recusaram a permitir que ela cantasse por causa de sua raça. Quando Eleanor Roosevelt, esposa do presidente dos Estados Unidos, soube do que havia acontecido, arranjou para que Marian cantasse no Lincoln Memorial. Aproximadamente setenta e cinco mil pessoas assistiram àquele concerto ao ar livre. Esse acontecimento foi um momento significativo para o avanço dos direitos civis na América e deu a muitas outras pessoas que sofriam com o racismo e a injustiça a coragem de irem em busca de seus sonhos.

Marian foi em frente e se tornou a primeira afro-americana a figurar como solista no Metropolitan Opera de Nova York. Ela também cantou em cerimônias de inauguração e recebeu muitos prêmios de prestígio, inclusive a Medalha Presidencial da Liberdade em 1963 e um Prêmio Grammy por Realizações Vitalícias em 1991. Quando sua carreira fora de série se aproximou do fim, ela lançou sua turnê de despedida em 1956 com um concerto triunfante em um local que um dia havia se recusado a permitir sua entrada o Constitution Hall, em Washington.

Independentemente de que portas pareçam estar fechadas para você hoje, continue prosseguindo e nunca desista. Persevere com determinação, e as oportunidades que hoje parecem impossíveis se abrirão para você amanhã.

CAPÍTULO 9

SUPERE OS OBSTÁCULOS AO SUCESSO

"Quando chegar a um lugar difícil e tudo estiver contra você, até parecer que você não consegue aguentar mais um minuto, nunca desista, pois é exatamente neste lugar e neste tempo que a maré vai virar".

HARRIET BEECHER STOWE

Um burro caiu em um poço fundo, e o fazendeiro, seu dono, não fazia ideia de como tirá-lo dali. Depois de pensar muito, ele concluiu que a melhor solução seria chamar alguns de seus amigos para ajudar a enterrar o burro no poço. Afinal, ele raciocinou, o burro estava velho e tentar tirá-lo do poço ia causar muitos problemas.

Os fazendeiros da vizinhança chegaram com as pás e todos começaram a jogar terra dentro do poço, em cima do burro. O burro começou a fazer barulhos terríveis — por algum tempo. Então o burro ficou em silêncio. Os homens espiaram para dentro do poço e tiveram uma visão impressionante.

Toda vez que eles jogavam uma pá cheia de terra dentro do poço, o burro simplesmente a sacudia, de modo que ela terminava debaixo de seus pés em vez de em cima dele. Eles continuaram a jogar terra, tentando enterrar o burro indefeso e ele continuava a sacudi-la! Não demorou muito, e a pilha de terra com a qual eles estavam tentando enterrar o burro ficou alta o suficiente para erguê-lo para fora do poço, e ele simplesmente saiu do monte de terra para o chão firme.

Se o burro tivesse apenas ficado ali e permitido que a terra o cobrisse, ele não teria sobrevivido. Mas ele estava determinado a sair daquele poço. Todas as vezes que uma pá cheia de terra caía em cima dele, ele a sacudia e subia em cima dela.

Quero que você seja como esse burro. Use as dificuldades e os obstáculos que enfrentar como degraus para seus objetivos na vida. Quando uma situação aparentemente impossível surgir em seu caminho, não permita que ela o enterre. Seja criativo para vencê-la e determinado a fazer com que ela trabalhe a seu favor e não contra você. Transforme-a em seu favor, mesmo que você tenha de subir em cima dela um passo de cada vez. Deixe que as circunstâncias que poderiam sufocá-lo sejam exatamente as situações que o fortalecem e o elevam a um novo nível. Seja uma pessoa que está disposta a trabalhar com Deus para desenvolver uma atitude determinada de "eu posso"; aja com base na verdade de que o poder de Deus está em operação dentro de você e que você pode todas as coisas em Cisto, que o fortalece (ver Filipenses 4:13), não importa o que surja em seu caminho.

CERTEZA DE ÊXITO

O verdadeiro sucesso não vem fácil ou sem obstáculos para ninguém. É o resultado de trabalho árduo, paciência, determinação, criatividade, sacrifício e de se ultrapassar obstáculos — mas ele vem. A única maneira pela qual você pode ser um fracasso é se desistir, e você será mais tentado a fazer isso quando enfrentar oposições.

A Bíblia nos ensina claramente que temos um inimigo que quer nos frustrar e nos derrotar. Seus objetivos principais são "furtar, matar e destruir" (Jo 10:10), e ele passa o tempo perambulando a nosso redor "como um leão, rugindo e procurando a quem possa devorar" (1 Pe 5:8). Ele se oporá ao sucesso e interferirá de todas as

Supere os Obstáculos ao Sucesso 149

formas possíveis, fazendo o melhor que puder para nos desanimar, a fim de que desistamos.

Quero que você tenha êxito em cada área da vida — no trabalho, nos relacionamentos, no casamento, na criação dos filhos, nas finanças, na saúde, em seu ministério, em suas expressões criativas, em sua busca pelos planos de Deus, e tudo o mais em que você esteja envolvido. Mas sei que o sucesso duradouro requer esforço, e à medida que você trabalha nesse sentido, o inimigo estará lá para furtá-lo, matá-lo ou destruí-lo. É crucial aprendermos a continuar avançando com força quando o sucesso não vem tão fácil quanto você gostaria e quando você enfrentar os obstáculos que certamente encontrará ao longo do caminho.

TRANSPONDO O OBSTÁCULO Nº 1: A TENTAÇÃO DE DESISTIR

A tentação de desistir é parte do ser humano. Não evitamos a tentação ficando sentados e nos recusando a lidar com ela ou desejando que Deus a retire. Ela é uma das realidades da vida cristã e um impedimento ao sucesso que precisamos trabalhar para vencer. A Bíblia nos diz em Lucas 22:40: "Orem para que vocês não caiam em tentação". Tentar os crentes é parte do trabalho do diabo. Enquanto vivermos, seremos tentados; enquanto seguirmos a Jesus, nosso trabalho será resistir às tentações.

> Tentar os crentes é parte do trabalho do diabo. Enquanto vivermos, seremos tentados; enquanto seguirmos a Jesus, nosso trabalho será resistir às tentações.

Pelo fato de que nem sempre percebemos que os sentimentos de desânimo e os pensamentos de desistência procedem do inimigo, nem sempre resistimos a essas tentações como deveríamos. Alguns pensamentos que o inimigo pode plantar em sua mente para tentá-lo a desistir podem ser estes:

- Isto é difícil demais. Vai ser necessário muito esforço.
- Realmente não estou qualificado para fazer isto.

- Estou enfrentando muitos problemas e talvez não consiga resolver todos eles.
- Não tenho ninguém para me ajudar.
- Meus amigos e minha família acham que sou louco por insistir nisto.
- Isto vai exigir muito sacrifício.
- Não tenho dinheiro para fazer isto.
- Nunca conseguirei terminar isto.
- Onde eu estava com a cabeça quando concordei com isto?
- Eu sabia que isto nunca iria dar certo.
- Preciso voltar para meu antigo emprego/cidade/modo de vida/ministério. Tudo ia melhor lá.

Eu o encorajo a começar a reconhecer as tentações de desistir como obras do inimigo; e quero que você comece a resistir a cada tentação com tudo que há dentro de você. Não flerte com a tentação nem considere nenhuma tentação insignificante. Não permita que o inimigo o seduza a ser passivo ou a esperar até que você esteja deprimido e desesperado por três dias, ouvindo o inimigo enumerar os motivos pelos quais você deve abandonar sua causa. Resista ao diabo desde o princípio! Declare guerra à tentação. Não tenha piedade do inimigo. No instante em que se sentir tentado a desistir, você precisa dizer em voz alta *"Não vou desistir. Recuso-me a desistir. Concluirei o que Deus me chamou para fazer"*.

Em mais de trinta anos de ministério, muitas vezes fui tentada a desistir, principalmente durante os primeiros anos, quando viajávamos intensamente. Houve muitas ocasiões em que acordei em quartos de hotel, exausta de pregar na noite anterior e cansada de ouvir problemas no gabinete — alguém desistiu; um assunto urgente exigia minha atenção; recebemos uma conta que não estávamos esperando; e daí por diante. Às vezes eu ficava extremamente desanimada, outras vezes a ponto de chorar. Nem sempre queria me vestir e ir pregar para as pessoas sobre perseverar em meio às dificuldades, quando eu mesma estava me sentindo sobrecarregada pelas pressões em minha vida.

Supere os Obstáculos ao Sucesso 151

Com o passar dos anos, tive de resistir a muitas tentações de querer desistir, e aprendi que a melhor forma de trabalhar para resistir à tentação é fazer seu trabalho em oração. É muito mais sábio e mais eficaz orar e pedir a ajuda de Deus enquanto você resiste à tentação do que tentar usar sua força de vontade sozinho. Quando você busca a força de Deus, Ele a dá a você.

Jesus disse aos discípulos duas vezes em um mesmo dia que eles deviam orar para não caírem em tentação. Se a tentação era uma ameaça tão séria aos olhos de Cristo, devemos encará-la seriamente também. Veja Lucas 22:40 e os versículos que se seguem: "'Orem para que vocês não caiam em tentação'. (...) Quando se levantou da oração e voltou aos discípulos, encontrou-os dormindo, dominados pela tristeza. 'Por que estão dormindo?', perguntou-lhes. 'Levantem-se e orem para que vocês não caiam em tentação!'" (Lc 22:40, 45-46).

Certifique-se de trabalhar com Deus e ore para que você não se renda à tentação de desistir. Peça a Ele para ajudá-lo a concluir o que Ele o chamou para fazer, seja tudo o que Ele quer que você seja, faça tudo que Ele quer que você faça, e tenha tudo que Ele quer que você tenha.

TRANSPONDO O OBSTÁCULO Nº 2: OS PROBLEMAS PESSOAIS

Quando o inimigo vê que estamos determinados a concluir a tarefa dada por Deus, uma de suas ferramentas favoritas e mais eficazes para nos fazer desistir é a dor. Vi muitas pessoas que enfrentaram crises pessoais e problemas ao passarem pela vida, e eu mesma passei por dores enquanto me dirigia à realização dos objetivos ou ao cumprimento dos sonhos.

Certa vez, tive de realizar um seminário durante um período em que eu estava realmente com o coração ferido por causa de uma situação séria envolvendo um de meus filhos. O lugar onde eu estava falando tinha uma pequena sala atrás da plataforma, um lugar agradável para os palestrantes fazerem seus intervalos e se renovarem entre as sessões de palestras. Quando chegava o momento de falar, eu andava até à plataforma e dirigia a reunião como de costume. Então ia para trás da plataforma e chorava. Quando a sessão seguinte começava, secava minhas lágrimas e desempenhava minhas responsabilidades outra vez; então voltava para aquela pequena sala e chorava mais um pouco. Repeti esse ciclo enquanto durou o seminário. Eu estava sofrendo, mas ainda assim cumpri com a minha responsabilidade.

Para sermos pessoas que permanecem determinadas e diligentes, precisamos aprender a fazer isso em meio aos momentos de dor. Pessoas de caráter não dizem simplesmente: "Bem, não vou fazer meu trabalho esta noite porque estou com um problema! Estou passando por uma crise pessoal, então como as pessoas esperam que eu ministre a elas?".

Isso pode parecer tolice para você, mas há pessoas que permitem que seus problemas pessoais governem sua vida e ditem quais compromissos elas devem manter e quais devem cancelar. Se elas têm problemas pessoais, decidem que não podem trabalhar no berçário da igreja no domingo para o qual estão escaladas. Não querem fazer seu trabalho ou manter sua palavra. Deixam de fazer o que disseram que fariam porque acham que sua crise individual deve isentá-las de seus compromissos.

Ajudar alguém quando você está lutando com uma dor de natureza pessoal é extremamente difícil; é necessário comprometimento e determinação. Como ministra, posso lhe assegurar que ministrar a pessoas que sofrem quando você também está sofrendo é um grande desafio. Ouvir os problemas dos outros quando você tem os próprios problemas pode ser extremamente complexo. Mas o ajuda a desenvolver uma grande compaixão e o torna mais forte.

Quando está sofrendo, você ainda precisa manter a palavra, se for possível, e fazer o melhor para ajudar as pessoas. Na verdade, é justamente nesses períodos que você precisa ser diligente para manter seus compromissos e procurar ativamente formas de abençoar as pessoas que o cercam. Os momentos de teste pessoal são

Supere os Obstáculos ao Sucesso 153

exatamente aqueles em que você *precisa* ir até o fim naquilo que prometeu a Deus e continuar servindo a Ele.

Todos nós temos problemas pessoais, e há momentos em que é impossível mantermos um compromisso, mas devemos fazer o melhor possível para que esses momentos sejam mínimos. Nossos desafios podem estar ligados à saúde, aos filhos, ao casamento, aos pais idosos, ao estresse no trabalho, à administração de nosso tempo — e a lista continua. Não podemos permitir que essas circunstâncias difíceis nos sabotem enquanto seguimos na direção de cumprir o plano de Deus para nossa vida. As pessoas que se recusam a se deixar dissuadir são aquelas que estão determinadas a permanecer focadas em seu trabalho, que permanecem dedicadas a Deus, que permanecem comprometidas com suas famílias, que estão determinadas a confrontar cada obstáculo que surja em seu caminho. Elas são vencedoras na vida.

TRANSPONDO O OBSTÁCULO Nº 3: A REJEIÇÃO

Quando as pessoas o rejeitam, você pode não querer continuar fazendo o que deve fazer; você pode querer encontrar um lugar para se esconder e cuidar de suas feridas, mas não faça isso! Continue seguindo em frente, independente de quem o reprove ou tente paralisá-lo.

Se você olhar para trás, para sua vida, provavelmente descobrirá que todas as vezes que Deus tentou levá-lo para um novo nível, alguém geralmente reprovou o fato. De algum modo, essa pessoa lhe passou a mensagem: "Se você fizer isto, não serei seu amigo". Você sabe por que isso acontece com tanta frequência? Provavelmente mais do que qualquer outra coisa, Satanás usa a dor da rejeição das outras pessoas para nos impedir de fazer a vontade de Deus. A dor de sermos rejeitados por aqueles a quem amamos é tão poderosa que geralmente faz com que abandonemos nossa determinação de fazer o que Deus nos chamou para fazer. A rejeição nos convence de que não podemos fazer nada para agradar ninguém e faz com

154 NUNCA DESISTA

que queiramos desistir. Precisamos nos lembrar de que não podemos agradar às pessoas o tempo todo, mas que se agradarmos a Deus, é isso que realmente importa.

Jesus falou sobre o problema da rejeição em Mateus 10:5-14. Nessa passagem, Ele advertiu Seus discípulos de que algumas pessoas os rejeitariam, e disse a eles como lidar com essa rejeição: "Se alguém não os receber nem ouvir suas palavras, sacudam a poeira dos pés quando saírem daquela casa ou cidade" (v.14). Em um sentido muito real, eles deviam "sacudir" a rejeição e seguir em frente.

Quando Deus me encheu com o Espírito Santo, Ele estava me equipando para o chamado que estava prestes a lançar em minha vida — começar a ensinar Sua Palavra. Assim que isso aconteceu, passei por um bocado de rejeição, o que mencionei anteriormente. Quase todos os meus amigos acharam que eu estava louca. Naquela época, nos círculos onde eu andava, as mulheres não pregavam e ensinavam a Bíblia. Quando todos ao redor pareciam me rejeitar, tive de ser determinada para não desistir do que Deus havia me chamado para fazer.

Muitas pessoas vão querer se ligar a você quando estiver "subindo" na vida — quando estiver fazendo algo que as pessoas acham que é bom ou quando você estiver ganhando visibilidade, prestígio ou respeito. Mas quando está fazendo algo que é impopular ou fora do comum, você pode perder alguns amigos. Se quiser fazer alguma coisa grande para Deus, talvez você tenha de estar disposto a suportar a rejeição e a solidão por algum tempo. Vale a pena, e, no fim, você ficará satisfeito por ter perseverado. Entenda que independentemente de quanta rejeição você enfrente, Deus o aceita completamente. Ele quer que você rompa a barreira da rejeição e continue avançando em direção a seus objetivos.

TRANSPONDO O OBSTÁCULO Nº 4: QUERER DEMAIS RÁPIDO DEMAIS

Ao longo dos anos, as pessoas me perguntaram: "Qual foi o aspecto ou a experiência mais difícil de seu ministério?". Sempre

Supere os Obstáculos ao Sucesso 155

respondi: "Não desistir quando estávamos colocando as fundações". Embora certamente tenhamos enfrentado nossa parcela de situações que nos tentaram a querer desistir, nada foi tão desafiador quanto permanecer focada e diligente durante esses primeiros anos, quando grande parte do ministério não era vista ou conhecida. Certamente queríamos ter um ministério frutífero, mas sabíamos que precisávamos de um fundamento sólido antes que pudéssemos construir um ministério assim. Isso significa que tudo teria de ser feito com excelência.

Dave e eu estávamos crescendo pessoalmente ao mesmo tempo em que estávamos tentando fazer com que o ministério para o qual Deus nos chamou crescesse. Ele falava em nosso coração sobre excelência, integridade e sobre manter todos os conflitos fora de nossa vida pessoal e dos ministérios. Estávamos sendo levados a níveis que nunca antes havíamos experimentado. Dave e eu estávamos aprendendo a trabalhar juntos, e manter os conflitos fora do relacionamento pessoal foi algo que ambos tivemos de trabalhar duro para conseguir.

Não tínhamos muitas pessoas para nos ajudar e não tínhamos nenhuma experiência, de modo que tudo que fizemos foi um enorme passo de fé. Cada decisão parecia importante para nós, e estávamos aprendendo a ouvir a voz de Deus. Muitas vezes era cansativo e desanimador, principalmente quando fazíamos nosso melhor e o crescimento era dolorosamente lento.

Comecei dando um curso de estudo bíblico em minha sala de visitas por cinco anos. Durante a última metade desse período, Deus acrescentou um segundo estudo bíblico na casa de outra pessoa, de modo que eu dava dois estudos bíblicos por semana, com aproximadamente vinte e cinco a trinta pessoas em cada um deles. Também exercia outros tipos de ministérios — aconselhamento, ajuda às pessoas para se libertarem de vários tipos de cativeiros; distribuição de folhetos evangelísticos nas ruas da cidade; (muita) oração — qualquer coisa que pudesse fazer para servir a Deus. Tive de abandonar meu emprego para ministrar às pessoas e, embora tivéssemos dificuldades financeiras, Deus nos deu a graça para não desistirmos.

Depois de cinco anos, Deus me promoveu. Fui trabalhar em uma igreja em St. Louis, e fiquei ali por cinco anos. Meu primeiro contracheque foi de sessenta e cinco dólares e aquilo parecia uma fortuna para mim. Ali, iniciei uma reunião de mulheres. A mão de Deus estava sobre aquela reunião; ela cresceu muito rápido, e logo tínhamos cerca de quinhentas mulheres todas as semanas.

Com o tempo, tornei-me pastora auxiliar daquela igreja e depois fui ensinar no seminário da igreja. Pouco a pouco, Deus me treinou e me fortaleceu, mas eu muitas vezes queria mais.

Chegou o tempo em que Deus falou a meu coração e disse: *Agora, seu trabalho nesta igreja terminou. Pegue seu ministério e vá para o norte, o sul, o leste e o oeste.* Quando obedeci a essa palavra, o que levou tempo, vi-me com mais reuniões do que anteriormente, mas elas eram pequenas em tamanho. Sentia como se estivesse começando tudo de novo! Eu estava ministrando a mais pessoas, mas em grupos menores — setenta e cinco em um lugar, sessenta em outro, cem aqui, oitenta e cinco ali. Quando tínhamos reuniões de cento e cinquenta ou duzentas pessoas, achávamos que realmente estávamos fazendo alguma coisa! Eu estava trabalhando mais arduamente do que nunca e tinha mais responsabilidades.

A cada ano, o ministério crescia e nossas reuniões ficavam cada vez maiores. Chegamos a trezentas pessoas, depois quatrocentas, depois quatrocentas e cinquenta. A essa altura estávamos ficando conhecidos e começando a viajar para dar reuniões em outras cidades. E então o crescimento parou — pelo menos por um período.

Mas em certa manhã, enquanto Dave estava se preparando para trabalhar, o Espírito de Deus visitou-o de forma poderosa e ele começou a chorar. Deus mostrou a ele o estado em que muitas pessoas viviam e disse a Dave: *Todos esses anos, Eu o preparei para falar na televisão. Agora quero que você fale na televisão. É hora de seu ministério estar na televisão. Você tem as respostas que as pessoas precisam.* Tínhamos essas respostas porque Deus havia usado aquele tempo

Supere os Obstáculos ao Sucesso 157

de crescimento lento para nos ensinar o que Ele queria que compartilhássemos. Quando fomos para a televisão, nosso ministério triplicou em três meses. Desde então, ele tem crescido tão rapidamente que temos corrido para acompanhar a Deus. Agora temos mais pessoas em nossa equipe do que as que costumavam frequentar minhas reuniões. Temos grande sabedoria e planos para o futuro, e posso dizer sinceramente que Deus fez com que nosso ministério crescesse do jeito certo e exatamente no tempo certo. Fico feliz por Ele ter nos conduzido tão pacientemente como o fez, embora eu tenha ficado frustrada algumas vezes.

Seja o que for que você acredite que Deus quer fazer em sua vida, seja paciente enquanto Ele faz isso acontecer. Abrace com paixão os tempos de ensinamento e preparação pelos quais Ele o conduzir, mesmo quando pareçam dolorosamente longos. Não queira ter demais rápido demais, mas seja grato todos os dias por Deus estar trazendo crescimento, expansão e novas oportunidades para você em Seu tempo perfeito.

TRANSPONDO O OBSTÁCULO Nº 5: A INCONVENIÊNCIA

Vivemos em uma sociedade "instantânea". Queremos que tudo seja fácil, confortável e conveniente. Quando nos deparamos com um pouco de trabalho, dizemos: "Ah, ai de mim. Isto é difícil demais. Tenho de tirar a roupa da máquina de lavar". Eu estava por aqui antes das lavadoras existirem, e tudo que tenho a dizer aos que reclamam delas é: seja grato por não ter de lavar a roupa à mão!

Há escadas rolantes e elevadores para que não tenhamos de subir escadas. Temos microondas nos quais apertamos um botão para cozinhar o alimento em segundos, a fim de não perdermos nossos programas de televisão favoritos. Temos massa de nhoque instantânea para não termos de descascar, ferver e amassar as batatas. Temos *drive-thrus* para não termos de sair do carro para pedir nosso lanche. Temos botões que apertamos aqui e ali, e temos toda sorte de coisas instantâneas. Somos viciados em facilidade e conforto.

A parte triste de todas essas conveniências é que, embora as vejamos como "boas", elas realmente trabalham contra nós de muitas maneiras. Elas fazem com que procuremos o caminho mais fácil quando tomar o caminho mais difícil poderia gerar em nós algo de valor. Você nunca enfrentará um obstáculo do qual Deus não esteja ciente. Quando sua jornada se tornar difícil, lembre que muito embora o mundo prefira o "caminho fácil", Deus não fez você para ter conforto. Ele o projetou e o equipou para a adversidade, quer você saiba disso ou não. Ele o criou de tal forma que o melhor saia de você quando enfrenta situações difíceis e que você sinta alegria e força quando as supera.

TRANSPONDO O OBSTÁCULO Nº 6: OS CIÚMES

Anos atrás, Dave e eu fumávamos cigarros, e Deus estava tratando conosco com relação a abandonarmos o fumo. Não era bom para nossa saúde, e era um hábito caro e malcheiroso. Dave disse simplesmente a Deus: "Bem, sei que preciso parar de fumar, mas vou continuar como estou até que Tu me dês graça para parar. Não vou me preocupar com isso; lanço meus cuidados sobre Ti". No dia seguinte, ele se levantou sem vontade de fumar, e até hoje nunca mais quis outro cigarro.

Você acha que eu fui capaz de parar de fumar tão facilmente quanto Dave? Não! Vou repetir: *Não!* Tive de sofrer! Tentei parar tantas vezes que perdi a conta. Minha rotina de largar o cigarro era mais ou menos esta: eu não conseguia ficar sem um cigarro, por isso saía e comprava um pacote. Então eu lembrava que estava largando o cigarro, então eu o jogava fora. Então cheguei ao ponto em que quando precisava fumar um cigarro, revirava o lixo tentando encontrar um! Então, eu me sentia péssima por ter fumado, apagava o cigarro e o jogava fora novamente. E no meio da noite ia buscá-lo e o acendia de novo! Ali estava eu, nas primeiras horas da manhã, dando baforadas em um cigarro debaixo do maior peso de condenação que você possa imaginar!

Supere os Obstáculos ao Sucesso

Naquela época, Dave e eu frequentávamos uma igreja cheia do Espírito Santo e, depois dos cultos, eu seguia em linha reta até o estacionamento, abaixava as janelas do carro, me deitava ali, e fumava um cigarro — e pensava que nenhum de nossos amigos da igreja soubesse disso. Eles provavelmente acharam que nosso carro estivesse pegando fogo por causa da fumaça que saía pelas janelas. Durante todo esse tempo, Dave estava passando pela vida livre dos cigarros. Muitas vezes, perguntei a ele: "Dave, não é *difícil* para você?".

"Ah, não", respondia ele. "A graça de Deus está sobre mim". Furiosa e desejando um cigarro, eu queria gritar: "Bem, e onde está a graça de Deus para *mim?!*". Talvez eu não tivesse fé suficiente naquela época para receber a graça de Deus para mim, mas seja qual for o problema, o fato é que eu continuava fumando e me ressentia com Dave pelo fato de ter sido tão fácil para ele abandonar o cigarro.

Desde aquele tempo, aprendi que um dos obstáculos para experimentarmos as reviravoltas que desejamos é a tendência de olharmos para os outros e ficarmos com ciúmes da maneira como Deus operou na vida deles. Pensamos que não é justo o fato de as outras pessoas terem sucesso tão rápido, aparentemente sem esforço, enquanto nós temos de lutar e sofrer. Parte de vencermos o obstáculo dos ciúmes é confiarmos em Deus o suficiente para crermos que Seu plano para cada um de nós é perfeito. Ele pode não parecer justo às vezes, mas Deus sabe o que está fazendo e sabe como quer nos usar no futuro.

Em meu caso, eu finalmente me decidi e disse, com muita oração e dependência em Deus: "Vou parar de fumar! Com a ajuda de Deus *vou* parar de fumar! Não importa o quanto seja difícil, *vou parar!*". Depois disso, passei por um período difícil por cerca de trinta dias e então acabou. Finalmente tive uma reviravolta e nunca mais fumei nem quis fumar outra vez.

Por que Deus não me libertou da forma fácil como Ele fez com Dave? Não sei. Mas sei que aprendi uma lição importante sobre

160 NUNCA DESISTA

confiar no tempo de Deus para mim sem ficar com ciúmes da maneira como Ele trabalha com os outros.

TRANSPONDO O OBSTÁCULO Nº 7: O EGOÍSMO

Outro obstáculo à busca de nossos objetivos é o fato de que podemos ser egoístas, principalmente com relação a nosso espaço pessoal e à nossa liberdade. Se quisermos estar comprometidos a nunca desistir, teremos de sacrificar nossa vontade egoísta algumas vezes. A perseverança e a determinação são difíceis para o "ego". Afinal, se estou comprometido com alguma coisa, então o que acontece quando chega a hora e não sinto vontade de fazer aquilo? Costumamos pensar que liberdade é poder fazer o que quisermos, sempre que quisermos. Mas a verdade é que, se pudéssemos viver assim, simplesmente nos tornaríamos cada vez mais egoístas e egocêntricos.

Se não estivermos determinados a nunca desistir, será fácil para o diabo nos convencer a não fazer o que deveríamos estar fazendo, apelando para nossos desejos egoístas. A perseverança exige que disciplinemos nossos sentimentos e façamos o que é certo, independentemente de como nos sintamos a respeito.

Precisamos submeter nossa liberdade e nosso espaço pessoal de vez em quando, e aprender a dizer *não* para nós mesmos. Não podemos confiar na carne; ela não vai nos levar para onde precisamos estar quando precisarmos estar. Ela vai querer parar quando precisamos seguir em frente. Ela vai nos tentar com nosso espaço e nossa liberdade pessoal — à custa de nosso crescimento pessoal. Ela diz que se sentir bem agora vale mais do que viver uma vida disciplinada, um estilo de vida comprometido que resultará no alcance de nossos objetivos e no cumprimento de nosso destino.

> Precisamos submeter nossa liberdade e nosso espaço pessoal de vez em quando, e aprender a dizer não para nós mesmos.

Supere os Obstáculos ao Sucesso 161

Deus não apenas quer que você tenha êxito, como Ele *criou* você para ter êxito. E Ele não quer que você se contente com nada menos do que isso. Não permita que erros ou fracassos façam com que você desista; deixe que eles lhe ensinem o que deve evitar da próxima vez. Enquanto você avança em direção ao sucesso, espere no Senhor e deixe que Ele renove suas forças. O sucesso não virá com facilidade, mas ele *virá*, se você perseverar.

O Homem que Lutou pela Liberdade

O político britânico William Wilberforce é um dos defensores da liberdade e um dos mais conhecidos oponentes da crueldade e da injustiça do mundo. Em 1780, esse filho de um rico comerciante, educado em Cambridge, tornou-se membro do Parlamento aos vinte e um anos, a menor idade permitida. Um orador fascinante e articulado, Wilberforce apreciava representar seu eleitorado no Parlamento, mas não se aliou a nenhuma causa em particular ou com nenhuma agenda legislativa durante seus primeiros anos.

Em 1785, Wilberforce teve o que só se pode chamar de um encontro notável com Deus. Depois disso, ele queria fazer tudo que pudesse para servir a Deus e achou que tinha de escolher entre sua carreira política e o ministério em tempo integral. Finalmente, ele percebeu que não precisava ser um ministro profissional para fazer a obra de Deus, mas que podia fazer a obra de Deus com maior eficácia fora das paredes de uma igreja, nos corredores do governo.

Por volta de 1787, Wilberforce havia emergido como a voz dominante do Parlamento contra o comércio de escravos. Poucos o apoiavam, porque a riqueza do Império Britânico dependia do trabalho de escravos trazidos da África e embarcados sob terríveis condições até as docas, onde eram vendidos como animais aos proprietários de plantações e, depois, forçados a exercerem trabalho manual, geralmente sendo tratados de forma terrível.

Falando sobre o comércio de escravos, Wilberforce disse: "Seja qual for a política, sejam quais forem as consequências, deste momento em diante estou determinado a não descansar até efetuar a abolição". Wilberforce certamente não descansou em seus esforços. Ele suportou a doença, a dificuldade, a controvérsia, a traição dos colegas que acreditava apoiá-lo, e a zombaria de outros, enquanto trabalhava incansável e apaixonadamente para impedir o tráfico de homens. Ele apresentou sua lei para a abolição da escravatura ao Parlamento dezoito meses antes de ela finalmente ser aprovada.

Supere os Obstáculos ao Sucesso

Em 1807, Wilberforce finalmente viu a realização do objetivo pelo qual havia se esforçado, se sacrificado e suportado o ridículo. No entanto, o fim do comércio de escravos não libertou as pessoas que já estavam escravizadas, de modo que esse passou a ser seu próximo objetivo. Wilberforce morreu em 1833, sabendo que o fim da escravidão era iminente. Um mês após sua morte, a lei que aboliu a escravatura foi promulgada.

A injustiça continua a correr desenfreada no mundo hoje. Você pode ser chamado ou não para defender publicamente uma causa específica, como Wilberforce foi, mas pode tratar as pessoas bem, lutar pelo que é certo em sua vida, e ajudar aqueles que não podem lutar por si mesmos. Assim como Wilberforce, você pode servir a Deus onde quer que esteja — como estudante universitário, homem de negócios, mãe e dona-de-casa, médico ou profissional da medicina, ou em qualquer que seja a área em que você trabalhe. Seja uma pessoa que sabe o que é certo, de acordo com a Palavra de Deus, e nunca desista de seus esforços para ver o que é certo prevalecer.

CAPÍTULO 10

TESTEMUNHO COMEÇA COM T-E-S-T-E

"Aceite os desafios para que você possa sentir o regozijo da vitória".

GENERAL GEORGE PATTON

Estou certa de que você conhece pessoas que têm histórias impressionantes sobre a maneira como Deus operou na vida delas. Sempre gosto de ouvir um grande testemunho, mas também sei que por trás de todo relato extraordinário da vida de alguém se esconde algum tipo de desafio ou dificuldade. Ninguém tem um testemunho sem passar por um teste. Precisamos passar por todo tipo de teste ao longo de nossa vida, e passar por eles é parte de nunca desistirmos. É vital entendermos o papel importante que os testes e as provações desempenham em nossa vida, porque entendê-los nos ajuda a suportá-los e a realmente sermos fortalecidos por eles. Tudo que Deus permite que passemos no fim será bom para nós — independentemente de quanto doa, de quanto seja injusto, ou de quanto seja difícil. Quando nos deparamos com testes e provações, se os acei-

> É vital entendermos o papel importante que os testes e as provações desempenham em nossa vida.

tarmos e nos recusarmos a fugir deles, aprenderemos algumas lições que nos ajudarão no futuro e nos tornarão mais fortes.

Neste capítulo, quero que exploremos cinco dos testes mais comuns e mais importantes que precisamos passar na vida.

PROVAÇÕES E TESTES

As provações nos "provam", e os testes nos "testam". Na maior parte do tempo, o propósito deles é nos mostrar quem realmente somos, é revelar o caráter em nós. Podemos ter todo tipo de pensamentos bons a nosso respeito, mas até que sejamos colocados em teste, não sabemos se essas coisas se tornaram realidade em nós ou não. Podemos nos considerar generosos, honestos ou profundamente comprometidos com uma verdade ou com um ideal específico, mas a profundidade dessas dinâmicas só se revela quando estamos sob pressão.

Nunca sabemos em que realmente cremos até que nossas convicções sejam testadas. Nunca sabemos o quanto somos piedosos até que nossa fé seja provada. Não podemos prever como nos comportaremos sob pressão até que o estresse atinja o nível máximo. Não sabemos se somos realmente pessoas boas até termos de ser bons com alguém quando não sentimos vontade. Quando passamos por testes é que vemos se temos ou não o caráter e o comprometimento que achamos que temos. Creio que é muito importante realmente conhecermos a nós mesmos; de modo que os testes são bons para nós porque eles confirmam nossos pontos fortes e revelam nossas fraquezas. Não tenha medo de enfrentar suas fraquezas. A força de Deus está disponível especificamente para elas.

Por que Jesus — nosso Jesus perfeito — teve de sair para o deserto para que o diabo pudesse tentá-lo por quarenta dias e quarenta noites? Deus Pai já sabia que Jesus não sucumbiria à tentação. Creio que, em sua humanidade, Jesus foi para o deserto para edificar a própria confiança e para mostrar ao diabo que Ele seria fiel ao Pai celestial, não importa o que acontecesse.

Testemunho começa com T-E-S-T-E   167

As outras pessoas não podem orar sempre para que seus gigantes desapareçam; elas não podem lutar todas as suas batalhas por você. Seu pastor só pode ir até certo ponto, mas depois você tem de pegar a bola e fazer o gol.

Seu melhor amigo ou colega de trabalho só pode orar por você até certo ponto do caminho, porém, mais cedo ou mais tarde, você terá de aprender a orar. Você precisa aprender a encontrar as próprias escrituras. Você precisa aprender a se posicionar no próprio território. Você precisa chegar ao ponto em que todas as vezes nas quais tiver um problema, o primeiro lugar para onde você corra seja para Deus. Você receberá respostas e conselhos Dele, e não do pastor, do melhor amigo, ou da pessoa que se senta a seu lado no trabalho.

> Não tenha medo de enfrentar suas fraquezas. A força de Deus está disponível especificamente para elas.

1 Pedro 4:12 nos dá um grande discernimento sobre o propósito das provações: "Amados, não se surpreendam com o fogo que surge entre vocês para os provar, como se algo estranho lhes estivesse acontecendo".

Uma das razões pelas quais precisamos passar por provações é para testar nossa qualidade. Muitas vezes nos vemos desejando ter a fé da irmã fulana de tal. Posso lhe garantir que se ela tem uma fé forte e vibrante, ela não a desenvolveu facilmente. Assim como os músculos são gerados por meio do exercício, uma fé firme procede da fornalha da aflição.

Às vezes as pessoas me dizem: "Ah, eu gostaria de ter um ministério como o seu, Joyce". Bem, eu não cheguei a tê-lo somente por desejar isso. Essas pessoas não estavam por perto quando eu estava sentindo que não podia suportar nem por mais um segundo, e pedindo a Deus para me ajudar a não desistir. Elas não sabem dos testes e das provações que enfrentei ao longo do caminho.

Ninguém que faça nada que valha a pena para Deus viajou por uma estrada fácil. Fazer grandes coisas para Deus requer caráter, e o caráter é desenvolvido passando pelos testes da vida e permanecendo fiel a Ele em meio às provações.

Depois de muitos anos de testes e provações, tornei-me mais firme e paciente do que nunca pensei ser possível. Ainda estou crescendo nessas áreas, mas as circunstâncias não me abalam como costumavam fazer. Tiago 1:2-3 diz: "Meus irmãos, considerem motivo de grande alegria o fato de passarem por diversas provações, pois vocês sabem que a prova da sua fé produz perseverança".

Antes que minhas provações gerassem paciência e estabilidade em minha vida, elas trouxeram à tona muitas outras qualidades, mentalidades e atitudes negativas que eu não sabia que tinha. Um motivo pelo qual Deus permite que passemos por testes e provações é para que as coisas ocultas em nosso coração possam ser expostas. Até que sejam expostas, não podemos fazer nada com relação a elas. Mas quando nós as vemos, podemos começar a encará-las e pedir a Deus para nos ajudar. Deus não permite que passemos por momentos difíceis porque gosta de nos ver sofrer; Ele permite que passemos por eles para que reconheçamos nossa necessidade Dele. Nunca tenha medo da verdade, porque é a verdade que nos liberta (ver João 8:32).

> Ninguém que faça nada que valha a pena para Deus viajou por uma estrada fácil.

Veja novamente Tiago 1:3. O ponto é que tudo pelo qual você passa ao final coopera para seu bem, porque o torna mais forte e edifica sua resistência; desenvolve um caráter piedoso; ajuda você a conhecer a si mesmo e a ser capaz de lidar com as coisas em um nível de honestidade com Deus e a lidar com elas para que possa prosseguir.

Na próxima vez que você se deparar com algum tipo de teste ou provação, determine-se a crer que é para seu bem. Diga a Deus: "Tudo bem, Senhor, creio que isto vai cooperar para o bem. Não é agradável. Não gosto nada disto. Não consigo entender! Dói! Não me parece justo! Mas creio que Tu usarás isto para o meu bem". Colocar sua fé em Deus abre a porta para que Ele opere milagres em meio ao caos!

O TESTE DO "SUPERE ISSO"

Outro teste pelo qual temos de passar na vida é o teste de "superarmos a ofensa", que também pode ser chamado de o teste da "amargura-ressentimento-falta de perdão". A única maneira de superarmos a ofensa é perdoando. Quanto mais cedo você fizer isso, mais fácil será. Não permita que a ofensa crie raízes em seu coração, porque será mais difícil lidar com ela se isso acontecer. Uma de nossas primeiras reações quando alguém nos fere ou ofende deve ser orar:

> Nós, cristãos, precisamos aprender a ser um povo bom e perdoador, porque estaremos fazendo isso durante toda a vida.

"Deus, escolho acreditar no melhor. Meus sentimentos estão feridos, mas Tu podes me curar. Recuso-me a ficar amargo; recuso-me a ficar irado; recuso-me a ficar ofendido". Você precisa "dizer com a boca" que não ficará ofendido porque a ofensa é uma armadilha! É a isca de Satanás. Ele usa as ofensas para nos afastar de Deus e de Seus princípios.

A palavra *ofensa* vem da palavra grega *skandalon*. O skandalon era a parte da armadilha para o animal que prendia a isca; seu propósito era enganar a vítima. A ofensa é a isca do diabo para nos seduzir a entrar na armadilha da amargura, do ressentimento e da falta do perdão, para que ele possa destruir nossa vida.

Nós, cristãos, precisamos aprender a ser um povo bom e perdoador, porque estaremos fazendo isso durante toda a vida. Quando perdoamos, estamos realmente fazendo um favor a nós mesmos. Estamos nos libertando da agonia da ira e dos pensamentos amargos. Enquanto vivermos, encontraremos pessoas que vão nos ferir, nos rejeitar, nos decepcionar, usar o tom de voz errado conosco, deixar de nos entender, ou nos desapontar nos momentos de necessidade. Essas dinâmicas são parte da natureza humana, e fazem parte do pacote que vem com os relacionamentos. Por que arruinaríamos nossa vida por causa do mau comportamento de outras pessoas? Precisamos escolher um caminho elevado e perdoar!

Jesus conhecia essa verdade. É por isso que Ele reagia como reagiu quando Pedro perguntou: "Senhor, quantas vezes deverei perdoar a meu irmão quando ele pecar contra mim? Até sete vezes?" Jesus respondeu: "Eu lhe digo: Não até sete, mas até setenta vezes sete!" (Mt 18:21-22). O que Ele queria dizer era: "Perdoe e continue perdoando. Apenas continue, continue, continue, continue". Todas as vezes que você decide perdoar, você está mantendo sua liberdade! Você está se recusando a ser cheio de emoções e pensamentos negativos e essa decisão permite que Deus o liberte da armadilha do ressentimento.

Abençoamos outras pessoas quando as perdoamos, mas o perdão é mais em nosso benefício do que em benefício daqueles que nos ferem. Concedemos perdão a nós mesmos porque guardar amargura, ressentimento e falta de perdão só nos fere. A maior parte do tempo, aqueles que nos ofenderam nem percebem o que fizeram e sequer têm consciência de que estamos sofrendo.

Quando as pessoas o magoam ou ofendem, talvez você não consiga evitar sentir o que sente, mas você pode mudar o que fará a respeito. Se você está magoado, está magoado; mas Deus vai curar seus sentimentos se você obedecer pela fé à Sua Palavra, orar por seus inimigos e abençoar aqueles que o maltrataram (ver Mateus 5:44). Entregue toda a situação a Deus e recuse-se a ficar ofendido.

Ouvi uma história sobre um pastor que conheço. Ele estava hospedando um palestrante convidado em sua igreja e o convidado fez observações críticas sobre a forma como a igreja organizava os cultos. O pregador convidado era jovem e inexperiente, e o pastor decidiu não deixar que seus comentários o ofendessem. Ele se sentou na primeira fila da igreja e repetiu em voz baixa: "Não vou me ofender. Não vou me ofender". Essa história me impactou por muito tempo porque é um excelente exemplo de alguém que tomou uma ação imediata para garantir que nenhuma raiz de ofensa ou amargura entrasse em seu coração.

Jesus nos diz para abençoarmos aqueles que nos ofendem (ver Mateus 5:44), mas como fazemos isso? Uma maneira é não falar

Testemunho começa com T-E-S-T-E   171

negativamente sobre eles ou contar aos outros o que eles nos fizeram. Creio que convidamos os problemas para entrarem em nossa vida quando alguém nos faz alguma coisa errada ou prejudicial e contamos às pessoas a respeito sem nenhum motivo a não ser a fofoca. Quando estamos sofrendo, queremos compaixão, temos a tendência de querer que as pessoas saibam quem nos magoou e como aconteceu, mas Deus não quer que tenhamos essa reação. Ele quer que mantenhamos nossa boca fechada, que nos recusemos a falar mal dos outros, e que oremos por eles e os abençoemos. Essa é uma maneira de vencermos o mal com o bem (ver Romanos 12:21)!

A Bíblia está cheia de histórias de pessoas que se recusaram a ficar ofendidas. Jó foi duplamente abençoado quando orou por aqueles que o magoaram (ver Jó 42:10). Moisés orou por Miriam e Arão imediatamente quando eles o julgaram e se levantaram contra ele (ver Números 12:13). Moisés era um homem de Deus. Quando

> Na próxima vez que alguém magoar você, faça um favor a si mesmo: perdoe rapidamente, abençoe essa pessoa e ore por ela.

era injuriado, ele se prostrava sobre seu rosto diante de Deus, dizendo basicamente: "Ó Deus, ó Deus, perdoa-os, perdoa-os, perdoa-os. Eles não sabem o que estão fazendo".

Na próxima vez que alguém magoar você, faça um favor a si mesmo: perdoe rapidamente, abençoe essa pessoa e ore por ela. Faça isso repetidamente. Você terá muitas oportunidades na vida para passar pelos testes da ofensa, e quero que você passe com sucesso total!

O TESTE DO "BEIJO DE JUDAS"

Judas foi o discípulo que traiu Jesus com um beijo. Ele concordou em revelar quem era Jesus por trinta peças de prata, e disse que faria isso beijando-o, o que era um cumprimento aceitável naquela época. O "beijo" é tradicionalmente um cumprimento de amor e afeto; portanto, o "beijo de Judas" causa um ferimento mais profundo que as ofensas comuns. Esse tipo de ataque vem de alguém com quem você tem um relacionamento próximo, alguém a quem você ama e em quem confia. Muitas vezes uma pessoa que se torna um "Judas" em sua vida é alguém a quem você ajudou e a quem tratou bem.

Há muitas histórias tristes sobre pastores que mentorearam jovens em suas congregações, ensinaram-lhes tudo que eles sabem, deram-lhes oportunidades de crescer em seus dons ministeriais e os ajudaram a ganhar respeito, para depois ver esses homens deixarem suas igrejas a fim de fundar outras, levando muitos dos membros originais consigo. Esse é um excelente exemplo de um "beijo de Judas". Creio que uma situação como essa é uma das piores tragédias que podem acontecer a uma igreja e uma das situações mais dolorosas que um pastor pode suportar quando investiu sua vida em treinar um novo líder.

Que acontecimento triste é o que lemos em Lucas 22:48, quando Judas traiu Jesus com um beijo — um sinal de amor. Não foi qualquer pessoa que traiu Jesus; foi um de Seus doze discípulos; um de Seus associados mais próximos; um de Seus amigos pessoais; alguém a quem Ele havia dado uma posição de honra. Judas traiu Jesus por *dinheiro* porque ele era ganancioso; ele *vendeu* Jesus por algumas peças de prata. E ele fez isso com um beijo!

Ser traído por alguém a quem você ama é uma das situações mais difíceis de suportar, mas, se acontecer, você precisa deixar Deus curá-lo e superar, ou isso o destruirá. Você simplesmente ficará sozinho com sua mágoa, com seu ressentimento e com sua dor. Além disso, sua capacidade de desfrutar Deus e Seu plano para você será diminuída, se não for totalmente destruída. Faça um favor a si mesmo e perdoe totalmente. Deus nunca pede que façamos nada sem nos dar a capacidade para fazê-lo. Você não precisa passar sua vida se sentindo magoado, amargo, irado e ofendido. Você pode perdoar e ser livre!

O TESTE DA "MOTIVAÇÃO"

Gosto de definir uma motivação como "o *porquê* por trás do *o quê*". Uma motivação é a razão pela qual fazemos o que fazemos. Costumamos dizer que estamos fazendo coisas para Deus, mas às vezes não entendemos por que as fazemos. Só sabemos *o que* estamos fazendo, mas não reservamos um tempo para realmente entender o que nos motiva. Motivações impuras podem causar muitos problemas, um deles é ficar sobrecarregado, o que resulta em estresse desnecessário sobre nossa vida. Certamente não viveremos estressados se estivermos obedecendo a Deus e fazendo apenas o que Ele quer que façamos.

Nunca concorde em fazer alguma coisa para impressionar as pessoas ou porque você teme o que elas possam pensar ou dizer a seu respeito se você não o fizer. Deus quer que ajudemos e abençoemos as pessoas, mas um "bom trabalho" feito com a motivação errada não é mais um bom trabalho. Não diga *sim* com a boca se o coração estiver gritando *não*.

Faça o teste da motivação sempre que puder. Comece a se perguntar o que o ajudará a avaliar seus motivos, tais como:

- Por que concordei em servir naquele conselho?
- Por que eu quis desempenhar certa função? Estou buscando *status* social?
- Por que eu disse que lideraria o grupo de missões da igreja? Realmente tenho o coração ardendo por evangelismo e o anseio por servir a Deus, ou quero que as pessoas falem sobre o quanto sou um bom membro da igreja?
- Por que realmente quero tanto aquela promoção no trabalho? Ela é motivada por Deus ou pela ambição mundana?

À medida que avalia suas motivações, você começará a ver o que está em seu coração. Passe no teste certificando-se de que suas motivações são puras e retas diante de Deus. O teste da motivação é um teste para toda a vida. Costumo reavaliar frequentemente

174 NUNCA DESISTA

minhas motivações e abandonar as coisas que descubro que estou fazendo pelo motivo errado, e isso me ajuda a manter minhas prioridades em ordem.

O TESTE DE "AMAR OS DESAGRADÁVEIS"

Todos nós passamos pelo teste de "amar os desagradáveis". Quando pedimos a Deus para nos ensinar sobre o amor, não devemos esperar que Ele nos envie alguém que é fácil de amar; isso não seria exatamente um teste. O teste de amar aqueles que são desagradáveis ocorre quando as pessoas aparecem em nossa vida e nos afetam como uma lixa em nossa alma. Essas são as pessoas que dão nos nervos, pessoas com as quais preferiríamos não interagir. E sim, sabemos em nosso coração que o próprio Deus colocou essas pessoas em nossa vida.

Gálatas 6:1-3 nos diz basicamente como passar no teste de "amar os desagradáveis":

> *Irmãos, se alguém for surpreendido em algum pecado, vocês, que são espirituais, deverão restaurá-lo com mansidão. Cuide-se, porém, cada um para que também não seja tentado.*
>
> *Levem os fardos pesados uns dos outros e, assim, cumpram a lei de Cristo.*
>
> *Se alguém se considera alguma coisa, não sendo nada, engana-se a si mesmo.*

Essa passagem nos ensina que quando estamos por perto de pessoas que são difíceis de se lidar, ainda assim devemos tratá-las bem e ajudar a restaurá-las se realmente somos espirituais. Não exageraremos com relação a seus erros mais do que o necessário; e nelas procuraremos o bem e não apenas o mal. Ficaremos mais preocupados com elas do que com o modo como nos fazem sentir. Em vez de julgá-las, examinaremos a nós mesmos. Tentaremos entender nossas fraquezas e pediremos a Deus para nos ajudar em vez de nos concentrarmos no quanto achamos que Ele precisa ajudar essas pessoas "desagradáveis". Amar os que consideramos desagradáveis é uma das qualidades mais semelhantes a Cristo que podemos desenvolver.

O "TESTE DO TEMPO"

O teste final para o qual quero chamar sua atenção é o "teste do tempo". Você ainda estará aqui — seguindo a Deus, obedecendo a Ele, vivendo de acordo com Sua Palavra — daqui a cinco anos? Você ainda estará fazendo tudo que Ele o chamou para fazer daqui a dez anos? Você vai andar com Ele todos os dias pelo resto da vida, mesmo em meio a dificuldades, e se recusar a desistir?

Deixe-me encorajá-lo enquanto você pensa sobre passar no teste do tempo: Faça todos os esforços para estar ardendo de amor por Deus. Não seja apaixonado por Ele por seis meses e depois se permita ficar morno. Não seja disciplinado um dia e preguiçoso no dia seguinte, ou diligente para viver sua vida de acordo com a Palavra por uma semana e depois ignore o que Deus diz uma semana depois. Tenha resistência; seja consistente com o passar do tempo; seja comprometido com Deus todo o tempo. Tenho servido a Deus seriamente por mais de trinta anos e creio que meu maior testemunho é simplesmente este: "Ainda estou aqui!".

Seja o que for que você esteja enfrentando agora, vá em frente e passe por isso da maneira certa para que não tenha de passar por isso novamente. Permaneça estável em suas atitudes e suas ações. Mantenha os compromissos e continue estendendo a mão em amor às pessoas que também estão sofrendo.

Na escola de Deus, nunca fracassamos. Precisamos continuar passando por nossos testes repetidamente até sermos aprovados neles. Quero que você passe em seus testes da primeira vez para que não tenha de perder o tempo que eu perdi em minha vida andando em círculos ao redor das mesmas montanhas. Os caminhos de Deus são sempre melhores, e quanto antes nós nos submetermos a eles, melhor nossa vida será.

A Melhor Palavra em Cosméticos

É possível que todas as vezes que uma norte-americana veja um Cadillac em certo tom de rosa, saiba o que significa: a proprietária é uma vendedora tremendamente eficiente dos cosméticos Mary Kay.

Em 1963, a companhia Mary Kay tinha onze vendedoras. Em 2007, ela tinha mais de um milhão e setecentos representantes de vendas, chamados "Consultoras de Beleza Independentes", em mais de trinta países em todo o mundo. Qual era o segredo por trás de um crescimento tão fenomenal? Uma mulher que nunca desistiu, Mary Kay Ash.

Ela nasceu eu 1918, em Hot Wells, Texas. Quando Mary Kay tinha seis anos de idade, assumiu a grande responsabilidade de cuidar de um parente gravemente doente enquanto sua mãe trabalhava, geralmente por mais de catorze horas por dia, para sustentar a família. Todas as vezes que Mary Kay enfrentava uma situação nova ou desafiadora, sua mãe lhe dizia: "Você consegue". Por causa do incentivo da mãe, ela cresceu se sentindo cheia de poder, confiante, e realmente capaz de fazer qualquer coisa.

Quando era menina, Mary Kay queria se tornar médica. Em 1938, enquanto estudava para perseguir esse sonho, aceitou um emprego de meio expediente como vendedora de utensílios domésticos para a empresa Stanley Home Products e percebeu depressa que era extremamente talentosa como vendedora. Logo ela escolheu o ramo dos negócios em lugar da medicina por ter desfrutado um sucesso tão extraordinário no ramo de vendas.

Vários anos depois, Mary Kay foi trabalhar para uma empresa de presentes, onde finalmente se tornou diretora nacional de treinamento. Depois de vinte e cinco anos como uma funcionária extraordinária na área de vendas diretas, pediu demissão porque um homem a quem havia treinado foi promovido antes dela e recebia o dobro do salário que ela ganhava.

Testemunho começa com T-E-S-T-E 177

Mas Mary Kay continuou seguindo em frente. Ela percebeu que não era a única mulher sendo tratada injustamente nos ambientes corporativos, então decidiu escrever um livro para ajudar outras mulheres a desfrutarem de oportunidades que não estavam disponíveis para ela. Enquanto anotava seus pensamentos, percebeu que não estava apenas oferecendo conselhos às mulheres, estava escrevendo a estratégia e a filosofia de uma nova empresa. Certa vez, ela disse: "Imaginei uma companhia na qual qualquer mulher poderia ter tanto sucesso quanto desejasse. As portas da oportunidade estariam escancaradas para as mulheres que estivessem dispostas a pagar o preço e tivessem a coragem de sonhar".

Por volta de 1963, Mary Kay tinha uma enorme experiência em vendas, um plano, cinco mil dólares e um filho de vinte anos para ajudá-la a começar seu novo negócio, chamado "Beauty by Mary Kay" (Beleza por Mary Kay). De acordo com o site da empresa, "Ela foi uma pioneira — uma empresa dedicada a tornar a vida mais bela para as mulheres. Fundada não sobre as normas da competição, mas sobre a Regra de Ouro: elogiar as pessoas levando-as ao sucesso, e sobre o princípio de primeiro a fé, em segundo lugar a família e a carreira em terceiro". Mary Kay costumava chamá-la de "uma companhia que tem coração".

Como mulher, Mary Kay teve de lutar para atingir seu pleno potencial no mundo dos negócios. Por ter se recusado a desistir, ela foi capaz de iniciar uma empresa de enorme sucesso e daria poder a outras mulheres para fazer grandes coisas. Quero encorajá-lo com uma declaração que essa mulher de negócios inovadora e determinada fez uma vez: "Com suas prioridades em ordem, vá em frente, e nunca olhe para trás".

CAPÍTULO 11

EXPERIMENTE ALGO NOVO

*"Você nunca é velho demais
para estabelecer um novo alvo
ou para ter um novo sonho".*
C. S. LEWIS

Alguém disse uma vez: "Nunca tenha medo de tentar algo novo. Lembre, amadores construíram a arca. Profissionais construíram o *Titanic*". Às vezes somos tentados a desistir porque alguma coisa que estamos fazendo não dá certo. Quando isso acontece, temos de tentar algo novo. Enquanto estivermos progredindo na vida, teremos novas oportunidades e enfrentaremos novos desafios. Temos sonhos e alvos que queremos perseguir, mas também precisamos de soluções para os desafios que surgem ao longo do caminho. Se sabemos o que fazer, então temos de fazê-lo; se não sabemos, então temos o privilégio de confiar em Deus para nos guiar. A Bíblia diz que devemos fazer o que a crise exigir e depois permanecermos firmes em nosso lugar (ver Efésios 6:13). Faça o que você pode fazer e Deus fará o que você não pode fazer.

À medida que continuamos aprendendo a ser determinados e a não desistir, precisamos entender como abraçar coisas novas. Muitas vezes dizemos que queremos algo novo e, depois, quando as coisas novas chegam, elas nos assustam. Novas experiências e oportunidades podem ser assustadoras, mas não precisa ser assim. Se insistirmos em nos agarrar a antigos métodos, a antigas ideias, a antigos relacionamentos ou a antigas mentalidades, e nos recusarmos a aceitar ou a adotar o novo, não iremos progredir em nossa vida. Quero que você avance — para tão longe e tão rápido quanto Deus ditar — sem desistir quando enfrentar um desafio que exija que você pense ou aja de uma nova maneira. Creio que Deus está fazendo algo novo em sua vida, e quero que você esteja pronto para abraçar esse novo com paixão.

Você se lembra que Deus escolheu Josué para suceder Moisés como líder dos israelitas e para levá-los à Terra Prometida. Deus deu a ele a assustadora tarefa de conduzir toda uma nação a um novo lugar, um lugar onde eles nunca haviam estado antes. Eles sabiam que estavam deixando para trás uma terra de terrível opressão e de trabalho árduo como escravos no Egito, e ouviram dizer que estavam se dirigindo a uma terra de onde manava leite e mel, mas eles nunca tinham visto essa terra antes. Ela seria nova para eles. Essa história, embora tenha ocorrido há milhares de anos, nos ensina algumas lições importantes sobre novas experiências em nossa vida hoje.

Em Josué 3, lemos que os oficiais percorreram o acampamento dos israelitas, "e deram esta ordem ao povo: 'Quando virem a arca da aliança do Senhor, o seu Deus, e os sacerdotes levitas carregando a arca, saiam das suas posições e sigam-na'" (v.3).

A arca continha os Dez Mandamentos, que representam a vontade de Deus, e um pedaço de maná — o mesmo maná com o qual Deus alimentou os israelitas no deserto por quarenta anos. O maná representa a presença de Deus e Sua provisão milagrosa. Em nossa jornada pela vida, quando nos dirigimos a novas situações, precisamos seguir a arca, no sentido figurado, assim como os israelitas seguiram a arca literalmente quando se dirigiam para um novo lugar de habitação. "Seguir a arca" em nossos dias é seguir a direção do Espírito Santo, que vive dentro de todos os crentes.

Experimente Algo Novo

A primeira pergunta que precisamos fazer quando enfrentamos uma situação nova é: "É esta a vontade de Deus para mim?". A segunda é: "Sinto paz interior com relação a isto?". Também precisamos perguntar a nós mesmos se sentimos Sua presença na nova situação. Se acreditamos que esta é a vontade de Deus, podemos confiar que Deus suprirá tudo de que precisamos a cada passo do caminho.

Quando era jovem, não sabia buscar a Deus como sei agora, e tomei uma decisão que não creio que teria tomado se soubesse como seguir a arca.

Aos dezoito anos casei-me com o primeiro homem que me deu atenção, porque eu tinha medo de que ninguém me quisesse devido ao abuso sexual que sofri quando criança. Recebi Jesus como meu Salvador aos nove anos, mas nunca tive qualquer educação espiritual ou treinamento depois disso, de modo que nunca havia ouvido falar na ideia de "ser guiada pelo Espírito Santo". Eu não sabia como buscar a direção Dele nem entendia que era importante pedir a Ele que me conduzisse.

Hoje olho para trás e vejo que o Espírito Santo estava tentando me conduzir o tempo todo, porque no fundo do coração, eu sabia que o relacionamento em que estava prestes a entrar não estava certo. Minha mente me dizia que eu não devia perder aquela oportunidade, mas bem no fundo sentia uma inquietação a respeito. Eu simplesmente não sabia o que fazer com a voz mansa e suave que me dizia: "Isto nunca vai dar certo". Mas estava tão desesperada para ter alguém que me amasse, que me recusei a dar atenção ao que eu sabia dentro de mim e simplesmente segui minha cabeça, minha carne, minhas emoções, meu plano e minha vontade.

A situação se transformou em cinco anos de um terrível caos. Esse homem e eu costumávamos viajar pelos Estados Unidos, e em duas ocasiões — uma vez em Oakland, na Califórnia; e outra em Albuquerque, no México — ele simplesmente me abandonou e tive de deixar todos os meus poucos bens para trás e voltar para casa de ônibus. Eu tinha dezoito anos, estava sozinha, assustada e confusa.

Durante a maior parte do tempo em que estivemos casados, ele se recusava a trabalhar. Andava por aí com outras mulheres, mentia, roubava de mim e terminou preso por passar cheques sem fundos. Certa noite, acordei e ele estava tentando retirar a aliança do meu dedo para vendê-la. Eu poderia ter me poupado cinco anos de dores de cabeça e de problemas, se simplesmente soubesse como ouvir a Deus e permitir que Ele me dirigisse à Sua vontade perfeita para minha vida.

Precisamos "seguir a arca" em vez de seguirmos desejos pessoais, medos, emoções, boas ideias, ou o conselho dos outros. Seguimos a arca dando um passo de obediência a Deus depois do outro.

A arca nos conduzirá a novos lugares, assim como aquela arca do Antigo Testamento fez com os israelitas, porque Deus não nos leva para trás. À medida que o seguimos, nos encontraremos em lugares desconhecidos, desconfortáveis ou em lugares onde poderemos nos sentir inseguros sobre nós mesmos.

> Prefiro seguir a Deus para um lugar novo e desconfortável a permanecer em um lugar que já não oferece mais vida para mim.

Nossa jornada pode não ser fácil, mas pessoalmente, prefiro seguir a Deus para um lugar novo e desconfortável a permanecer em um lugar que já não oferece mais vida para mim.

FALHANDO EM SEGUIR

Quando fazemos a vontade de Deus, Sua presença está conosco e temos a certeza do sucesso. Mas quando deixamos de segui-lo, estamos convidando todo tipo de problema a entrar em nossa vida.

Algumas pessoas têm vidas infelizes sem nenhuma outra razão a não ser o fato de que se recusam a seguir a direção do Espírito Santo. Algumas pessoas têm amigos que as influenciam negativamente. Eles podem ser companhias divertidas, ou podem ser nossos amigos por muito tempo, mas não querem ouvir a Deus e obedecer à Sua vontade. É sempre melhor ter amigos chegados que podem

Experimente Algo Novo 183

edificar sua fé em Deus em vez daqueles que a diminuem. Não decida simplesmente de quem você vai ser amigo, mas peça a Deus para lhe dar relacionamentos que sejam certos para você.

Às vezes oramos por alguma coisa, mas não estamos dispostos a seguir o Espírito Santo, mesmo quando Ele tenta nos conduzir à resposta para nossa oração. Por exemplo, sei de pessoas que se recusam a frequentar os grupos de solteiros na igreja porque não querem ir sozinhas. Mesmo quando acreditam que Deus quer que elas façam isso, elas não querem ir. Elas querem namorar e, finalmente, se casar, mas querem que Deus trabalhe do jeito delas. Posso entender que deve ser necessário certa coragem para irem sozinhos, mas fazer o que é difícil geralmente é bom para nós. É algo que aumenta nossa fé e geralmente nos conduz exatamente àquilo que estamos procurando. Precisamos tomar cuidado para não estarmos planejando e orando para que nosso plano dê certo, quando deveríamos estar orando primeiro e depois seguindo o plano de Deus.

Você está disposto a dizer sim a Deus, mesmo que isso signifique dizer não a seus amigos ou até a você mesmo? E se você for convidado a ir a algum lugar com seus amigos ou com um membro da família, mas não sente paz a respeito? Pode ser uma festa onde as pessoas usarão drogas, ou um filme com cenas de nudez. Você terá de abrir concessões com sua consciência para poder ir. O que você fará? Você está disposto a passar a noite sozinho em casa para seguir a Deus?

Em cada uma dessas situações, as pessoas que vão em frente e fazem o que querem fazer estão seguindo os próprios desejos acima da vontade de Deus. É possível que, se elas seguissem a liderança do Espírito Santo, algo realmente maravilhoso acontecesse? Talvez uma noite agradável em casa ofereça a paz, o silêncio, o descanso e o refrigério de que elas precisam depois de uma semana de trabalho agitada. Talvez elas fizessem alguns amigos novos que realmente poderiam apreciar se fossem corajosas o suficiente para frequentar o grupo de solteiros sozinhas.

Minha filha Sandra conheceu o marido quando frequentava, sozinha, um evento de uma igreja. Ela estava determinada a seguir a direção de Deus, e recebeu uma grande bênção. Lembro que foi difícil para ela ir sozinha, mas ela me disse que não ia ficar sentada em casa deprimida e reclamar da vida quando podia fazer uma escolha diferente. Precisamos ser pessoas que querem obedecer a Deus e segui-lo mais do que qualquer outra coisa. Precisamos ser fortes e corajosos e fazer o que quer que Deus nos direcione a fazer. Mesmo que você seja a única pessoa em todo o mundo que esteja fazendo a coisa certa, eu o encorajo a obedecer a Deus. Não siga a carne, os amigos ou os próprios desejos. Seja como os israelitas que seguiram a arca, e, fazendo isso, seguiram Deus em direção às coisas boas que Ele tinha para eles.

VOCÊ NUNCA PASSOU POR ESTE CAMINHO ANTES

Creio que um dos versículos mais importantes de Josué 3 é o versículo 4:"Mas mantenham a distância de cerca de novecentos metros entre vocês e a arca; não se aproximem! Desse modo saberão que caminho seguir, pois *vocês nunca passaram por lá"* (ênfase da autora).

Essas palavras apertam meu coração, e quero que você dê uma atenção especial a elas:"vocês nunca passaram por lá".Tudo nessas palavras diz "novo". Seja um emprego, um lugar para morar, um relacionamento, um acréscimo à família, uma posição de influência, um programa de exercícios, uma igreja, um *hobby*, ou uma maneira de servir à comunidade — se você não passou por esse caminho antes, ele é novo para você.Você pode não saber como chegar lá ou o que fazer quando chegar. Mas se seguir a arca (Deus), você chegará a seu destino e Ele o dirigirá em tudo que você precisa fazer.

Um dos maiores obstáculos ao seguirmos a Deus é o medo — simplesmente porque "você nunca passou por este caminho antes".As coisas que nunca fizemos antes sempre fazem com que nos sintamos um pouco mais tímidos do que o normal.As pessoas

Experimente Algo Novo 185

me perguntam se alguma vez fico nervosa ou temerosa, e minha resposta é sim. Quando estou fazendo alguma coisa pela primeira vez, ou alguma coisa na qual não tenho experiência, sou tentada a perder minha confiança assim como todo mundo. Meu melhor conselho é: vá em frente naquilo que você acredita que é a vontade de Deus para você. Não permita que o sentimento de medo governe suas decisões. Seja diligente em aplicar a Palavra de Deus em sua vida e em permanecer perto Dele.

Quando você segue a Deus para um novo lugar, pode se sentir desafiado. Talvez você receba uma promoção no trabalho e sabe que não tem todas as habilidades naturais e todo o conhecimento de que precisa para exercer bem a nova função. Então você fica preocupado ou temeroso porque acha que aquilo é demais para você. O trabalho pode ser demais, mas ele não é maior do que Deus. Se Ele o conduzir, certamente o ajudará a cumprir com as responsabilidades inerentes ao cargo. O poder e a presença de Deus nos capacitam a fazer coisas que não poderíamos fazer sozinhos.

É importante lembrar que Deus está a seu lado quando você encontra novas situações, porque o inimigo sempre estará esperando para tentar impedi-lo de seguir a Deus. Na maior parte do tempo, ele tenta fazer com que voltemos atrás, para a situação anterior, usando a estratégia do "e se". O objetivo desse esquema é provocar tanto medo a ponto de você decidir não entrar no novo lugar. Na verdade, é algo mais ou menos assim...

Um homem consegue um novo emprego em nova uma cidade. Ele e sua esposa oraram por uma nova oportunidade e por um emprego melhor, e acreditam que é este. Eles estão muito empolgados porque Deus orquestrou cada aspecto da procura pelo emprego, a entrevista e a oferta. Ele até abençoou o homem com um bom aumento, e a nova empresa está disposta a pagar pelas despesas com a mudança.

Enquanto o homem se prepara para escrever a carta de demissão de seu atual emprego, uma pergunta entra em sua mente: *E se eu terminar tendo de trabalhar muito mais horas extras do que trabalho aqui?* Ele coloca esse pensamento de lado, mas logo se pergunta: *E se o custo de vida for muito mais alto no lugar para onde estou indo e meu aumento não fizer muita diferença em nosso estilo de vida?* Então ele pergunta a si mesmo: *E se eu não gostar do emprego depois de estar lá por algum tempo?*

Naquela noite, sua esposa lhe diz: *Estive pensando... E se as crianças não gostarem da nova escola tanto quanto gostam da escola aqui? E se não conseguirmos encontrar uma igreja tão maravilhosa quando nossa igreja daqui?*

O homem e sua mulher estão sendo tentados a se afastarem da resposta às suas orações, por causa das perguntas "e se" e das mentiras de Satanás. Eles precisam parar de confiar em suas mentes e seguir o que Deus colocou em seu coração. Eles precisam se recusar a temer e começar a pensar: *E se formos tão maravilhosamente felizes em nossa nova cidade que nunca mais pensemos em voltar para cá? E se este emprego for a melhor coisa que já aconteceu à nossa família?*

> Não tenha medo de sair e fazer algo novo. Talvez você não tenha passado por este caminho antes, mas Deus está com você.

O inimigo chamará sua atenção para cada nova situação negativa possível, mas ele não se incomodará em mencionar nenhuma situação positiva. Para focar nas positivas, você precisa passar tempo com Deus e estar disposto a seguir a arca, como os israelitas fizeram.

Não tenha medo de sair e fazer algo novo. Talvez você não tenha passado por este caminho antes, mas Deus está com você, portanto supere o medo e a oposição e recuse-se a desistir.

SEJA SENSÍVEL AO TEMPO DE DEUS

Uma vez que você saiba que alguma coisa nova é a vontade de Deus para sua vida, você pode querer avançar em direção a ela antes que Deus o libere para fazer isso. Ou, depois que você precisou esperar por algum tempo, pode decidir que não quer fazer isso

Experimente Algo Novo 187

afinal! Não devemos correr na frente de Deus nem ficar para trás. Deus tem um tempo determinado para cada propósito debaixo do céu (ver Eclesiastes 3:1).

Tentei lançar o ministério na televisão antes que Deus abrisse a porta para mim, e meu projeto fracassou miseravelmente. Quando o tempo de Deus chegou, estava pensando em estabelecer uma programação mais fácil, e não queria começar um novo grande empreendimento. Meu plano naquela época era trabalhar menos, e não mais. Seguir a Deus frequentemente significa que não conseguimos fazer as coisas a nosso modo ou de acordo com nosso tempo.

Moisés é o exemplo clássico de um homem que lutou contra o tempo de Deus. Deus poupou sua vida quando ele era um bebê e depois o enviou para crescer no palácio do Faraó. Deus tinha um grande plano para a vida de Moisés — um plano para Moisés conduzir Seu povo do cativeiro e da escravidão do Egito para a liberdade. Mas antes que Deus dissesse a Moisés que era hora de sair, ele deu alguns passos por si só. Ele viu um egípcio maltratando um de seus irmãos e, agindo guiado por suas emoções, matou o homem. Quando descobriu que dois hebreus haviam testemunhado o assassinato, teve medo e fugiu para o deserto, onde permaneceu por quarenta anos. O próprio fato de que Moisés tenha se portado de forma emocional e temerosa demonstra que ele ainda não estava pronto para a tarefa que Deus tinha em mente para ele.

Durante seu tempo no deserto, Deus trabalhou em Moisés, ajudou-o a crescer, e finalmente se revelou a ele na sarça ardente (ver Êxodo 3:2). Quando Deus estava pronto para usá-lo, Moisés não quis cooperar. Ele pediu a Deus repetidamente para usar outra pessoa e deu a Ele todo tipo de razões pelas quais ele não seria um bom instrumento. Mas Moisés era a escolha de Deus, e depois de protestar bastante, ele realmente compareceu diante do Faraó e falou em nome de Deus. Assim como muitos de nós, primeiro ele tentou agir cedo demais e, depois, quando era o tempo certo, não quis agir de modo algum.

188 NUNCA DESISTA

Quero que você saiba que Deus tem Seu próprio tempo. Ele pode colocar um sonho, uma visão ou uma ideia em seu coração em certo ponto de sua vida e depois não pedir que você faça nada a respeito disso por anos. No caso de Moisés, ele passou por um período de treinamento de quarenta anos no deserto antes de estar preparado para cumprir o chamado de Deus para sua vida. Espero que você não tenha de esperar tanto tempo, mas se tiver, seja paciente. Resista ao impulso de sair na frente Dele; e não se permita ficar para trás. Tentar agir fora do tempo de Deus — seja rápido ou lento demais — irá lhe gerar o tipo de frustração que faz com que você queira desistir, porque a presença de Deus não estará com você. Quer Deus lhe peça para esperar por duas semanas ou duas décadas, seja sensível ao tempo Dele para sua vida e esteja disposto a esperar enquanto Ele o conduz para o próximo novo lugar que Ele tem para você.

DEUS ESTARÁ COM VOCÊ

No capítulo 3, fiz uma breve referência à promessa de Deus a Josué: "Assim como estive com Moisés, estarei com você; nunca o deixarei, nunca o abandonarei" (Js 1:5). Deus repete a promessa em Josué 3:7: "Hoje começarei a exaltá-lo à vista de todo o Israel, para que saibam que *estarei com você como estive com Moisés*" (ênfase da autora).

Deus estava chamando Josué para entrar em um novo território. Ele estava dizendo: "Venha, Josué, você nunca fez isto antes. Você nunca passou por este caminho antes. Antigamente, você trabalhava submisso a Moisés. Moisés detinha toda a responsabilidade principal e você apenas o ajudava, mas agora Moisés se foi. Mas você não precisa se preocupar, e eis o porquê: assim como Eu estive com Moisés, estarei com você".

Creio que nos permitirmos ficar excessivamente preocupados com nossas fraquezas. Quando nos deparamos com uma situação ou com uma oportunidade nova, costumamos pensar em todos os motivos pelos quais não podemos fazer aquilo: *Não tenho experiên-*

Experimente Algo Novo

cia suficiente. Não tenho diploma universitário. Não falo bem em público. Meus conhecimentos em informática são precários. Não sei governar uma casa. Não estou certo se serei um bom pai. Nunca conseguirei fazer dieta em minha vida. Não sei se serei capaz de exercer esta nova função. Esse tipo de insegurança o sabotará antes que você consiga chegar ao novo lugar que Deus tem para você. Você pode ficar paralisado com o próprio modo de pensar. Chamo isso de "a paralisia da análise".

A verdade é que você não precisa se preocupar com suas fraquezas. Deus não fica nem um pouco surpreso com elas porque Ele sabe tudo a seu respeito. Deus não está procurando *capacidade*; Ele está procurando *disponibilidade*. Eu o encorajo a acordar todos os dias e dizer: "Eis-me aqui, Deus. Existe alguma coisa que o Senhor queira que eu faça? O Senhor tem algo novo para mim? Serei ousado e corajoso

> A verdade é que você não precisa se preocupar com suas fraquezas. Deus não fica nem um pouco surpreso com elas.

em Ti, Senhor. Se o Senhor quer que eu continue fazendo a mesma coisa por mais dez anos, posso fazer isso. E se o Senhor quiser que eu me lance em alguma coisa que nunca fiz antes, posso fazer isso porque Tu estás comigo".

O Germinador

Durante o século XIX, muitas mulheres morriam na Europa e nos Estados Unidos depois de dar à luz nos hospitais. Cerca de vinte e cinco por cento dessas jovens mães contraíram a agressiva infecção *sépsis puerperal*, que era comumente chamada de "febre puerperal", e nunca se recuperaram.

Em fins de 1840, Dr. Ignaz Semmelweis, um jovem médico húngaro, trabalhava no setor de maternidade de um hospital em Viena. O hospital tinha duas alas de maternidade. Os alunos de medicina e os médicos do sexo masculino faziam os partos em uma, enquanto as alunas de obstetrícia do sexo feminino atendiam na outra. Semmelweis observou que a taxa de mortalidade por febre puerperal era três vezes mais alta na ala cuja equipe era composta por alunos de medicina que na ala onde as obstetras faziam os partos.

Naquela época, ninguém entendia o relacionamento entre os germes e a doença, de modo que a única maneira de Semmelweis entender por que morrera um número muito maior de mulheres nas mãos dos médicos homens e dos alunos de medicina do que sob o cuidado das parteiras era descobrindo o que os dois grupos faziam de modo diferente. Logo ele percebeu que os alunos de medicina costumavam sair direto das aulas onde realizavam autópsias e dissecavam corpos para atender as mulheres em trabalho de parto.

Semmelweis agiu com base em seu pressentimento de que os alunos poderiam estar de algum modo transferindo doenças de pacientes mortos para as mães que estavam dando à luz e deu ordens para que os homens que trabalhavam nas salas de parto lavassem as mãos com uma solução de água de cal clorada antes de examinarem as mulheres. Os resultados foram surpreendentes. Com a política de lavar as mãos em vigor, a taxa de mortalidade no setor caiu de mais de dezoito por cento para menos de um e meio por cento.

Poderíamos pensar que Semmelweis seria aplaudido por seu trabalho fora de série, mas, em vez disso, ele foi ampla e severamente

Experimente Algo Novo

191

criticado, e até hostilizado. O diretor do hospital onde ele trabalhava achou que Semmelweis havia minado sua liderança, e assim recusou-se a conceder ao médico qualquer promoção ou o cargo de ensino que ele desejava. Seus colegas o ridicularizaram a ponto de ele finalmente pedir demissão, deixar o cargo no hospital e voltar para a Hungria. Em sua terra natal, Semmelweis começou a trabalhar em um hospital onde seus métodos reduziram as taxas de mortalidade por febre puerperal para menos de um por cento.

Os membros da comunidade médica continuaram a desconsiderar a afirmação de Semmelweis de que lavar as mãos era um passo necessário para reduzir infecções e mortes. Em meio à oposição, ele se manteve firme em suas convicções e escreveu um livro sobre isso no início de 1860. A elite científica ridicularizou a publicação e continuou a criticar seu trabalho.

Em 1865, Semmelweis teve um colapso mental, que alguns atribuem à hostilidade e à rejeição constantes que ele suportou por causa de sua descoberta. Seus amigos o enviaram a uma instituição mental onde ele morreu, ironicamente, de uma infecção de febre puerperal, que contraiu por meio de um dedo cortado.

Hoje sabemos que Semmelweis estava certo. A ciência provou a relação entre os germes e a doença, e o procedimento completo de lavagem de mãos é obrigatório nos ambientes médicos. Felizmente, Semmelweis nunca desistiu de suas convicções científicas e estava disposto a sofrer por elas para que diversas vidas pudessem ser salvas.

CAPÍTULO 12

O PIOR INIMIGO

"*Nada é mais desprezível que a mente
de um homem com a consciência culpada*".

PLAUTUS

A poeta e escritora americana Maya Angelou é conhecida em todo o mundo. Certa vez li um esboço biográfico sobre ela e quero compartilhar uma parte dele aqui:

> Maya Angelou nasceu Marguerite Annie Johnson, em Saint Louis, no Missouri. Seus pais se divorciaram quando ela tinha apenas três anos de idade, e ela e seu irmão, que lhe deu o apelido de "Maya", foram viver com a avó na pequena cidade de Stamps, no Arkansas. Lá, a pequena Maya sofreu discriminação racial, o que não era considerado ilegal nos estados do sul dos Estados Unidos naquele tempo. Também no Arkansas, ela observou e absorveu a poderosa fé em Deus e a maneira gentil e a cortesia que marcavam a tradição de seu povo afro-americano. Angelou diz que a avó e os demais parentes lhe ensinaram os valores que mais tarde moldaram sua vida e seu trabalho.
>
> Quando Maya tinha sete anos, ela foi visitar sua mãe em Chicago, onde sofreu abuso sexual por parte do namorado de sua mãe. A vergonha daquele incidente paralisou Angelou de tal maneira que ela não dividiu o fato com ninguém, exceto seu irmão, com quem tinha

um relacionamento muito próximo. Mais tarde, ela ouviu a notícia de que seu tio havia matado o homem que a atacou. A garotinha acreditou que, de alguma forma, suas palavras haviam matado o homem, e ela não falou por cinco anos.

Você pode imaginar ser uma criança e carregar uma culpa tamanha a ponto de não falar por cinco anos? A culpa é poderosa a esse ponto; ela pode silenciar uma voz tão eloquente e poderosa quanto a de Angelou. Sentir-se culpado é como ser trancado em uma cela de prisão invisível. A culpa rouba sua capacidade de acreditar que você é digno de sucesso na vida, e você nunca fica realmente livre enquanto carrega esse fardo.

Jesus veio para quebrar o cativeiro da culpa em nossa vida. Ele pagou com a vida por tudo que um dia fizemos de errado e por tudo que um dia possamos fazer de errado. Quando cremos em Sua obra na cruz e o recebemos como Senhor e Salvador, Ele olha para nós e diz: "Inocente". Somos justificados em Cristo Jesus, o que significa que Deus nos vê como se nunca tivéssemos pecado. Seu sacrifício nos deu o direito a uma vida novinha em folha que inclui sucesso e satisfação.

NENHUMA CONDENAÇÃO

"Todos nós cometemos erros". Essa frase tem estado por aí há anos, e certamente é verdade. Igualmente verdadeiro é o fato de que a maioria de nós realmente *odeia* cometer erros, fazer coisas erradas ou causar problemas. Muitas vezes, a culpa que sentimos por nossos erros é muito pior que os erros em si.

É claro que devemos lamentar quando cometemos erros, e devemos sempre nos arrepender, o que significa estarmos dispostos a nos afastar do pecado e começar a fazer o que é certo com a ajuda de Deus. Podemos até precisar de um breve tempo

> **Muitas vezes, a culpa que sentimos por nossos erros é muito pior que os erros em si.**

O Pior Inimigo 195

de pesar com relação aos erros muito sérios. Mas não devemos odiar a nós mesmos, nos rejeitar e nos sentir culpados e envergonhados por dias e semanas quando pecamos ou cometemos erros. Podemos sentir *convicção* de pecado quando fazemos algo errado, mas não devemos experimentar a condenação. Devemos receber o perdão que Deus nos oferece livremente e prosseguir com nossa vida, buscando constantemente conhecer a Deus cada vez melhor. O apóstolo Paulo tinha muitas razões para se sentir culpado. Ele havia perseguido e matado muitos cristãos antes de ter um encontro pessoal com Jesus Cristo e começar a segui-lo. Em Romanos 8:1, esse homem que sabia o que significa tanto ser culpado quando ser livre da culpa, escreve: "Portanto, agora já não há condenação para os que estão em Cristo Jesus, que não vivem segundo a carne, mas segundo o Espírito".

A natureza humana faz com que nos sintamos condenados quando cometemos erros, e ninguém gosta dos sentimentos de condenação. Muitas pessoas que conheço querem fazer tudo certo, mas isso não vai acontecer enquanto estivermos em corpos carnais. Se pudéssemos ser perfeitos em nosso comportamento, não precisaríamos de Deus e perderíamos a satisfação e as bênçãos de um relacionamento com Ele. Jesus morreu por nós porque não podíamos ser bons o bastante por nós mesmos para desfrutar um relacionamento com Deus que é completamente santo.

> Não importa o quanto tentemos, nunca seremos capazes de viver sem cometer erros.

Às vezes, por nos sentirmos culpados pelos pecados ou pelos erros, lutamos para desfrutar Deus e a vida que Ele nos deu. Não importa o quanto tentemos, nunca seremos capazes de viver sem cometer erros. Se acreditamos que temos de sofrer e nos sentirmos terríveis e embarcar na viagem da culpa toda vez que cometemos um erro, nossa vida será infeliz. A maneira de superar isso é pela fé.

Precisamos acreditar na verdade da Palavra de Deus mais do que acreditamos em nossas emoções ou em nossos pensamentos. É realmente possível *saber* no fundo de nosso coração que não somos culpados, mesmo que *sintamos* que somos. Nessas ocasiões, precisamos confessar a verdade da Palavra de Deus em vez de focar em nossos sentimentos.

Se você quer honrar a Deus, coloque sua fé em ação crendo que Ele o perdoa imediatamente quando você pede a Ele que o faça. Mesmo que se *sinta* culpado, você pode ter certeza de que não é, porque 1 João 1:9 diz: "Se confessarmos os nossos pecados, Ele é fiel e justo para perdoar os nossos pecados e nos purificar de toda injustiça". Quando os sentimentos de culpa e condenação surgirem, avance em meio a eles com fé e diga: "Não importa como eu me sinto. Fui perdoado!". As pessoas nunca desfrutarão o plano de Deus para sua vida a não ser que parem de tomar decisões baseadas nos sentimentos. Honre a Deus decidindo confiar em Sua Palavra mais do que você confia em seus sentimentos.

TOTALMENTE PAGO

Conta-se que a Receita Federal certa vez recebeu uma carta que dizia:

"Prezados senhores da Receita Federal. Fui desonesto com meus impostos muitas e muitas vezes. Não me lembro de algum dia ter pagado o que devia. Sinto-me tão culpado a respeito disso que não consigo dormir à noite. Estou enviando anexo um cheque de $20.0000,00. P.S.: Se eu continuar tendo problemas para dormir, enviarei mais dinheiro".

A culpa leva as pessoas a fazerem coisas incomuns. Na maior parte do tempo, a culpa não é nada mais do que nossa maneira patética de sacrificar algo para reparar o que fizemos de errado. A verdade é que, ou Jesus fez uma obra completa e acabada quando pagou por nossos pecados na cruz e não precisa de nossa ajuda, ou Ele não concluiu a obra. Mas eu lhe garanto que Ele terminou a obra; Ele foi o sacrifício definitivo, único e completo que um dia foi necessário por nosso pecado. Nenhum sacrifício adicional ja-

O Pior Inimigo 197

mais precisará ser feito. Em meu caso, finalmente percebi que estava me punindo com sentimentos de culpa e me recusando a fazer qualquer coisa que eu pudesse apreciar como uma forma de pagar por minhas imperfeições. E também percebi que minha tentativa patética absolutamente não era agradável nem aceitável a Deus.

Nós, humanos, temos a tendência de dividir os pecados em categorias. Determinamos o quanto achamos que um pecado é grande ou mau, e depois decidimos por quanto tempo vamos nos sentir arrasados para pagarmos por ele. Também achamos que não temos direito de ser abençoados, de ter êxito em nada ou de nos divertirmos até quitarmos essa dívida.

Você deve estar pensando: *Ora, espere um instante, Joyce, eu não posso simplesmente fazer uma coisa errada e não me importar com isso.* Eu mesma já pensei isso no passado. Deixe-me dizer isto: se você é um verdadeiro crente em Jesus Cristo, não há como você pecar e não se importar. Isso não é possível porque Ele lhe deu um novo coração. Você sabe que o pecado ofende a Deus, e você ama a Deus, então é claro que vai se importar. Mas há uma diferença entre se importar com o pecado e se sentir condenado por causa dele. Importar-se com ele significa simplesmente que o poder de convicção do Espírito Santo está em operação em um coração que é sensível a Deus, mas se sentir culpado e condenado é indício de que o inimigo está agindo. Lembre-se sempre de receber convicção, que vem do Espírito Santo, mas de rejeitar firmemente a condenação, que procede do inimigo.

O CICLO DA CULPA

Há muitos anos, estava na diretoria de evangelismo de uma igreja que Dave e eu frequentávamos. Toda quarta-feira à noite andávamos pelos bairros, batendo nas portas e falando às pessoas sobre Jesus.

Naquela época, eu realmente amava a Deus, mas estava "agindo" ao testemunhar, e não estava *sendo* uma testemunha. Eu não entendia que Jesus prometeu que o Espírito Santo nos daria poder para *sermos* Suas testemunhas, e não simplesmente para fazermos uma atividade de testemunhar (ver Atos 1:8). Para ser uma testemunha, eu tive de deixar Deus me ensinar a verdade de Sua Palavra, e mudar meu coração e meu comportamento. Eu era controladora, manipuladora, egoísta e irada. Eu era frustrada, irritada, angustiada e geralmente difícil de se conviver.

Com o tempo, realmente recebi o poder para "ser". Isso não significa que eu nunca cometa erros ou nunca tenha um dia ruim, mas significa que tenho mais dias bons que ruins. Meu comportamento melhorou drasticamente desde aqueles dias e continua a melhorar cada vez mais o tempo todo.

Quero que você entenda que minha melhora foi muito difícil e extremamente lenta por muito tempo. Eu não fiz um progresso significativo até que aprendi a quebrar o ciclo da culpa em minha vida. Se cometesse um erro na segunda-feira, passava a terça, a quarta e parte da quinta-feira me sentindo culpada com o que havia acontecido na segunda. Então eu estragava não apenas a segunda-feira, mas também os outros dias da semana. Quando chegava a tarde da quinta-feira, finalmente me sentia um pouco melhor porque achava que havia sofrido por tempo suficiente para pagar pelo que havia feito na segunda-feira.

Então, o que você acha que acontecia na quinta-feira à tarde, quando eu finalmente estava começando a me sentir bem comigo go mesma outra vez? Cometia outro erro na quinta-feira à noite. Então a noite da quinta-feira era arruinada, o que me levava a me sentir mal na sexta-feira, no sábado e no domingo. No curso de uma semana inteira, eu só tinha algumas horas de liberdade da culpa. Que existência miserável!

> Eu não fiz um progresso significativo até que aprendi a quebrar o ciclo da culpa em minha vida.

Precisamos entender que a culpa não nos transforma, mas nos aprisiona no ciclo do pecado e de mais culpa. A verdade é que a culpa

O *Pior Inimigo*

em si é pecado, porque a Bíblia diz que tudo que não é feito por fé é pecado. A culpa certamente não é algo que sentimos por fé, porque ela tem suas raízes no medo. A reação correta ao pecado é receber convicção da parte de Deus, admitir o pecado, confessá-lo, abandoná-lo e receber o perdão completo de Deus através de Jesus Cristo.

Aprendi a receber perdão rapidamente porque sei que Deus quer que eu tenha uma vida alegre e abençoada. Ele quer o mesmo para você.

> Você pode desfrutar a vida e ter a força para continuar seguindo em frente se aprender a se arrepender rapidamente, a receber o perdão rapidamente, e a voltar rapidamente a fazer o que deve fazer.

A culpa roubará sua alegria e suas bênçãos, mas você pode desfrutar a vida e ter a força para continuar seguindo em frente se aprender a se arrepender *rapidamente*, a receber o perdão *rapidamente*, e a voltar *rapidamente* a fazer o que deve fazer em vez de ficar encurralado na culpa e na condenação.

PAGAMENTO EM DOBRO

Em Filipenses 3:8-12, Paulo está dizendo basicamente que queria ser perfeito, mas ainda não havia chegado lá; ele sabia que ainda não havia "chegado". Leia suas palavras nos versículos 13-14: "Irmãos, não penso que eu mesmo já o tenha alcançado, *mas uma coisa faço*: esquecendo-me das coisas que ficaram para trás e avançando para as que estão adiante, prossigo para o alvo, a fim de ganhar o prêmio do chamado celestial de Deus em Cristo Jesus" (ênfase da autora).

Observe que Paulo escreve: "mas uma coisa faço". Que "uma coisa" é essa, a coisa que ele sabia que o ajudaria a progredir mais do que qualquer outra que ele pudesse fazer? Era esquecer as coisas que ficaram para trás. Como nos esquecemos do que ficou para trás, das situações do passado, principalmente aquelas que fazem com que nos sintamos culpados? Simplesmente paramos de pensar nelas e paramos de falar sobre elas, e avançamos para as coisas que estão diante de nós.

Muitas vezes, quando ensinamos sobre Filipenses 3, paramos no versículo 14, mas quero que você veja algo poderoso nos versículos 15-16: "Todos nós que alcançamos a maturidade devemos ver as coisas dessa forma, e, se em algum aspecto vocês pensam de modo diferente, isso também Deus lhes esclarecerá. Tão-somente vivamos de acordo com o que já alcançamos".

Paulo está dizendo que as pessoas que são espiritualmente maduras sabem como deixar os erros para trás e seguir em frente sem sofrer por dias sucessivos. Ele está indicando que as pessoas que se sentem culpadas e mal com elas mesmas todas as vezes que cometem erros ainda precisam crescer em Deus porque são espiritualmente imaturas.

A maturidade espiritual diz: "Tenho um trabalho a fazer. Deus me chamou; Ele me deu dons; Ele me colocou neste lugar; tenho uma função. Não tenho tempo para ficar aprisionado na culpa pelo que fiz de errado na semana passada; preciso viver hoje! Quero mudar e crescer espiritualmente, mas sei que preciso abandonar os erros do passado. O sacrifício de Jesus me dá direito ao sucesso".

Precisamos chegar ao ponto na vida em que nos decidimos se realmente cremos no que a Bíblia diz ou não. Acreditamos que Jesus levou nossos pecados sobre Si, e que levou nossa punição, se levantou dentre os mortos, e está intercedendo por nós diante do Pai agora mesmo? Acreditamos que Jesus é nosso substituto e que o que Ele fez por nós não temos de fazer de novo? Se cremos que Ele fez essas coisas por nós, então temos de agir sobre essa convicção e nos recusarmos a ficar encurralados nos erros de ontem. Ele sempre nos chama para prosseguirmos, portanto precisamos esquecer o que ficou para trás e seguir em frente.

Lembro-me bem de quando Deus me ensinou essa lição de forma profunda. Eu era uma cristã comprometida; já tinha um ministério e estava ministrando um estudo bíblico. Mas me sentia culpada a maior parte do tempo. Eu sempre tinha o sentimento vago dentro de mim de que algo simplesmente não estava certo comigo. Eu me perguntava em minha mente sem parar: *O que há de errado comigo?*

O *Pior Inimigo*

Certo dia, fui fazer compras e deixei o carro na parte de trás do estacionamento da loja. Ainda dou risadas quando penso nisso porque certamente aquele não era o tipo de carro que ninguém iria querer roubar. Talvez eu tenha estacionado na parte de trás do estacionamento por me sentir tão digna de pena, como se eu não merecesse estacionar mais perto da loja.

Eu havia feito algo errado naquele dia, e enquanto estava andando para a loja, o Senhor falou a meu coração, perguntando como eu ia lidar com meu pecado.

Respondi: "Ah, vou simplesmente receber o sacrifício que Jesus fez quando morreu no Calvário".

Então Deus continuou colocando coisas diferentes em meu coração: *Sei, e quando você pretende fazer isso?*

De repente entendi o que Ele estava tentando me mostrar, e disse: "Bem, provavelmente dentro de três dias".

Ele continuou: *Você não percebe que tudo que está fazendo é tentar pagar por seu pecado e que Eu já fiz isso? Você não pode pagar por seu pecado. Eu fiz isso através do sacrifício de Meu Filho.*

O Senhor então me deu a impressão de que eu estaria lhe fazendo um favor se recebesse Seu perdão e simplesmente abrisse mão da culpa e seguisse em frente com os negócios Dele. Ele me mostrou que estava tentando me usar e que eu não estava tendo nenhuma utilidade para Ele naquela posição negativa e oprimida em que estava.

Nenhum de nós pode ser útil a Deus enquanto estamos aprisionados pelos sentimentos de culpa e condenação. Só cristãos imaturos ficam arrasados por cada erro que cometem. Mas os crentes maduros aplicam a obra da cruz em suas vidas, aceitando pela fé que Jesus derramou Seu sangue para perdoar nossos pecados, recebendo Seu perdão e prosseguindo com as coisas que Deus nos chamou para fazer sem nenhum vestígio de culpa. Essa pode ser uma nova maneira de pensar para você, mas ela é bíblica e é seu direito como crente em Jesus Cristo.

O DIREITO DE SE SENTIR BEM

Você tem o direito comprado pelo sangue de se sentir bem consigo mesmo e de vencer na vida sem se sentir culpado. Quero que pense nisto: Jesus pagou por sua liberdade com o próprio sangue. Ele comprou você e o libertou da escravidão do pecado e da culpa. *Você tem o direito de se sentir bem consigo mesmo e de vencer na vida sem se sentir culpado.* Você nem precisa ficar no território neutro e se sentir razoável consigo mesmo; você realmente pode se sentir bem. Você não apenas foi liberto de se sentir mal consigo mesmo, como pode gostar de si mesmo!

Dave é uma pessoa muito feliz e pacífica. Durante anos, as pessoas perguntaram a ele: "Como é para você o fato de Joyce ser aquela que aparece diante das pessoas? Isso não o incomoda?".

Dave realmente passou por certa transição nos primeiros anos, mas não demorou muito para que ele aceitasse completamente o fato de que eu havia sido chamada para ter mais visibilidade do que ele. Ele é o tipo de pessoa que simplesmente se dispõe a concordar com Deus.

Quando nosso ministério começou a se tornar público, Dave reclamou com Deus, dizendo: "Bem, isto não parece justo. O homem geralmente é aquele que fica mais visível e que está na frente. Por que o Senhor não me ungiu para ensinar, Deus?".

Dave sabia que Deus não tem de Se explicar ou justificar Suas ações para ninguém. Não estou bem certa de como Ele respondeu à pergunta de Dave, mas sei que Dave logo veio até mim e disse: "É óbvio que Ele chamou você e creio que Ele quer que eu a apoie e seja sua cobertura. Quero lhe dizer que de agora em diante estou com você. Irei aonde você for".

Uma das principais razões pelas quais Dave é uma pessoa tão feliz e contente é porque ele nunca anda por aí se sentindo diminuído pelo fato de que eu geralmente recebo mais atenção do público do que ele. Ele não se sente culpado pelo que não foi chamado ou ungido para fazer. Ele sabe o que ele foi ungido para fazer; ele

O Pior Inimigo

é excelente nessas coisas; e aprecia fazê-las. Dave nunca compete comigo. Ele é feliz porque sabe quem é, e gosta de si mesmo. Mas muitas pessoas não são como Dave. Elas não gostam de si mesmas e não se sentem seguras com quem são. Na verdade, eu costumava ser assim. Mas, agora, tenho um bom relacionamento comigo mesma. Gosto da pessoa que Deus criou quando me fez. Jamais esquecerei quando estive em certa cidade e vi a manchete de um jornal que dizia: "Joyce Meyer diz que gosta de si mesma!". Não sei por que aquilo foi digno de notícia, mas talvez seja porque a sociedade encare o fato de se ter uma baixa autoestima como algo admirável e tenha nos convencido de alguma forma que se gostarmos de nós mesmos estamos sendo arrogantes. Creio que há algo de errado com essa mentalidade. O ódio a si mesmo geralmente está ligado à religiosidade; e ele leva a todo tipo de cativeiro.

Deus nos ama, por isso, precisamos amar a nós mesmos, não de uma forma arrogante, mas de uma forma saudável, equilibrada e bíblica, porque acreditamos que Aquele que não conheceu o pecado se fez pecado por nós para que pudéssemos ser feitos justiça de Deus em Cristo (ver 2 Coríntios 5:21). Não temos o direito de odiar o que Deus comprou com o sangue de Seu Filho, nosso Senhor e Salvador, Jesus Cristo. Deus nos ama e precisamos concordar com Ele, e não com o diabo, que tenta fazer com que nos sintamos culpados.

Pequenas Mudanças, Grandes Mudanças

Algumas das maiores bênçãos de minha vida resultaram de oportunidades de ser uma bênção para alguém. Uma das histórias mais poderosas que conheço é o relato notável de Osceola McCarty, uma mulher que se recusou a desistir do sonho de ajudar as pessoas a receberem um benefício que ela nunca teve.

Essa nativa do Mississipi nasceu em 1908 de uma mãe que tinha de trabalhar por longas e exaustivas horas para criá-la sozinha. Ela trabalhava como cozinheira para o secretário do município local e vendia doces em uma escola para ganhar algum dinheiro extra. Cercada pela necessidade e influenciada pela ética de trabalho de sua mãe, Osceola começou a trabalhar muito jovem e economizava o dinheiro que ganhava passando roupa depois da escola.

Osceola já havia decidido que queria dinheiro para ajudar a cuidar de sua avó na velhice, e quando estava na sexta série, ela também percebeu que uma de suas tias precisava de sua ajuda. Aquela tia não tinha filhos, de modo que quando ela não pôde andar depois de um período no hospital, Osceola teve de ajudá-la. Quando a tia já estava boa o bastante para que Osceola pudesse voltar para a escola, seus colegas estavam tão mais adiantados que ela decidiu não voltar.

Assim, a menina de bom coração iniciou uma carreira que duraria décadas. Ela simplesmente fez o que sabia fazer — lavar e passar. E ela fez isso por anos. No início, Osceola cobrava $1,50 a $2,00 por trouxa para lavar. Quando chegou ao ponto de ter de cobrar $10,00 por trouxa, a lavadeira simples ficou mais comprometida do que nunca em economizar dinheiro. Ela o colocava na poupança que tinha, e o mais notável é que ela se recusava a tirá-lo de lá. Ela simplesmente deixou o dinheiro lá — e ele cresceu.

Quando suas economias alcançaram uma soma significativa, os banqueiros a encorajaram a deixar o dinheiro trabalhar para ela, sugerindo maneiras pelas quais ele geraria mais juros do que na poupança.

O *Pior Inimigo*

Ela seguiu o conselho deles, e seu saldo continuou a crescer. Embora Osceola, que nunca se casou, tivesse dinheiro no banco, continuava lavando e passando. Ela vivia de uma forma conservadora: não tinha carro; sua casa não teve ar condicionado por muitos anos; e ela ia a todos os lugares a pé, chegando a empurrar o próprio carrinho de compras por cerca de um quilômetro e meio para fazer compras.

A cidade natal de Osceola, Hattiesburg, no Mississipi, também é a cidade de uma das universidades do estado — a Universidade Southern Mississipi. A certa altura da vida de Osceola, a escola não admitia alunos negros. Quando ela já era mais velha, eles passaram a admitir — aquela mulher que só havia estudado por seis anos queria usar seu dinheiro para dar a alunos afro-americanos que merecessem e que estivessem passando por necessidades financeiras a oportunidade de receber um diploma universitário. Assim, em 1995, ela doou $150.000,00 para a universidade e fundou a Bolsa de Estudos Osceola McCarty. Em uma entrevista, depois que o público tomou conhecimento de sua doação, McCarty disse: "Não posso fazer tudo, mas posso fazer alguma coisa para ajudar alguém. E o que eu posso fazer, eu farei".

Deixe-me encorajá-lo a pensar em maneiras pelas quais você pode abençoar outros, como Osceola McCarty fez. Tenha algum tipo de sonho que envolva mais do que seu sucesso pessoal, que também inclua ajudar pessoas. E seja tão comprometido com esse sonho quanto você é com os outros objetivos que estabeleceu na vida.

CAPÍTULO 13

NUNCA SE ENVERGONHE

"A verdadeira inocência nunca se envergonha".
JEAN-JACQUES ROUSSEAU

Você deve conhecer a história de uma mulher calma e corajosa chamada Rosa Parks, uma costureira afro-americana trabalhadora que se recusou a ceder seu lugar no ônibus a um homem branco. Naquela época, em meados dos anos 1950, a lei exigia que os afro-americanos cedessem seus lugares aos brancos, usassem banheiros e bebedouros separados, e se submetessem a todo tipo de normas e regulamentos vergonhosos sem nenhum motivo além do fato de não serem brancos. Essas pessoas sofreram terrivelmente, não por causa de algo que fizeram, mas por serem quem eram.

Rosa Parks lutou contra a vergonha que a sociedade lançava sobre ela por causa de sua raça, quando continuou em seu lugar naquele dia de dezembro de 1955. Por ocasião de sua morte, em 2005, ela foi a primeira mulher a ser exposta no Capitólio dos Estados Unidos. Imagine isso! Uma mulher que um dia se recusou a ceder seu assento em um ônibus por causa de quem ela era, um dia decidiu jogar fora a capa de vergonha que havia usado por toda a vida. Sua recusa em se submeter à vergonha deflagrou um movimento que retirou a censura de toda uma raça, e sua coragem lhe deu um lugar de honra na história norte-americana.

TRATA-SE DE QUEM VOCÊ É

Você não pode superar os desafios e as dificuldades da vida se lá no fundo, dentro de seu ser, você tem vergonha de quem é. Não estou falando de ficar constrangido por causa de alguma coisa que você fez, mas de ter vergonha de *quem você é*. A culpa é um sentimento que temos por algo que fazemos; a vergonha se refere a quem você é como pessoa. A vergonha e a culpa são parentes muito próximos, mas a vergonha se aloja em um lugar muito mais profundo no coração de uma pessoa do que a culpa, e creio que ela é um problema muito mais sério.

A vergonha costuma se esconder em sua própria natureza, nas profundezas de sua alma. Ela se manifesta como um sentimento constante de inquietação, uma sensação leve, mas contínua de condenação, e um sussurro interno incessante que lhe diz: "Você não é bom o bastante". Ela é evidente na maneira como você se sente a respeito de si mesmo, relaciona-se com os outros, encara os relacionamentos e pensa nas oportunidades que se apresentam a você.

VOCÊ NÃO É QUEM VOCÊ ERA

Uma pessoa que sofre abuso quase sempre desenvolve uma natureza baseada na vergonha. Isso certamente acontecia comigo. O abuso sexual que sofri quando criança gerou uma raiz de vergonha profunda dentro de mim. Bem no início, eu simplesmente sentia vergonha do que meu pai estava fazendo comigo, mas em algum momento durante minha infância, parei de sentir vergonha do que ele estava fazendo e passei a sentir uma vergonha terrível de mim mesma por ele estar fazendo aquilo comigo. Eu pensava: *Deve haver algo de errado comigo para ele querer fazer isso*. Agora entendo que, pensando assim, eu envenenava minha alma. Tudo em mim ficava manchado enquanto o poder destrutivo da vergonha percorria meus pensamentos e minha personalidade. Assumi um falso sentimento de responsabilidade; tomei sobre mim a vergonha e a culpa pelo pecado de outra pessoa.

Nunca se Envergonhe 209

Agora essa vergonha se foi. Fui liberta através do amor e da aceitação de Deus. Posso dizer: "Sofri abuso quando criança; fui cheia de ódio e de amargura; não quis perdoar meu pai por ter abusado de mim; tinha vergonha de quem eu era; tornei-me uma pessoa muito desagradável que tentava controlar tudo e todos".

Posso lhe dizer tudo sobre quem eu era porque os acontecimentos que causaram tamanha vergonha ficaram no passado, e as características que eu exibia anteriormente já não descrevem mais quem sou hoje. Quando Jesus morreu na cruz, eu morri com Ele; quando Ele ressuscitou para uma nova vida, eu ressuscitei com Ele. Sou uma nova criatura em Cristo; as coisas velhas já passaram e eis que tudo se fez novo (ver 2 Coríntios 5:17). O mesmo acontece com você, se você aceitou Jesus como seu Salvador.

Seja o que for que tenha havido em seu passado, não sinta vergonha como se precisasse esconder isso. Contar isso a todos que você conhece sem nenhum motivo pode não ser sábio, mas se você precisar contar a alguém, não tenha vergonha de fazer isso. As coisas das quais Deus o libertou podem encorajar outras pessoas a acreditarem que elas também podem receber ajuda.

> Liberdade é não permitir que o ontem afete o hoje.

Quando penso nas situações terríveis com as quais me deparei quando era criança — as coisas por que passei — e principalmente quando tenho um motivo para falar nelas, sinceramente sinto como se estivesse falando de alguém que conheci há muito tempo, e não de mim. Liberdade é não permitir que o ontem afete o hoje. Quem você foi não é quem você é, um filho de Deus agora, e seu futuro é brilhante.

CARACTERÍSTICAS DE UMA VIDA BASEADA NA VERGONHA

Creio, mais do que qualquer coisa, que todos nós simplesmente queremos ser livres para sermos quem somos e para sermos aceitos por quem somos — e a vergonha nos impede de fazermos isso.

A palavra *vergonha* significa "estar confundido, confuso, esgotado, decepcionado e paralisado". Estar confundido significa "ser derrotado, derrubado e amaldiçoado". A palavra *amaldiçoado* significa "condenado à punição". Portanto, se nossa natureza for baseada na vergonha, estamos condenados à punição. Nós nos punimos todos os dias quando nos odiamos, nos rejeitamos e temos vergonha ou ficamos constrangidos por sermos quem somos. As pessoas que estão nessa situação não têm ideia de como a vida poderia ser maravilhosa se elas simplesmente parassem de sentir vergonha e aprendessem a aceitar a si mesmas.

As pessoas cuja natureza se baseia na vergonha podem exibir uma série de traços de personalidade ou lutar com uma série de problemas por causa da vergonha e do sentimento de desvalorização em sua vida. Quero chamar sua atenção para alguns desses problemas, para que você possa superá-los ou ajudar alguém a se libertar da vergonha e viver na maravilhosa aceitação que Jesus morreu para nos dar.

Depressão

As pessoas cuja natureza se baseia na vergonha geralmente são deprimidas. São emocionalmente abatidas, desanimadas e sem esperança porque elas mesmas se encarregam de se manterem péssimas. Muitas pessoas que lutam contra a depressão se alienam das outras. Elas vivem vidas isoladas, cheias de insegurança e com total falta de confiança. Se você lutou contra a depressão por toda a vida, pergunte a si mesmo: *Como me sinto acerca de mim mesmo?* Nenhum remédio pode mudar o modo como você se sente a respeito de si mesmo. Eu o encorajo a procurar um médico se for preciso, porém o mais importante é que você precisa se inundar com a verdade da Palavra de Deus e começar a renovar a mente naquilo que Ele diz que você é, porque isso mudará seu sentimento a respeito de si mesmo.

Conheço muitas pessoas que têm problemas de depressão, ansiedade e outras doenças que reduzem significativamente a capacidade de desfrutar a vida. Com a ajuda de Deus, superei muitos desses problemas, mas experimentei muito poucas "reviravoltas instantâneas" a caminho da cura. Na maior parte do tempo, é preciso dar um passo de cada vez a fim de deixar esses problemas para trás.

Perfeccionismo

Os perfeccionistas edificam sua autoestima tentando fazer tudo direito para que as pessoas os aplaudam e lhes digam o quanto eles são perfeitos. Alguns são viciados na aprovação dos outros. Você sabe como é doloroso ser viciado em aprovação e ser o tipo de pessoa que fica angustiada ou infeliz se outros lhes fizerem críticas construtivas saudáveis, correções ou até sugestões? Você precisa chegar ao ponto em que alguém possa lhe dizer: "Não gosto de seu cabelo assim", e você possa dizer: "Sabe de uma coisa? Eu gosto". Ou alguém pode dizer: "Não acho que essa cor fique bem em você". Mas você pode dizer: "Tudo bem, mas eu a adoro". Isso não significa que você deva ser hostil e nunca aceitar o conselho de ninguém. Mantenha o equilíbrio. Estou dizendo simplesmente que se você for viciado na aprovação dos outros, nunca terá liberdade. Satanás pode armar situações dez vezes por dia para encontrar alguém que lhe dê um olhar torto ou uma palavra errada que fará com que você tente mudar a si mesmo para agradar os outros; portanto, assim, você nunca será verdadeiro consigo mesmo.

Por causa do abuso que sofri quando criança e da raiz de vergonha que ele gerou, eu sofria com uma culpa terrível toda vez que falhava em ter um desempenho perfeito. A culpa e vergonha intensas me tornaram incapaz de fazer muita coisa que fizesse diferença ou que significasse alguma coisa para Deus. Era uma pressão subjacente que drenava de mim a capacidade de desfrutar qualquer coisa que eu fizesse.

Dureza de Coração

As pessoas que sofrem de uma vergonha tóxica e venenosa geralmente são frias e nada amigáveis. Eu era assim: tinha um coração extremamente duro, era fria e nada amigável. Eu achava que não precisava de ninguém. Recusava-me a permitir que qualquer pessoa realmente se aproximasse de mim porque imaginava que elas não gostariam de mim se realmente me conhecessem. Eu tinha medo de abrir meu coração para qualquer pessoa porque achava que ela iria me ferir. Então eu dava um jeito de afastar as pessoas. Quem vive com esse tipo de vergonha geralmente têm o pavio curto. Bem lá no fundo essas pessoas se sentem angustiadas com sua vida e com as coisas que aconteceram a elas, mas expressam isso da maneira errada. As pessoas que têm o coração duro geralmente têm um comportamento grosseiro e passam a vida sendo incompreendidas. Todos pensam que elas são más, mas, na verdade, elas estão profundamente feridas e sofrendo. Lembre sempre, "pessoas feridas ferem pessoas".

Medo

Uma natureza baseada na vergonha gera timidez e diversos tipos de medo, além de problemas compulsivos como: desordens alimentares, vício em jogo, drogas e álcool; gastos excessivos, roubo, mentira e perversões sexuais. As pessoas que sofrem dessas coisas podem se tornar *workaholics* (viciados em trabalho). Ou muitas vezes se escondem, gastando um tempo excessivo no computador ou assistindo à televisão. Elas podem até se esconder de si mesmas dormindo demais. Dizem que estão cansadas, mas a verdade é que elas provavelmente estão cansadas de si mesmas.

Falsa Responsabilidade ou Responsabilidade Excessiva

Eu nunca soube realmente o que era neurose até estudá-la — e então entender que ela era um enorme problema para mim. As

Nunca se Envergonhe 213

pessoas neuróticas assumem responsabilidades demais, e quando estão em conflito elas sempre supõem que são culpadas.

Por muitos anos, tive um falso senso de responsabilidade. Eu não sabia que era isso que havia de errado comigo, mas me sentia pressionada — sobrecarregada — com o peso de tudo que achava que as pessoas esperavam de mim e de todas as minhas supostas atribuições na vida. O único problema era este: era eu quem os atribuía a mim mesma! Ninguém havia colocado aqueles fardos sobre mim exceto eu mesma.

Mais uma vez, esse problema tinha suas raízes em minha infância. Enquanto sofria abusos por parte de meu pai, eu tentava esconder o fato de minha mãe. Minha mãe era uma mulher meiga que se magoava o tempo todo; eu não queria que ela sofresse mais. Eu tinha medo de meu pai. Ele me dizia seguidamente: "É melhor você não contar". Sob essas circunstâncias, estava constantemente tentando manter todos "bem". Eu não queria aborrecer papai, e não queria que ele ficasse zangado com a mamãe porque sabia que a raiva faria com que ele a maltratasse. Então eu tinha de manter papai feliz; eu tinha de manter mamãe feliz. Eu tinha um irmão, e tentei impedir que ele descobrisse ou se magoasse. Pensava que tinha de manter tudo em ordem. Então, de uma maneira quase inconsciente, tornei-me a pacificadora da casa. No instante em que qualquer coisa dava errado, eu tentava consertá-la. Passei a vida pensando: *O-oh, papai está ficando zangado. O que posso fazer para trazer a paz?* Esse hábito levou a um falso sentimento de responsabilidade com o qual lidei por anos e anos e ainda tenho de me precaver contra ele.

Ser responsável é uma boa qualidade, mas se for levada a extremos, até uma coisa boa pode se tornar um problema. Você tem a tendência de se sentir responsável por tudo que não dá certo? Se tem um filho que não saiu como você esperava, você acha que é culpa sua? As pessoas neuróticas sempre supõem que situações e circunstâncias são culpa delas. Você pode estar se perguntando: *O que eu poderia ter feito diferente para que meu filho tivesse se saído melhor?*

214 NUNCA DESISTA

Sabe de uma coisa? Às vezes você pode fazer tudo certo, e as pessoas continuarão fazendo escolhas erradas na vida. Precisamos parar de assumir a responsabilidade por tudo que se passa no mundo, e começar a viver nossa vida e desfrutá-la. Não permita que a má escolha de alguém afete sua alegria.

NUS E SEM QUALQUER VERGONHA

A Bíblia diz que Adão e Eva estavam no jardim sem pecado algum; eles estavam nus e não se envergonhavam. Creio que isso nos diz que Deus quer que sejamos completamente abertos e sinceros, primeiramente com nós mesmos e depois com os outros. Se quisermos viver uma vida cristã vitoriosa, temos de aceitar o fato de que Jesus levou nossa vergonha na cruz.

Há falsidade demais no mundo. As pessoas tentam fazer de tudo para encobrir suas fraquezas, seus erros e seus pecados. Embora muitas pessoas se escondam por trás de muita falsidade, na verdade elas anseiam por ver alguém que seja genuíno e real. Como cristãos, devemos estar dispostos a dar exemplos que o mundo possa seguir.

Em Gênesis 3:7, 21, vemos que Adão e Eva tentaram se cobrir depois de terem pecado. Do mesmo modo, tentamos cobrir todo tipo de coisas sobre nós mesmos. Como fazemos isso? Damos desculpas; culpamos outras pessoas; fingimos que as coisas não nos incomodam quando na verdade elas estão nos incomodando.

Minha filha Sandra tinha fases na adolescência em que ficava cheia de espinhas. Ela colocava tanta maquiagem naquelas espinhas tentando cobri-las, que acabava chamando atenção para elas. Do mesmo modo, tentei tanto encobrir o abuso sofrido em minha infância que terminei tendo uma atitude dura e áspera: "Não preciso de ninguém", que chamava a atenção para mim. As pessoas sabiam que alguma coisa estava errada. Elas não sabiam o que era, mas lembro que alguém me perguntou: "O que há de errado com você?".

A verdade é que eu estava sofrendo, estava sozinha e tinha medo, mas não sabia como dizer isso a alguém, então tentava encobrir com uma personalidade falsa, pois achava que isso impediria que as pessoas se aproximassem de mim.

Muitas pessoas não sabem quem são. Elas tentaram ser tantas pessoas, que se perderam há muito tempo. Se isso o descreve, eu o encorajo a parar de tentar ser como outra pessoa. Pare de tentar fingir para os outros e seja verdadeiro. Você não precisa se cobrir ou se esconder atrás de nada nem de ninguém. Seja corajoso o bastante para colocar sua vergonha de lado e deixar que seu verdadeiro eu saia à luz para que as pessoas que o cercam possam vê-lo e apreciá-lo. Comece sendo realmente aberto com Deus. Conte a Ele tudo sobre você — seus pensamentos secretos, seus medos e seus desejos. Ele já sabe tudo antes que você diga a Ele, mas fazer isso será um tipo de libertação, na qual você começa a ser totalmente sincero com alguém em quem pode confiar, e Deus é esse alguém. Ele sabe tudo a seu respeito e o ama incondicionalmente. Quanto mais você for aberto consigo mesmo e com Deus, mais você poderá ser genuíno com as outras pessoas.

> Quanto mais você for aberto consigo mesmo e com Deus, mais você poderá ser genuíno com as outras pessoas.

DEIXE QUE EU O APRESENTE

Você é uma pessoa maravilhosa, e se sofreu com o peso da vergonha a maior parte de sua vida, permita que eu o reapresente a si mesmo. Você precisa conhecer seu verdadeiro eu, porque você foi enganado para que pensasse que é alguém que na verdade não é. Você poderia dizer que foi vítima de roubo de identidade. Você é um filho de Deus. O poder Dele está em você e Ele o capacitará a fazer o que quer que você precise fazer na vida. Você é uma nova criatura, a justiça de Deus em Cristo (ver 2 Coríntios 5:17, 21). Você tem uma missão dada por Deus e um futuro maravilhoso. Seu passado foi lavado no sangue de Jesus. Você é extraordinário — totalmente, absolutamente extraordinário! A Bíblia diz muitas coisas maravilhosas a seu respeito, e você precisa aprender que coisas são essas lendo e estudando a Palavra. Nunca permita que o que alguém pense ou diga a seu respeito seja o fator determinante de seu valor, porque o que Deus diz é a única coisa que realmente importa.

O Salmo 34:4-5 diz: "Busquei o Senhor, e ele me respondeu; livrou-me de todos os meus temores. Os que olham para Ele estão radiantes de alegria; seus rostos jamais mostrarão decepção".

Quero incentivá-lo a buscar o Senhor, a pedir a presença Dele em sua vida diária, e a confiar na autoridade de Sua Palavra. Olhe para Ele, e Ele o libertará da vergonha. À medida que superar a vergonha que carregou em sua vida, você poderá ser e fazer tudo que Deus o chamou para ser e fazer. Abrace a aceitação incondicional que Deus lhe oferece através de Jesus Cristo e você terá o poder para nunca desistir.

Das Trevas para a Luz

Durante o outono do segundo ano de Michelle na faculdade, sua vida se tornou oprimida — embora ninguém pudesse identificar nada de errado com ela. Além da ansiedade, ela tinha dificuldades em realizar as atividades diárias, sofria de uma perda terrível de energia, e seu sentimento de esperança no futuro — e no presente — sofreu uma queda drástica. Sem a intervenção de ninguém, a esperança, a energia e as habilidades de Michelle para lidar com determinadas situações começaram a voltar à medida que a primavera se aproximava. Por volta do mês de abril daquele ano, ela era outra vez a antiga Michelle.

Ela mal sabia que a depressão passaria a ser uma regra por meses seguidos durante os vinte anos que se seguiriam. A princípio ela pensou que estava apenas tendo dificuldades em se adaptar à escola a cada outono, mas depois que terminou a faculdade e iniciou sua carreira, a cada outono, quando as folhas começavam a cair, sua disposição e sua maneira de ver a vida também começavam a afundar. Seus sintomas pioravam a cada ano que passava — a ponto de ela querer morrer e estar com o Senhor, e pensou que isso realmente havia acontecido quando acordou no meio da noite.

Michelle buscou todo tipo de ajuda — aconselhamento (tanto psicológico quanto pastoral), médicos, nutricionistas —, mas ninguém podia ajudá-la. Ela finalmente se cadastrou em uma pesquisa médica no Instituto Nacional de Saúde Mental, em Bethesda, Maryland, e passou a ser uma das primeiras pessoas do mundo a ser diagnosticada com depressão de inverno.

Entusiasmada por ter um diagnóstico, mas profundamente angustiada por ter conhecimento daquele defeito progressivo na química de seu cérebro, ela voltou para casa e para sua carreira em Nova York, e tentou seguir em frente com sua vida. Durante os sete anos que se seguiram, ela e seu médico trabalharam para encontrar o equilíbrio correto a fim de prolongar seu dia artificialmente sentando-se diariamente por quatro horas sob um foco de luz muito brilhante e tomando antidepressivos, o que foi muito difícil para ela. Sua criação e seu treinamento cristãos haviam lhe ensinado que sua caminhada diária com Deus lhe daria forças, e que Deus podia curar suas depressões.

Hoje, Michelle sabe que o Senhor salvou sua vida. "Fiquei muito frustrada por muitos anos", diz ela. "Eu não conseguia entender por que Deus não me dava alívio... Parecia uma tarefa tão pequena! Mas os caminhos de Deus não são nossos caminhos, e o tempo Dele costuma ser diferente do nosso. Mas Ele nos dá a força para passar por nossas aflições e o discernimento para sermos capazes de usar nosso sofrimento de formas construtivas. Agora sei que embora Deus não tenha me curado, Ele realmente salvou minha vida. Sem Sua graça, posso dizer sem hesitação que eu não estaria aqui hoje".

CAPÍTULO 14

A ARMA SECRETA

*"Muito mais dolorosas que as causas da ira
são suas consequências".*
MARCUS AURELIUS

Vincent Newfield trabalhou em nosso ministério, e quero que você leia esta história que ele compartilhou conosco:

Deus já falou alguma coisa muito fortemente a seu coração? Ele fez isso comigo em novembro de 1998. Enquanto estava sentado em meu quarto, orando, o Senhor falou a meu coração e disse: Estou mudando você e sua família para St. Louis para trabalhar com Joyce Meyer. Seu dom será uma bênção para ela, e você e sua família serão grandemente abençoados.

Uau! Será que era Deus mesmo? Ele nunca havia falado assim comigo antes. Suas palavras ecoaram em meus ouvidos sem parar por semanas. O mais estranho era que eu ainda tinha de me inscrever e enviar meu currículo. Mas em janeiro de 1999, eu o fiz. Dentro de semanas, as pessoas cujo nome eu havia indicado como referência começaram a receber telefonemas. Eu estava impressionado. Seria possível que Deus realmente tivesse falado comigo? Pensei. Ele realmente vai nos mudar para St. Louis? Uma nova jornada de fé começou a se desenrolar.

Chegou o mês de março e fui contatado pelo ministério. *Depois de duas entrevistas telefônicas, recebi um teste para a função de redator. Depois de me dedicar a isso com afinco por três semanas, soube que eles haviam gostado. O próximo passo seria uma entrevista pessoal em junho. Eu não conseguia acreditar! O que Deus havia falado em meu coração estava realmente acontecendo, e bem depressa. Minha alma se encheu de entusiasmo, esperança e alegria. Minha fé havia aumentado ao nível máximo. Então... Meu chão foi retirado de debaixo de mim.*

Em 12 de maio de 1999, recebi um dos telefonemas mais desanimadores de minha vida. "Vincent, sinto informar-lhe que a entrevista foi cancelada. A função de redator para a qual você se candidatou ficará pendente de seis meses a um ano". Meu coração desfaleceu dentro de mim. Toda esperança, felicidade e fé desapareceram. O que aconteceu? Não entendo. As coisas estavam indo bem, e de repente está tudo acabado. Allison, minha mulher, ficou fielmente a meu lado, incentivando-me a não desistir de ter esperança. "Se Deus falou com você, vai acontecer", disse ela. "É só questão de tempo".

Depois de três dias reuni fé suficiente para ouvir uma fita educacional de Charles Stanley adequadamente intitulada Fé Inabalável. Lentamente, mas com segurança, Deus me encorajou enquanto eu dirigia e ouvia a fita. Um raio de esperança começou a raiar no horizonte do meu coração. Então, de repente, WHAM! Eu estava envolvido em um dos piores acidentes da minha vida. Meu carro sofreu perda total, e ainda por cima fiquei humilhado ao descobrir que o acidente havia acontecido por culpa minha. Sentindo-me totalmente desanimado, voltei para casa e descobri que nossos dois computadores haviam quebrado naquele dia. Nós publicávamos uma revista e isso queria dizer que não poderíamos terminá-la. O tema daquele dia, ironicamente, era "Encorajamento em Face da Desesperança".

Então uma raiva fervilhante começava a se agitar. "Onde estás, Deus? O que o Senhor está fazendo? Não entendo. Por que o Senhor está permitindo isto em minha vida?" Por dias seguidos, a decepção, o desânimo e o desespero se tornaram amigos muito íntimos. Minha mente estava cheia com uma pergunta atrás da outra. A per-

A Arma Secreta 221

gunta que mais me assombrava era: *Será que realmente ouvi a voz de Deus sobre minha mudança para St. Louis?* Tentei, com todas as forças, esquecer St. Louis e o trabalho com Joyce Meyer, mas aquela ideia nunca me deixava. Parecia que todo lugar para onde eu olhava, eu via St. Louis, Missouri — placas de automóveis, tampas de latas de lixo, artigos de limpeza doméstica etc.

Deus deu um jeito para que terminássemos aquela tiragem da revista e me ensinou uma lição tremenda sobre paciência, resistência e confiança Nele. Minha fé havia sido colocada à prova. Todos os dias eu tinha a escolha de crer que Deus havia falado a meu coração ou de rejeitar a ideia. Derramei muitas lágrimas e senti uma ampla gama de emoções, inclusive raiva e depressão. Mas bem lá no fundo, eu queria acreditar, e minha disposição de confiar no histórico dos feitos de Deus me manteve seguindo em frente.

Mais de um ano havia se passado; agora estávamos em julho de 2000. Allison e eu havíamos publicado o último exemplar de nossa revista, e eu estava procurando um novo emprego. Mais uma vez, pensei: *Vou enviar um currículo atualizado para o Ministério Joyce Meyer e vou ligar para eles mais uma vez. Isso foi há quase sete anos.* Desde então, recebi o tremendo privilégio de escrever para Dave e Joyce e para supervisionar a revista mensal deles, que impacta milhões de pessoas todos os meses.

Meu ponto é o seguinte: *Se Deus colocou algo em seu coração que parece não desaparecer, continue crendo. Ele fará acontecer. Chore se for preciso... Lide com o problema da raiva, da frustração e da dúvida... Mas não desista.*

SUPERE A RAIVA E A FALTA DE PERDÃO

Vincent admitiu que às vezes ficava irado durante o longo processo de fazer as mudanças que desejava. Todos são tentados a ficar irados ocasionalmente; podemos até ser tentados a ficar irados por dias, semanas ou meses seguidos. A Bíblia reconhece que ficaremos irados às vezes, mas ela nos instrui claramente a não permanecermos irados. Precisamos ser pessoas "calmas, tranquilas e controladas" porque aprendemos a lidar com a raiva e a decepção de forma bíblica. A Bíblia nos diz claramente: "'Quando vocês ficarem irados, não pequem'. Apaziguem a sua ira antes que o sol se ponha" (Ef 4:26). Podemos ficar irados, mas não devemos *permanecer* irados; podemos ficar decepcionados, mas temos de redirecionar nossa visão. Deus sempre nos dará um novo começo quando alguma coisa não sai do jeito que planejamos. Precisamos aprender a manter nosso coração completamente limpo de toda emoção negativa, porque elas guerreiam contra nossa paz.

Se não lidarmos com nossas emoções negativas, logo descobriremos que estamos tendo todo tipo de problemas, inclusive de ordem física. Por exemplo, se estivermos irados com alguém e continuarmos irados por tempo suficiente para permitir que a ira crie raízes em nosso coração, desenvolveremos uma raiz de amargura (ver Hebreus 12:15) e ficaremos ressentidos e infelizes. Quanto mais tempo nos permitirmos permanecer assim, mais negativamente isso afetará nossa saúde. Tente lembrar que ficar angustiado requer muita energia, e a não ser que você tenha energia para desperdiçar, eu lhe sugiro que aprenda a ficar calmo, tranquilo e controlado.

Costumo ficar impressionada com o número de pessoas que encontro que amam a Deus e que estão tentando andar com Ele enquanto ainda abrigam a ira, a falta de perdão ou outras emoções negativas em seu coração. Algumas vezes elas estão iradas com alguém por uma situação ou uma ofensa

> Deus não nos pede para fazer nada impossível. Se Ele nos diz para perdoar, podemos perdoar.

que aconteceu há muitos anos. Elas costumam dizer: "Bem, realmente tentei superar isto, mas simplesmente não consigo". Sim, elas conseguem. Deus não nos pede para fazer nada impossível. Se Ele nos diz para perdoar, podemos perdoar. Se Ele nos diz para não nos ofendermos, então há uma maneira de impedir que nos

A Arma Secreta

sintamos ofendidos. Ele nos diz para ficarmos calmos, tranquilos e controlados; portanto, é possível fazer isso.

QUE CHEIRO É ESTE?

Muitas vezes, no que diz respeito à ira e a outras emoções negativas, nós costumamos encobrir essas coisas no fundo do coração e fingir que não há nada de errado. As emoções negativas enterradas vivas nunca morrem; elas precisam ser completamente tratadas ou continuarão aparecendo de uma forma ou de outra. A ira e a falta de perdão, por exemplo, têm raízes, sentimentos subjacentes profundos que resultam em rompantes de raiva e atitudes grosseiras. Eles podem até ser causa de depressão. Podemos desenvolver formas de ignorar nossos sentimentos negativos e sentirmos um alívio temporário, mas raízes podres sempre geram frutos podres; e em pouco tempo aquela raiz de ira gerará mais sentimentos e comportamentos negativos, que podem ser um pouco diferentes de nossos sentimentos anteriores, mas que ainda procedem da mesma raiz.

Estou certa de que você alguma vez já abriu a geladeira e sentiu um mau cheiro. Imediatamente você pensa: *Que cheiro horrível é este?* A única maneira de eliminá-lo é encontrar sua fonte. Você pode encobri-lo temporariamente com algum tipo de desodorizante, mas se ele não for completamente eliminado, sempre voltará.

Na maior parte do tempo, o cheiro não vem de alguma coisa que está na frente da geladeira. Geralmente é alguma coisa escondida, alguma coisa que você nem imaginaria que estivesse causando aquele odor. Você precisa tirar tudo da geladeira, peça por peça, para descobrir a fonte do mau cheiro. Você precisa limpar as prateleiras e abrir as gavetas até, finalmente, encontrar um pote de comida velha, embolorada, inidentificável que você havia esquecido há muito tempo!

Conheci muitas pessoas que dizem que sua vida é como essa geladeira — cheira mal. Quando isso acontece, elas precisam examinar cada aspecto de seu coração para encontrar a causa do problema. Muitas vezes, a fonte é uma raiva ou uma ofensa que elas negaram, cobriram ou tentaram esconder. Ela fica à espreita nos lugares ocultos do coração, causando grande dano e gerando uma podridão dentro da pessoa. Assim como um jato de desodorizante não pode encobrir o cheiro horrível dentro de uma geladeira, tentar camuflar a ira e a falta de perdão ou outras emoções negativas profundamente enraizadas não eliminara a causa das atitudes e as ações negativas que resultam delas.

Precisamos parar de tentar perfumar nossa vida com jatos de desodorizante. Não podemos continuar a dizer: "Bem, vou à igreja hoje e vou melhorar", ou "Vou pedir ao pastor para orar por mim e tudo ficará bem". Não, precisamos começar a nos perguntar o que está nos deixando infelizes, e precisamos examinar nosso coração até descobrirmos o que ele esconde. Precisamos começar a nos perguntar: "De que realmente isto se trata?".

Muitas vezes as pessoas dizem: "Fulano de tal me deixou louco. Você não imagina o que ele me fez!". Preciso lhe dizer que isso não tem a ver com o que as pessoas nos fazem. Precisamos ter o controle de nossas reações. Em vez de culpar as outras pessoas por nosso mau comportamento, precisamos começar a perguntar a nós mesmos: "Por que estou tão zangado e frustrado na maior parte do tempo? Por que me irrito com tanta facilidade? O que se passa em meu coração que faz com que eu estoure com tanta frequência? Por que fico mais irritado do que o apropriado em certas situações? Por que sou tão inseguro a ponto de explodir toda vez que alguém tenta me dar um conselho? Por que me irrito toda vez que as coisas não saem como planejei?".

Precisamos deixar Deus lidar com as outras pessoas. Precisamos deixá-las nas mãos Dele e nos ocuparmos em trabalhar com Ele em nossa vida para aprendermos a viver em um mundo cheio de pessoas difíceis e ainda assim termos paz sem permitir que elas nos controlem. Ainda que a pessoa que nos magoa com tanta frequência desaparecesse e nos deixasse em paz, outra pessoa apareceria

A *Arma Secreta* 225

para exercer esse papel! A resposta não é eliminar pessoas ou situações desafiadoras de nossa vida; a resposta é mudarmos a nós mesmos para podermos lidar com elas e permanecermos calmos, tranquilos e controlados.

PARE DE ESCONDER AS COISAS

Uma das mais habituais formas que as pessoas usam para evitar ter de lidar com a dor é ocultando-a. Geralmente, quando alguém nos fere, nós escondemos a dor dentro do coração em vez de lidar com ela — e quando ocultamos a dor por tempo demais, ela finalmente explode em um enorme ataque de raiva. Levei anos para entender porque eu explodia por alguma situação aparentemente sem importância, que certamente não era causa suficiente para meu comportamento ridículo. Agora sei que as explosões vinham de muitas emoções negativas que eu havia escondido dentro de mim, e eu estava me recusando a lidar com elas. O "incidente" que parecia ser o problema havia sido somente o gatilho que disparou a explosão escondida e pronta para sair a qualquer momento.

Eu ignorava o problema real e culpava meu mau comportamento ou qualquer pessoa ou qualquer coisa que pudesse culpar. Não importa o quanto fingisse ser espiritual aos domingos na igreja, minha família conhecia a verdadeira Joyce. Eu consegui ignorar o problema por anos, dando desculpas e culpando os outros, mas finalmente tive de deixar Deus "limpar a geladeira", por assim dizer, e atacar a raiz do problema.

> Deus usa a verdade para nos libertar (ver João 8:32), mas não é a verdade a respeito de outra pessoa que nos liberta; é a verdade acerca de nós mesmos que precisamos!

Deus usa a verdade para nos libertar (ver João 8:32), mas não é a verdade a respeito de outra pessoa que nos liberta; é a verdade acerca de nós mesmos que precisamos! Encarar a verdade sobre mim mesma foi muito difícil e doloroso emocionalmente, mas também foi o começo de minha cura. Seja qual for a verdade, admita-a. Se você tem ciúmes de alguém, admita-o. Vá até Deus e diga: "Sabe de uma coisa, Deus? Sei que tenho uma atitude negativa. Ela realmente cheira mal e eu posso sentir isso. Quero entender por que tenho este problema de ciúmes. O que há dentro de mim? O Senhor pode me mostra por que tenho este problema?".

Talvez o Senhor lhe mostre imediatamente qual é seu problema. Talvez você seja inseguro; talvez você não saiba quem é em Cristo. Você pode se comparar com os outros frequentemente. Talvez você tenha sofrido uma grande mágoa ou decepção há anos e ainda não tenha se disposto a perdoar ou a permitir que Deus o cure.

Comprometa-se a começar a ser sincero e a ter o controle de seus sentimentos; recuse-se a ocultá-los e pare imediatamente de dar desculpas e de culpar os outros por suas emoções negativas. Provavelmente você terá de falar muito com Deus, e pode até precisar de ajuda por parte de um amigo ou de um pastor de confiança, mas seja o que for que você tenha de fazer, valerá a pena se ajudá-lo a ser livre e a desfrutar a vida.

Seja o que for que o tenha magoado, ofendido ou irritado, decida-se hoje a enfrentar a dor de encarar isso e de lidar com o assunto. Um amigo que é pastor me disse recentemente que quando ele tem um dia em que se sente deprimido, impaciente, frustrado ou facilmente angustiado, ele pergunta a si mesmo o que aconteceu no dia anterior que ele não tratou. Ele disse que Deus quase sempre lhe mostra algo com o qual ele não tratou no dia anterior e o ajuda a reconhecer aquilo como a raiz de seu mau comportamento.

Certa noite, fiquei me virando na cama até quase cinco da manhã e finalmente perguntei a Deus: "O que está errado? Por que não consigo dormir?". Ele imediatamente trouxe à minha memória uma situação que aconteceu no dia anterior na qual eu havia sido rude com alguém e dado uma desculpa para mim mesma em vez de me desculpar como deveria ter feito. No momento em que pedi perdão a Deus e decidi que iria me desculpar com a pessoa assim que possível, consegui dormir. Crie o hábito de perguntar:

A Arma Secreta

"Deus, qual o motivo desta disposição ou desta atitude?". Você pode se surpreender com algumas das coisas que aprenderá.

Em minha vida, passei por situações e circunstâncias que me feriram e me iraram, e por algum tempo, aprendi a lidar com elas. Não vou lhe dizer que me permitir sentir a dor que essas situações me infligiam e me fazer confrontar meu sofrimento e minha raiva tenha sido fácil, mas foi a única maneira de me fazer vencê-las e superá-las. Encarar quem somos e assumir a responsabilidade por nossas atitudes e nossos atos é uma das coisas mais difíceis que podemos fazer, mas também é uma das mais importantes.

CONTROLANDO A IRA

Dave e eu nos casamos quando ele tinha vinte e seis anos e eu tinha vinte e três. Certo dia, ele começou a falar sobre o quanto se divertia quando criança. Embora sua família não tivesse muito dinheiro e seu pai tivesse falecido por excesso de bebida, Dave tinha lembranças felizes da infância. Ele tinha uma mãe piedosa que orava por seus filhos e os amava e que mantinha sua família unida. A bondade dela cancelava todas as dificuldades e todas as coisas ruins que ocorreram nos primeiros anos da vida de Dave. No curso da conversa, Dave fez um comentário que me atingiu com força: "Lembro-me de toda a diversão da infância".

Quando ouvi essas palavras, um sentimento de profunda tristeza tomou conta de mim, e pensei: *Não consigo me lembrar de ter me divertido quando criança. Na verdade, eu nunca consegui sequer ser criança.* Meu pai sempre fazia com que eu me sentisse culpada se eu tentasse brincar e me divertir como uma menina. Em nossa casa, o riso era considerado "barulho". Então, quando cresci, tudo que eu fazia era trabalhar. Na verdade, fiquei viciada em trabalho porque nunca aprendi a brincar e pensava que o trabalho era a única atividade que as pessoas aprovavam. Quando adulta, quanto mais eu pensava no passado e em todo o bem que nunca pude experimentar na vida, mais zangada eu ficava sem sequer perceber por quê.

228

NUNCA DESISTA

À medida que fiquei mais velha e desenvolvi um relacionamento com Deus e conheci Sua Palavra, aprendi o que diz Efésios
6:12: "Pois a nossa luta não é contra seres humanos, mas contra
os poderes e autoridades, contra os dominadores deste mundo de
trevas, contra as forças espirituais do mal nas regiões celestiais".
Esse versículo me ensinou que meu pai não era meu inimigo. Sim,
ele foi a pessoa que me violentou, mas estava sob a influência do
inimigo. Ele era simplesmente a marionete do diabo. Eu tinha de
parar de culpar meu pai e começar a me curar. Eu tinha de parar
de permitir que o diabo continuasse o ciclo de dor que ele havia
iniciado em minha vida.

Quando percebi que minha infância havia sido roubada e que
eu nunca poderia tê-la de volta, fiquei irada. Fiquei tão irada que
isso saía de mim de várias maneiras que não faziam sentido. Finalmente percebi que eu não era capaz de ter minha infância de
volta, mas que a Palavra de Deus promete que Ele me daria dupla
bênção por meus problemas passados (ver Isaías 61:7). Aprendi que
não vencemos o mal com mais mal, mas de acordo com Romanos
12:21, vencemos o mal com o bem. Se eu quisesse dar o troco ao
diabo pelo que ele havia roubado de mim, precisava passar o resto
da vida ajudando tantas pessoas quantas fosse possível.

Agora posso dizer que não vivo mais irada e que perdoei meu
pai completamente. Isso não aconteceu da noite para o dia; na
verdade, foi um processo longo e doloroso. Mas confrontei minha
raiva, em vez de tentar escondê-la, fingir que ela não existia, ou agir
como se estivesse tudo bem. Pude liberar meu pai para deixar Deus
tratar com ele e para seguir em frente e chegar ao lugar de paz e
perdão onde estou agora.

Nunca conseguirei ser uma criança novamente. Meu pai, que
agora está morto, nunca pôde devolver o que roubou de mim. Ele
nunca pôde me compensar por minhas perdas. Mas Deus é meu
Restaurador! Quando eu tinha cerca de cinquenta anos, comecei a
aprender a ser criança novamente. Estou rindo, sorrindo, relaxando
e me divertindo. Posso não ter tido um bom começo na vida, mas

A Arma Secreta   229

vou ter um final maravilhoso — e isso nunca seria possível sem confrontar minha ira e aprender a perdoar.

Como cristãos, temos um inimigo. Ele se oporá a nós de todas as formas possíveis. Meu livro *Campo de Batalha da Mente* deixa claro que ele usa nossos pensamentos e sentimentos para se levantar contra nós. Gosto de dizer que o diabo nos engana para nos angustiar. Ele sempre tentará nos angustiar, mas podemos aprender a ficar calmos, tranquilos e controlados todo o tempo. Da próxima vez que acontecer alguma coisa que poderia angustiar você com facilidade, pergunte a si mesmo se vale a pena. Ficar angustiado vai mudar alguma coisa? Você pode se dar ao luxo de desperdiçar sua energia ficando angustiado? Isso vai distraí-lo do propósito de Deus para sua vida? Todos os dias, nos deparamos com o bem e o mal; nós é que decidimos qual deles vamos escolher.

USE A ARMA SECRETA

Todas as vezes que passamos por mágoas, injustiças ou ofensas, precisamos lembrar que as pessoas não são nossas inimigas; Satanás é nosso inimigo. Deus nos deu uma arma secreta, uma arma que é segura para derrotar o diabo e destruir suas estratégias e seus planos. Eu a mencionei anteriormente, mas quero enfatizar o quanto ela é realmente importante e poderosa. Ela está em Romanos 12:21: "Não se deixem vencer pelo mal, mas vençam o mal com o bem".

Você tem uma arma secreta contra o inimigo, e ele a odeia totalmente porque sabe que não pode resistir a ela. Chamo-a de arma secreta porque muitas pessoas a ignoram. Sua arma é a habilidade dada por Deus de ser bom com as pessoas que o ofendem. Sua carne pode querer vingança, mas Deus diz que você deve superar a dor pagando o mal com o bem. Isso é difícil de fazer quando você está emocionalmente perturbado; é muito mais fácil fazê-lo se você conseguir se treinar para permanecer calmo, tranquilo e controlado, independente do que o diabo possa estar fazendo.

Quando ensino sobre essa passagem, alguém sempre diz: "Mas não posso ser bom para essa pessoa que me magoou. Simplesmente não consigo!". Sim, você pode. Como escrevi anteriormente, Deus não nos pede para fazer nada sem nos dar a capacidade para fazê-lo. Quando você achar que não pode obedecer a Romanos 12:21, tudo que tem a fazer é dizer: "Deus, por Tua graça e misericórdia, serei bom com aquela pessoa. Não vou contar aos outros o que ela me fez. Não vou falar mal dela, mas vou orar por ela, como o Senhor quer que eu faça. Se eu vir aquela pessoa que me magoou, vou ir até ela e dizer 'oi'. Serei bom e obedecerei à Tua Palavra e vencerei o mal com o bem, por Tua graça".

> Liberdade significa que sou capaz de fazer escolhas quanto ao modo como vou me comportar e não ser uma prisioneira das emoções negativas.

Talvez você não tenha sentimentos esfuziantes e calorosos para com aquela pessoa que o magoou, mas como seguidor de Jesus Cristo, você precisa lidar com sua raiva de uma forma bíblica. Faça isso, como um ato de sua vontade, e os sentimentos certos virão em seguida.

Para mim, liberdade significa que sou capaz de fazer escolhas quanto ao modo como vou me comportar e não ser uma prisioneira das emoções negativas. Posso agir de acordo com a Palavra de Deus em vez de reagir às situações. O diabo pode estar conseguindo o que quer na terra, mas ele não vai mais me controlar e não tem direito de controlar você também. Deus está a seu lado, e isso torna você mais que vencedor.

A Arma Secreta

Força na Fraqueza

Às vezes tudo que é necessário é um pouco de trabalho de equipe para transformar um completo fracasso em um sucesso fenomenal. Esse foi o caso de Spencer Silver e Art Fry, dois químicos que trabalhavam na empresa 3M durante os anos 1970.

Em um esforço para desenvolver um novo adesivo mais forte que os comuns na época, Silver conseguiu o resultado oposto. Ele criou um adesivo que era menos aderente que a maioria dos produtos em uso na 3M e que não secava. Ele realmente aderia a certos objetos, mas se soltava com facilidade. Silver não conseguia pensar em uma única utilidade para seu adesivo não muito aderente — nem qualquer outra pessoa. Ele havia falhado completamente em formular a cola mais forte e mais adesiva que a 3M esperava desenvolver.

Quatro anos mais tarde, Art Fry, colega de Silver na 3M, ficava frustrado todos os domingos quando cantava no coro de sua igreja. Ele gostava de colocar marcadores em seu hinário para assinalar as páginas dos hinos a serem cantados a cada semana para poder localizá-los rapidamente e sem ter de virar muitas páginas. Ele poderia colocar cola ou fita nelas — mas o adesivo das fitas e da cola era forte demais e podia danificar as páginas quando ele colocasse os marcadores.

Um dia, Fry lembrou-se que Silver havia desenvolvido um adesivo fraco e aplicou um pouco desse produto em seu marcador de livros. Era exatamente o que ele precisava! Seu marcador de livro ficava preso às páginas do hinário, mas saía com facilidade e sem danificar o papel.

Não demorou muito, e Fry começou a usar seus "marcadores de livros" para outros fins — colar notas em arquivos, deixar breves recados para colegas, ou usá-los para organizar papéis ou cadernos. Seus colegas ficaram intrigados e começaram a querer também aqueles pequenos bilhetes com adesivo fraco.

No final da década de setenta, a 3M patenteou o nome Post-it® nos marcadores de livros de Fry. Eles testaram o produto em 1977 e encontraram pouco interesse no mercado. Mas sabiam que aquelas notas autoadesivas representavam um sopro de brilhantismo e se recusaram a desistir. Assim, em 1979, a 3M lançou uma campanha promocional maciça com amostragem ao consumidor, na tentativa de chamar a atenção do público norte-americano para seu novo e engenhoso produto. Em 1980, mais de dez anos depois do aparente fracasso de Spencer Silver, a 3M introduziu os Post-it® completamente nos Estados Unidos. Hoje, o adesivo de Spencer Silver se transformou em pequenos recados de todos os tamanhos, formas e cores e pode ser encontrado em lares, escritórios e escolas por todo o mundo.

CAPÍTULO 15

A FORÇA PARA VOAR

"Recuse-se a ser medíocre. Deixe seu coração voar tão alto quanto ele queira".
A. W. TOZER

Ser uma pessoa que nunca desiste não significa meramente sobreviver ou simplesmente passar pela vida sem nenhuma força ou alegria no fim de cada dia. Na verdade, há uma qualidade de força, certo tipo de vitória, uma sensação de triunfo e uma paixão singular que acompanha uma pessoa que se recusa a desistir. Um indivíduo tão determinado, persistente e vencedor não apenas tem a capacidade para sobreviver, como também o poder para ter sucesso.

Pense novamente na águia. Uma pessoa de sucesso não fica ciscando pelo quintal com os galos e as galinhas, nem é medrosa, como elas. Em vez disso, ela tem o espírito de um conquistador e a força para subir e voar como uma majestosa águia.

APRENDENDO A VOAR

Deuteronômio 32:11 diz: "Como a águia que desperta a sua ninhada, paira sobre os seus filhotes, e depois estende as asas para apanhá-los, levando-os sobre elas." Quero que você observe a ação nesse versículo: a águia desperta a ninhada, paira sobre os filhotes, estende as asas totalmente, e leva os filhotes sobre suas asas.

Se quisermos ter forças para voar, precisamos entender tudo que esse versículo significa. Deixe-me começar falando sobre o ninho da águia. A águia constrói o ninho em uma rocha alta, com grandes blocos de pedra atrás e embaixo. O fundamento sólido do ninho é composto de três troncos principais que podem medir cinco centímetros por um metro e oitenta. O ninho de uma águia pode pesar até duas toneladas quando está concluído e pode ter até seis metros de profundidade e dois e meio a três metros de largura.

Quando a fundação é colocada, a fêmea termina de coletar materiais para a fundação e fica em "casa" a fim de fazer o trabalho de "acabamento", mas o macho continua a trazer videiras, folhas e peles de animais para casa, qualquer coisa que ele possa encontrar para "mobiliar" o ninho. Quando o ninho está quase pronto, a fêmea põe dois ou três ovos. Preparando-se para o nascimento dos filhotes, ela arranca penas de seu próprio peito para acolchoar o ninho para os bebês. Como a maioria das mães, ela está disposta a sofrer para dar conforto a seus bebês. Enquanto ela cuida dos ovos, o macho traz todo o alimento para ela e a deixa ficar na cama. (Vou sugerir que Dave faça isso comigo!)

O macho continua a recolher coisas para o ninho. Ele pode deixar o ninho um dia e voltar várias vezes com coisas como bolas de golfe, bolas de tênis, sapatos velhos, latas e todo tipo de metal brilhante que consiga encontrar. Se a mãe achar que o ninho está muito entulhado de lixo, ela joga fora o que não quer. Eu devo dizer a Dave duas ou três vezes por semana: "Jogue isto fora. Nunca vamos usar isto!". Às vezes eu mesma faço isso quando ele não está olhando!

Enquanto isso, quando chega a hora dos bebês nascerem, eles começam a bicar a casca de seus ovos com um apêndice pequeno na ponta de seus bicos, semelhante a um dente. As pequenas águias usam esse "dente" para bicar sem parar até finalmente romperem a casca.

Deus coloca esse tipo de determinação nos bebês desde o princípio. Ela é necessária porque ajuda a prepará-los para as adversidades que enfrentarão mais tarde em suas vidas. Na verdade, li que se

A Força para Voar 235

uma pessoa tentar intervir e ajudar um filhote de águia a romper sua casca, o bebê pode morrer. Ele precisa ter a oportunidade de ser tenaz e superar o obstáculo da casca para poder viver como Deus quer que ele viva. Se não aprender a não desistir diante da dificuldade, ele não pode sobreviver.

Os bebês passam os três primeiros meses de sua vida no ninho confortável que seus pais prepararam. Ele é fundo, largo, robusto e aconchegante. Mamãe está lá, e tudo está maravilhoso. A vida deles é fácil. Eles são bem cuidados.

Mas as pequenas águias têm uma grande surpresa quando alcançam cerca de doze semanas de vida. A mãe delas de repente começa a jogar todos os brinquedos para fora do ninho. Ela entra no ninho e começa a bater as asas, jogando coisas para fora e se livrando delas. Em seguida, ela começa a tirar todo o material confortável do ninho — as penas e peles de animais — e deixa os bebês sentados sobre espinhos e gravetos. É isso o que a Bíblia quer dizer quando menciona que a mãe águia "desperta a sua ninhada". O motivo pelo qual ela "desperta" o ninho é porque ela quer que seus bebês saiam e voem. Ela sabe que precisa ensiná-los a voar ou eles não sobreviverão.

Não demora muito, e a mãe se torna proativa. Ela começa mesmo a empurrá-los para fora do ninho. As pequenas águias, que não têm ideia de como voar, despencam pelo céu, provavelmente muito assustadas. Elas não sabem o que está acontecendo, e tenho certeza de que não querem olhar para o chão que se aproxima rapidamente. Mas logo elas ouvem um barulho — *whooooooooooooooooosh* — enquanto a mãe águia aparece debaixo delas para pegá-las.

Imagino o que uma pequena águia diria se pudesse: "Ah! Graças a Deus! Oh, mamãe, puxa, eu estava com medo. Eu estava me perguntando se você me amava, mas você deve me amar, porque você salvou a minha vida. Não sei por que você fez aquilo, mas podemos voltar para o ninho? Quero meus brinquedos de volta".

A essa altura, a mãe leva os bebês de volta para o ninho e então os empurra outra vez. Ela continua repetindo o processo sem parar,

236 NUNCA DESISTA

até que eles finalmente entendem que não têm outra escolha a não ser voar. A mãe faz isso porque ela os ama e quer que eles tenham a melhor vida possível. A maioria dos bebês não vai sair do ninho sem esse empurrão. Do mesmo modo, a maioria de nós também escolherá o conforto ao desafio, a não ser que não tenhamos escolha.

Você sente que Deus está operando em sua vida da mesma maneira que a águia com seus filhotes? Ele tem tirado alguns brinquedos de você ultimamente? Ele tem tirado um pouco do acolchoamento de seu ninho para que você se sente em galhos espinhosos? Ele está fazendo mudanças em sua vida que estão deixando você desconfortável? Ele está lhe dizendo "Vamos lá, é hora de voar"?

Às vezes sentimos que Deus nos deixou cair. Não sabemos o que está acontecendo em nossa vida; sentimos como se estivéssemos despencando em direção à terra e temos medo da aterrissagem. Não devemos ser tentados a desistir nessas situações. Não podemos nos permitir ter medo quando passarmos por situações que não entendemos. Deus está simplesmente tentando nos ensinar a voar — e antes que nossa queda vá longe demais, ouviremos o som *whooooooooooooooosh!* Ele estará lá bem na hora para nos salvar!

LIMPEZA E PREPARAÇÃO

Uma águia começa cada dia sentada em uma rocha, limpando sistematicamente as penas de suas asas (mil e duzentas penas em cada asa), passando cada uma delas em sua boca, uma a uma. Ela exala sobre cada pena e lança sobre ela um óleo de uma glândula especial localizada próximo à cauda. Isso se chama limpeza das penas; leva cerca de uma hora; e é semelhante a uma limpeza a vapor. Ela recondiciona, impermeabiliza e prepara as penas da águia para o voo que ela fará naquele dia. Essa preparação é vital para a sobrevivência da águia e para sua capacidade máxima de funcionar.

Alguns cristãos nunca adquirem a força para voar porque eles não dedicam tempo para se preparar para ser o melhor que podem

A Força para Voar 237

todos os dias. Não sei quanto a você, mas eu tenho de me preparar todos os dias antes de sair e lidar com pessoas, ou antes de fazer qualquer outra coisa. A melhor forma de preparação diária para se ter força máxima é o tempo com Deus. Nada pode prepará-lo para o que você precisa enfrentar no trabalho, em casa, nos relacionamentos ou na vida diária como reservar algum tempo para ter comunhão com Deus antes de começar seu dia ocupado.

Quando entendi pela primeira vez que precisava me preparar para cada dia passando tempo com Deus, alguns de meus filhos reclamaram. "Todo dia de manhã você levanta e vai estudar, mãe. Você não pode agir como uma mãe normal e preparar nosso café da manhã de vez em quando?".

Eles eram adolescentes nessa época, de modo que, na verdade, não precisavam de ajuda com o café da manhã. Respondi: "Ouçam, vocês são grandes o bastante para colocarem cereal em uma tigela e derramar leite nela. E vocês deveriam estar felizes por eu ir para meu estudo toda manhã. Vocês terão um dia muito melhor se eu tiver esse tempo com Deus!".

Minha filha Sandra, que hoje tem trinta e oito anos, está passando um tempo comigo enquanto trabalho neste livro. Ontem pela manhã, eu disse a ela que ia passar meu tempo matinal com o Senhor e ela perguntou: "Você vai ficar gentil?". Nós duas rimos porque aprendemos que até uma coisa tão simples como ser gentil com as pessoas pode ser impossível sem essa preparação diária na presença de Deus e de Sua Palavra.

Sei que muitas pessoas se sentem extremamente pressionadas com o tempo, e a simples ideia de acrescentar alguma coisa em sua rotina faz você tremer. Posso até ouvi-lo dizer: "Bem, tenho uma casa cheia de crianças e adolescentes. Como você espera que eu passe tempo com Deus?" ou "Trabalho em três empregos. Como você espera que eu passe tempo com Deus?".

Tudo que posso dizer é que quanto mais coisas você tem para fazer e quanto mais ocupado você está, mais você realmente precisa passar um tempo com Deus. Não sei como você precisa adaptar

238 NUNCA DESISTA

sua programação, mas sei que o tempo que você dá a Deus não é diferente do dinheiro que você dá a Deus. Se der tempo a Ele, Ele o dará de volta a você. Ele está no comando do tempo; Ele sabe de quanto tempo você precisa para realizar as coisas que realmente precisa fazer, e Ele pode proteger e ajudar você a administrá-lo se passar um tempo com Ele. Pare de tentar encaixar Deus em sua rotina e tome a decisão de colocá-lo em primeiro lugar; depois arrume o resto da programação ao redor Dele.

Você não precisa viver se sentindo como se fosse passar dos limites a qualquer momento ou pensando que simplesmente não vai conseguir sobreviver a mais um dia. Se você está vivendo um casamento difícil, a melhor coisa que pode fazer por si mesmo antes de qualquer outra coisa é passar tempo com Deus imediatamente, todos os dias. Se seu trabalho exige muita responsabilidade e estresse elevado, o melhor que você pode fazer para si mesmo é reservar um tempo de sua hora de almoço, entrar em seu carro, e passar um tempo com Deus. Se você tem um filho cuja educação é algo desafiador e com o qual tem dificuldade de lidar, passar um tempo com Deus antes de começar seu dia será o melhor investimento que você pode fazer. Tirar alguns minutos de "férias espirituais" ao longo do dia também é útil. Pare ao menos por alguns minutos e ore ou medite nas Escrituras que o encorajam e o fortalecem.

> Se você der tempo a Ele, Ele o dará de volta a você. Ele está no comando do tempo.

A vida não tem de oprimi-lo ou pegá-lo de surpresa. Prepare-se para os desafios que você enfrentará a cada dia, e prepare-se para voar com as águias tirando um tempo para estar com Deus todos os dias.

ELEVE-SE

Além de passar tempo com Deus para permanecerem fortes, os cristãos-águias também precisam tomar cuidado para permitir as influências corretas em sua vida. Com quem você está passando seu tempo? Quem tem influência em sua vida? A quem você está ouvindo?

Como escrevi anteriormente, uma águia que andou no meio das galinhas o tempo todo certamente logo começaria a adotar algumas qualidades das galinhas. Provérbios 4:23 nos instrui: "Acima de tudo, guarde o seu coração pois dele depende toda a sua vida". Observe que essas palavras são uma ordem: "guarde o seu coração". Guardar seu coração é assunto seu. Guardar seu coração não é algo que Deus fará para você.

Os próprios problemas da vida — as coisas mais importantes — fluem do coração, por isso, seja muito diligente em guardá-lo. No nível prático, isso significa ser muito cuidadoso com o que você permite entrar em sua vida por meio do "portão dos ouvidos" (aquilo que você ouve), e do "portão dos olhos" (aquilo que você olha).

Tome muito cuidado com as pessoas com as quais você passa um tempo, e lembre-se, uma águia não voa com todos os tipos de pássaros, de modo que você não pode andar com um grupo qualquer de pessoas. Se passar tempo com pessoas negativas, você desenvolverá uma atitude negativa. Por outro lado, se você se cercar de pessoas positivas, verá que sua atitude passará a ser mais otimista. Se você passar tempo com pessoas sovinas, você se tornará sovina; mas se andar com pessoas que têm prazer em dar, as atitudes delas o desafiarão a se elevar e a ser mais generoso.

Precisamos ser o tipo de pessoa que quer ser desafiada pelos outros, porque isso nos ajuda a manter a força para voar. Deixe-me encorajar você a orar para que Deus coloque pessoas em sua vida cujo comportamento gere em você a convicção para viver em um nível mais alto. Deus quer que todos nós nos elevemos. Creio que devemos viver com o objetivo de nunca desistirmos nem nos contentarmos com a situação em que estamos, mas sempre prosseguirmos para nos elevar e passar para o próximo nível de fé em nossa vida.

CRIE MÚSCULOS ESPIRITUAIS

Deus quer que você seja forte o bastante para voar acima das tempestades da vida e cumprir todos os planos que Ele tem para você. Para que isso aconteça, você precisa criar músculos espirituais. Você não pode simplesmente *desejar* ter músculos espirituais; você tem de *construí-los*, assim como tem de criar músculos em seu corpo físico.

Seria maravilhoso se pudéssemos desenvolver músculos tomando uma pílula ou pedindo a alguém que ore por nós. Todos iriam querer essas orações! Todos nós sabemos que essa é uma ideia tola porque a única maneira de desenvolver músculos é se exercitando!

Eu sempre disse que nunca seria o tipo de pessoa que iria a uma academia de ginástica três vezes por semana, porque eu odiava exercícios! Eu ficava bem se estivesse exercendo uma atividade da qual gostasse, como caminhar ou jogar golfe (e, por acaso, estava me exercitando ao exercê-la); mas eu não me importava muito com toda a rotina de "vamos malhar". Como mencionei anteriormente, agora frequento uma academia três vezes por semana para me exercitar. O que me fez mudar de ideia? Finalmente quis ser mais forte, mais saudável e ter mais energia. Isso foi o bastante para fazer com que eu fizesse o que era necessário para atingir meu objetivo.

Vou lhe dizer exatamente o que aconteceu. Deus falou em meu coração e disse: *Você precisa fazer alguma coisa agora para poder estar forte para a última terça parte de sua jornada.* Ele quer que eu tenha forças para voar.

Creio que estou no "último trimestre" de meu ministério, e quero dar à luz tudo que Deus planejou para mim. Para viajar internacionalmente, fazer conferências e cumprir com minhas demais responsabilidades, tenho de ter um corpo forte para guardar meu espírito.

Encontrei um treinador e comecei a me exercitar. Comecei com pesos de cinco quilos, e a princípio pensei que jamais conseguiria levantá-los. Então passei para sete e meio, depois para dez, depois para doze e meio, depois para quinze. Hoje posso levantar

A Força para Voar

vinte quilos com facilidade e, às vezes, até vinte e cinco, dependendo do exercício que estou fazendo.

Levei apenas nove semanas para me exercitar e chegar até esse nível. Você ficará impressionado com o progresso que fará se simplesmente estiver disposto a começar a fazer o que quer que Deus o dirija a fazer. Talvez não seja levantar pesos, mas tenho certeza de que Ele está tratando com você a respeito de alguma coisa porque Deus está sempre nos impulsionando para cima. Fazer as coisas difíceis que Deus nos pede é o que nos ajuda a desenvolver músculos espirituais.

As situações difíceis, aquelas que são difíceis de suportar, são aquelas que lhe dão forças para voar, portanto não fuja delas. Você chegará ao ponto em que as circunstâncias que um dia foram muito difíceis para você se tornarão fáceis. Na verdade, você se elevará acima das tempestades da vida, assim como as águias.

A Gaiola Dourada

Muitas vezes, quando pensamos nas pessoas que se recusaram a desistir, pensamos naqueles que superaram obstáculos como a pobreza ou a desvantagem econômica, deficiências físicas ou mentais, ou algum outro tipo de circunstância trágica. Mas nem sempre é esse o caso. As pessoas que nasceram para ter vidas privilegiadas também têm desafios, como aprendemos com a vida de Florence Nightingale.

Ela recebeu o nome da cidade em que nasceu — Florença, na Itália — em 1820. Filha de pais ricos que desfrutaram uma lua de mel de dois anos na Europa depois de seu casamento, esperava-se que Florence Nightingale fosse em busca dos interesses dos privilegiados, fizesse um bom casamento e tivesse a vida tradicional de uma mulher inglesa sofisticada da classe alta.

Mas Florence tinha outros planos. Em 1837, no jardim da casa de sua família em Hampshire, ela recebeu um "chamado" de Deus, no qual sentia que Ele a chamava para fazer Sua obra, mas Florence não sabia especificamente o que Ele queria que ela fizesse. Finalmente, ela entendeu que deveria ser uma enfermeira, mas seus pais achavam que a enfermagem estava "abaixo" do nível de Florence por causa de sua posição social, de sua habilidade acadêmica, de sua personalidade ativa e de sua beleza. Na opinião deles, uma mulher tão distinta não deveria sequer considerar a hipótese de exercer uma ocupação de tão "baixo nível", e eles se recusaram a permitir que Florence buscasse o treinamento de que necessitava para seguir seu desejo dado por Deus de se tornar enfermeira.

Depois de conflitos consideráveis na família, os pais de Florence finalmente, mas relutantemente, concordaram em permitir que ela fizesse um curso de enfermagem de três meses. Isso deu a ela a possibilidade de se tornar superintendente de um hospital de mulheres em Londres, em 1853.

A Força para Voar   243

Em março de 1854, a Guerra da Criméia irrompeu quando a Bretanha, a França e a Turquia declararam guerra à Rússia. Os jornais ingleses logo relatariam que os soldados feridos estavam impossibilitados de receber cuidados médicos corretos por causa das instalações médicas inadequadas no *front*. Um oficial britânico e conhecido de Florence pediu que ela supervisionasse o processo de equipar os hospitais militares na Turquia com enfermeiras que pudessem prestar os cuidados adequados aos homens feridos em batalha. Florence chegou à Turquia com trinta e oito enfermeiras prontas para cumprir seu dever em novembro de 1854.

A princípio, os médicos não queriam que as enfermeiras trabalhassem com eles e se recusaram a pedir ajuda. Mas dentro de alguns dias, as necessidades médicas dos soldados feridos venceram os médicos e eles reconheceram a importância e o valor de ter enfermeiras como assistentes. Como resultado do trabalho de Florence, as condições dos hospitais militares melhoraram drasticamente e as taxas de mortalidade caíram de forma expressiva. Florence conquistou o profundo respeito dos soldados britânicos não apenas por sua perícia como enfermeira e administradora, mas também por sua bondade e compaixão para com eles.

Florence ganhou muitos prêmios de prestígio ao longo de sua vida e fez contribuições de valor incalculável ao sistema de saúde moderno, e sua influência se estende por toda a profissão de enfermagem até hoje. Ela elevou a enfermagem ao nível de uma ocupação admirável para as mulheres e escreveu livros clássicos sobre a profissão, livros que ainda estão sendo impressos.

Florence Nightingale teve de vencer grande oposição familiar e pressão social para fazer aquilo que acreditava que Deus a havia chamado para fazer. Ela nunca desistiu do plano Dele para sua vida e permaneceu fiel a ele até sua morte, aos noventa anos. Assim como Florence, esteja disposto a arriscar a reprovação dos outros para seguir a Deus e permanecer comprometido com tudo que Ele lhe pedir para fazer.

CAPÍTULO 16

NUNCA DESISTA DO FUTURO

"Meu interesse é no futuro porque irei passar o resto da vida lá".
CHARLES F. KETTERING

Ao longo deste livro, tenho incentivado você a nunca desistir. Nunca desistir significa marchar em direção ao futuro com ousadia e confiança, vendo cada novo dia como uma oportunidade para alcançar tudo de melhor que Deus tem para você e encarando cada novo desafio como uma montanha a ser escalada, e não como uma pedra que vai esmagá-lo.

Você tem um futuro maravilhoso pela frente, mas não poderá chegar até ele e desfrutá-lo plenamente se seu passado continuar mantendo-o cativo. O passado tem o potencial de impedir que você experimente a alegria, a liberdade e as bênçãos do presente e do futuro — *se você permitir is*so. Deus quer que você se liberte do passado e volte seu rosto em direção ao futuro com esperança, coragem e expectativa. E a melhor maneira que conheço de nunca desistir do futuro é se recusar a ficar preso no passado.

NÃO OLHE PARA TRÁS

Deus fala sério quanto a libertar você do passado. Talvez nenhuma história da Bíblia ilustre melhor isso do que o relato infeliz da mulher de Ló. Deixe-me trazê-lo à sua memória.

Um homem chamado Ló e sua família viviam em uma cidade consumida pela maldade e pelo pecado. Deus estava irado com a degradação daquela cidade e de outra cidade próxima, então Ele decidiu destruí-las. Deus enviou dois anjos à casa de Ló para dizer a ele que pegasse sua família e fugisse. Os anjos o advertiram: "Fuja por amor à vida! *Não olhe para trás* e não pare em lugar nenhum da planície! Fuja para as montanhas, ou você será morto!" (Gênesis 19:17, ênfase da autora). A mulher de Ló cometeu o terrível erro de desobedecer à ordem de não olhar para trás. Exatamente naquele instante, ela se transformou em uma estátua de sal.

Jesus não queria que nós nos esquecêssemos do que aconteceu àquela mulher. Lucas 17:32 é um versículo bíblico muito curto, no qual Jesus disse apenas cinco palavras: "Lembrem-se da mulher de Ló!". Essa foi Sua maneira de dizer: "Parem de olhar para trás. O passado se foi. Não olhem para o que ficou atrás de vocês; olhem para o futuro à frente!".

Enquanto eu pensava e falava sobre o passado, sentia que não tinha futuro. Deus estava me dando um futuro, mas eu o teria perdido totalmente se não tivesse entendido finalmente que tinha de "deixá-lo ir para poder prosseguir!".

Às vezes, quando focamos no passado, não podemos sequer ver o futuro. Ficamos desanimados, sem esperança e deprimidos. Não se comporte como se o passado fosse mais importante que o futuro, dando a ele muito do seu tempo. Se você fizer isso, ele manterá você aprisionado nos dias que se foram e roubará seu contentamento com o momento presente e sua esperança no futuro. Quando a mulher de Ló olhou para trás, ela perdeu a vida. Ela perdeu a família e perdeu o futuro. Quero que você saiba disto: você pode ser destruído por olhar para trás! Você provavelmente não se transformará em uma estátua de sal, mas pode se tornar tão "morto" quanto uma estátua de sal por dentro se permitir que o foco excessivo no passado roube a vida que você tem hoje.

NOVAS A CADA MANHÃ

Ficar preso ao passado só lhe dá a oportunidade de revivê-lo. A Bíblia diz que assim como um homem pensa, assim ele é (ver Provérbios 23:7). Gosto de provar esse ponto dizendo: "Aonde a mente vai, o homem a segue". Se eu colocar minha mente no passado, continuarei repetindo-o de uma forma ou de outra, mas se eu colocá-la no futuro, progredirei em direção ao sonho de Deus para mim.

Você não precisa ter medo de repetir o passado. Se você acredita que Deus é maior que seus pecados, erros e deficiências, terá a energia, a força espiritual e a graça de Deus para ajudá-lo a fazer melhor no futuro. Os sonhos do futuro não têm lugar para as decepções do passado, que vão mantê-lo deprimido e estacionado.

Muitas vezes, antes de seus pés atingirem o chão pela manhã, o inimigo começa a lembrar tudo que você fez de errado no dia anterior ou tudo que não deu certo. Ao fazer isso, o objetivo do inimigo é usar o ontem para impedir que você viva o hoje. Ele quer sempre usar o passado contra você. Mas Deus não quer que vivamos sob a tirania do passado. Todo dia pode ser um novo começo se permitirmos. A misericórdia de Deus é maior que os erros de ontem.

> O objetivo do inimigo é usar o ontem para impedir que você viva o hoje.

As misericórdias de Deus se renovam a cada dia! Portanto, toda manhã, quando você acordar e Satanás começar a ler para você um inventário dos fracassos de ontem, você precisa dizer em voz alta: "As misericórdias de Deus se renovam a cada manhã. Recebo a Tua misericórdia neste instante, Deus. Eu Te agradeço pelo Teu perdão. Obrigado por deixar meu passado para trás e por me chamar para avançar em direção a um futuro maravilhoso". Em vez de imaginar o que poderá acontecer de terrível até o fim do dia, comece o dia dizendo: "Algo de bom vai acontecer comigo hoje!".

É possível que o inimigo esteja lá para sussurrar: "Bem, você vai se decepcionar e não vai se sair melhor hoje do que ontem"; mas

248   NUNCA DESISTA

você pode dizer: "Não sei exatamente o que o dia me reserva, mas vou ter uma atitude positiva. Vou seguir em frente e fazer o melhor que puder, e no fim deste dia, superarei os erros que cometer e me prepararei para o dia seguinte. É melhor você me deixar em paz, diabo, eu nunca vou desistir das novas misericórdias que Deus me dá a cada manhã e recuso-me a ficar preso em meu passado". Você ficará surpreso em ver como um pouco de conversa positiva consigo mesmo o ajudará e até o encherá de energia. Ser negativo nos suga, mas a fé, a esperança e uma atitude positiva abrem a porta para que Deus opere milagres.

Você é a única pessoa que pode silenciar o inimigo quando ele ficar relembrando seu passado. Ninguém pode fazer isso por você. Se você estiver determinado a vencê-lo e a prosseguir rumo ao futuro maravilhoso que Deus tem para você, aprenderá a responder ao diabo. Você não pode pegar a determinação de outra pessoa emprestada; você precisa cavar bem fundo e agarrar com firmeza sua força interior e dizer: "Não vou desistir! O inimigo não vai usar meu passado para roubar meu futuro! Não vou deixar que o ontem afete o hoje!".

Cumprir seu destino requer abrir mão do que ficou para trás. Tive de parar de lamentar pelo que eu havia perdido e fazer o inventário do que me havia restado. Ofereci isso a Deus, embora não parecesse muito, e Ele tem feito coisas maravilhosas em minha vida. Ele fará o mesmo por você, se trabalhar com Ele em vez de trabalhar contra Ele. Deus chamou a Si mesmo "EU SOU" (ver Êxodo 3:14). Ele disse que este era Seu nome. Por quê? Que tipo de nome é esse? Ele está deixando bem claro que está sempre presente, pronto para operar em nossa vida agora mesmo. Ele está conosco para nos ajudar neste instante! Ele é poderoso para fazer com que até os erros do passado cooperem em nosso benefício se confiarmos Nele. Você vai deixar o passado para trás e viver cada dia plenamente enquanto avança em direção ao futuro?

ESQUEÇA AS COISAS VELHAS

O profeta Isaías nos incentiva a esquecermos o passado: "Esqueçam o que se foi; não vivam no passado" (Is 43:18). Lembrar e considerar são processos mentais, então Isaías está dizendo basicamente: "Afaste seus pensamentos dos pecados antigos, dos fracassos passados, dos velhos erros, dos velhos amigos, da antiga vida, da velha natureza, do antigo emprego — de tudo sobre seu passado. Não deixe que sua mente permaneça nessas 'coisas velhas'".

Depois que deixei o emprego onde eu ministrava uma aula sobre estudo bíblico que tinha uma boa frequência em uma igreja e estava dirigindo o Ministério Joyce Meyer, as pessoas que se lembravam dos estudos bíblicos de vez em quando perguntavam: "Você não sente falta daquele tempo bom em que todos estávamos juntos na igreja para o estudo bíblico? Não eram bons tempos aqueles?".

Sim, eram bons tempos. Eles foram muito importantes para o desenvolvimento do ministério que tenho hoje, e realmente tivemos momentos maravilhosos estudando a Palavra juntos. Mas preciso dizer que realmente não sinto saudades daquele tempo. Foram bons tempos, mas os dias que estou vivendo agora são melhores! Se sentirmos saudades dos "tempos passados" por muito tempo e continuarmos pensando neles e falando sobre eles, esgotaremos completamente nossa capacidade de desfrutar o hoje ou o futuro.

Não sei exatamente o que Deus tem em Seu plano para mim, mas sei que será bom. Estou entusiasmada em percorrer esse caminho com Ele, e para fazer isso tenho de recusar-me a permitir que minha mente seja levada por direções que não me farão bem algum. Conduza seus pensamentos de uma forma deliberada, e não fique apenas esperando para ver o que lhe vem à mente.

Vemos as coisas com a mente. O que você vê? Depois que Abraão passou por uma grande perda, Deus o conduziu ao topo de uma montanha. Ele disse a ele para olhar em direção ao norte, ao sul, ao leste e ao oeste, e depois completou: "Você pode possuir tudo o que vê!" (ver Gênesis 13:14-17). Uau! Isso me parece um bom plano. Por que olhar para trás e ter mais do que já tivemos

250 NUNCA DESISTA

quando podemos olhar para frente e desfrutar coisas tão maravilhosas que sequer imaginamos?

Continuando a leitura de Isaías 43, Deus diz: "Vejam, estou fazendo uma coisa nova! Ela já está surgindo! Vocês não a reconhecem? Até no deserto vou abrir um caminho e riachos no ermo" (v.19).

Observe que Deus não diz: "*Farei* uma coisa nova"; Ele diz: "*Estou fazendo* uma coisa nova". Deus está fazendo uma coisa nova, mas para experimentá-la, você precisa tirar seu foco do que Deus fez no passado, e voltá-lo para o que Ele está fazendo agora. Deixar de fazer isso resultará em uma vida cheia de lamentações.

Lamentar-se significa "sentir pena ou pesar por; estar de luto; um sentimento de perda e de anseio por alguma coisa ou por alguém que partiu; sofrimento pelo desejo não realizado ou por um ato executado ou não executado". Lamentar prende você ao passado e o mantém focado nas coisas velhas. Mas Deus está fazendo uma coisa nova *agora*. Seja uma pessoa que deixa as lamentações passadas para trás, que vive no presente e que nunca desiste de um futuro fabuloso.

Seja uma pessoa que deixa as lamentações passadas para trás, que vive no presente e que nunca desiste de um futuro fabuloso.

Não creio que Deus libere as bênçãos que tem para nós a cada dia se vivermos no passado. Ele sabe que nós não as desfrutaremos se estivermos presos a lembranças de quinze anos atrás ou se não conseguirmos superar um erro que cometemos no segundo grau. Venha para o presente; receba as bênçãos que Deus tem para você hoje; e aguarde o futuro com grande expectativa.

DEUS ESQUECE!

Você realmente acredita que Deus perdoa seus pecados quando você se arrepende? É verdade. Em outra parte deste livro, mencionei que Jesus pagou totalmente o preço por nossos pecados, para

Nunca Desista do Futuro 251

que fôssemos perdoados e não tivéssemos motivos para nos sentirmos culpados ou condenados quando nos arrependemos. Agora quero dar um passo mais à frente e garantir que você entenda que Deus não apenas *perdoa*, mas também *esquece* seus pecados. Ele não perdoa você e depois diz: "Ah, Eu me lembro de quando tive de perdoar Johnny por puxar o cabelo da irmã e fazê-la chorar. Agora ele quer que Eu o perdoe por colar na prova de álgebra. A lista de pecados perdoados de Johnny está ficando longa demais!". Se Johnny dissesse a Deus: "Sei que o Senhor já me perdoou por puxar o cabelo de minha irmã, mas agora preciso que o Senhor me perdoe por colar em uma prova", Deus diria: "O cabelo de sua irmã? Você me pediu para perdoar isso? Não me recordo absolutamente; não há registro disso em lugar algum. Agora, o que você queria Me dizer sobre a prova de álgebra?".

Tanto no Antigo quanto no Novo Testamento, Deus quer que entendamos o quanto Ele perdoa completamente nossos pecados. Em Jeremias 31:34 Ele diz: "Porque eu lhes perdoarei a maldade e não me lembrarei mais dos seus pecados". Em Hebreus 10:17, o autor faz referência às palavras de Jeremias: "Dos seus pecados e iniquidades não me lembrarei mais".

Quero que vejamos este versículo dentro do contexto:

> *"Porque, por meio de um único sacrifício, ele aperfeiçoou para sempre os que estão sendo santificados. O Espírito Santo também nos testifica a este respeito. Primeiro ele diz: 'Esta é a aliança que farei com eles, depois daqueles dias, diz o Senhor. Porei as minhas leis em seu coração e as escreverei em sua mente', e acrescenta: 'Dos seus pecados e iniquidades não me lembrarei mais'" (vv. 14-17).*

Essa passagem não está falando sobre um perdão que acontece no dia em que recebemos a Cristo e que trata com todos os pecados *passados*. O perdão de Deus é progressivo, e dura pelo período de nossa vida; ele é para todos os dias. Quando Jesus morreu na cruz há dois mil anos, Ele não apenas perdoou tudo que dizemos no passado, como também se comprometeu a perdoar todo pecado que cometeríamos no futuro. Ele conhece nossos pensamentos antes que eles nos venham à mente; Ele conhece nossas palavras antes que elas saiam de nossa boca; Ele conhece cada decisão errada que algum dia tomaremos — e tudo isso já está coberto. Tudo que temos a fazer é permanecer em um relacionamento com Ele. Afinal, o que Ele quer de nós mais do que qualquer outra coisa não é um desempenho perfeito, um comportamento perfeito, ou atitudes perfeitas, mas corações que realmente o amem. Lembre sempre, Deus não se surpreende com nosso mau comportamento. Ele já o conhecia muito antes de nós e Ele nos quer assim mesmo. Ele está entusiasmado em nos ajudar a crescer para sermos tudo que Ele sabe que podemos ser.

Deus enterra nossos pecados — passados, presentes e futuros — no mar do esquecimento e não se lembra mais deles. Muitas vezes pregamos o perdão de Deus, mas falhamos em nos concentrar no fato de que Ele também os esquece. *"Dos seus pecados e iniquidades não me lembrarei mais"*, diz Deus. Decida-se hoje a parar de se lembrar do que Deus já esqueceu.

Ao longo deste livro mencionei muitas das situações devastadoras e disfuncionais de meu passado, e durante anos permiti que o impacto dessas circunstâncias me impedisse de avançar em direção ao futuro. Eu não progredia para a nova vida que Deus tinha para mim porque continuava usando o passado como desculpa para continuar com os velhos padrões de pensamento e de comportamento.

Jesus disse: "E conhecerão a verdade, e a verdade os libertará" (Jo 8:32). Quando estivermos dispostos a encarar a verdade acerca de nós mesmos, seremos libertos. Quando aceitei o fato de que eu estava culpando as outras pessoas e as circunstâncias do passado pelo meu fracasso em avançar em direção ao futuro, pude finalmente assumir a responsabilidade por minha vida, lidar com meu passado e ficar livre para ir em busca de meu futuro. Encontrei a força para crer em 2 Coríntios 5:17: "Portanto, se alguém está em Cristo, é nova criação. As coisas antigas já passaram; eis que surgiram coisas novas!".

Ser uma nova criatura em Cristo não significa que todos os problemas e fraquezas desaparecem em pleno ar no instante em que você assume o compromisso de viver para Deus. Significa que você se torna "barro" espiritual novinho em folha. Deixe-me explicar.

Jesus, que é chamado de "a Semente", vem viver em nós como a semente do Deus Todo-poderoso, trazendo com Ele a semente de tudo que Deus é. No mundo físico, as sementes precisam ser plantadas; elas precisam de tempo para criar raízes na terra; e elas precisam ser cultivadas. Elas precisam de luz do sol e de água. Alguém precisa impedir que as ervas daninhas sufoquem a vida delas e impeçam seu crescimento.

Um processo semelhante é necessário em nossa vida espiritual. Não nos tornamos "novas criaturas" da noite para o dia, mas por meio de um processo. A Palavra de Deus precisa ser plantada em nosso coração, e ela precisa de tempo para criar raízes em nós. Precisamos da água da Palavra de Deus (ver Efésios 5:26) e da luz de Seu Espírito para nos fortalecer. Também será extremamente útil aproveitar cada oportunidade que temos de sermos cuidados por crentes mais maduros que possam nos guiar.

À medida que prosseguimos incessantemente com esses hábitos bons e piedosos, essas sementes que Deus plantou em nós começam a crescer como plantas e se tornam árvores de justiça (ver Isaías 61:3). Com o tempo, percebemos que estamos mudando, não por causa de nosso esforço, mas porque estamos passando tempo com Deus e crescendo em Sua Palavra. À medida que permanecemos em Sua presença e vivemos por Sua verdade, Sua imagem é recriada em nós e realmente nos tornamos novas criaturas.

O PASSADO JÁ FOI PAGO

O inimigo adora fazer você lembrar do passado. Ele usa erros, decepções, dores e ofensas de momentos passados de sua vida e fica remoendo-os em sua mente como discos arranhados. Entre cada verso das mesmas velhas canções, ele canta este refrão:"Agora você tem de pagar. Você tem de pagar por tudo que fez de errado. Você tem de pagar! Você tem de pagar! Você tem de pagar!".

Como mencionei anteriormente, muitas pessoas acreditam na mentira de que de alguma forma temos de compensar os juízos errôneos e os delitos do passado. Não quero que você caia nessa armadilha. Deixe-me incentivar você a nunca tentar "pagar" por seu passado abrindo mão de seu futuro. Não acredite na mentira de que um passado ruim desqualifica você para um grande futuro. Não se permita acreditar que você cometeu tantos erros no passado que não há esperança para seu futuro.

Em Jeremias 29:11, Deus diz: "Porque sou eu que conheço os planos que tenho para vocês, diz o Senhor, planos de fazê-los prosperar e não de lhes causar dano, planos de dar-lhes esperança e um futuro". Não importa qual tenha sido seu passado, decida-se em seu coração a acreditar que Deus tem bons planos para você. Seus erros não podem mudar essa verdade. A única maneira de isso não ser verdade em sua vida seria se você o rejeitasse. Se você não estiver disposto a crer nisso, é improvável que o veja acontecer em sua vida. Mas se acreditar nisso e não parar de acreditar, em breve você verá que os pensamentos e os planos de Deus para você são para seu bem e para sua paz, e não para seu mal, independentemente de seu passado. Ele é com você; Ele tem grandes planos para você; e você tem todos os motivos para ter esperança em seu futuro.

Nunca Desista do Futuro

Ele se Grudou a Uma Ideia

Talvez você nunca tenha ouvido falar em Thomas Adams, mas é provável que já tenha desfrutado o produto que foi desenvolvido em resultado de sua perseverança. Deixe-me explicar.

Durante as décadas de 1860, o sucesso parecia impossível para Adams. Depois de fracassar em diversos empregos e tipos de comércio, ele se tornou fotógrafo. Ele era criativo e apreciava seu trabalho, mas tinha dificuldade em ganhar a vida com ele.

Por volta da mesma época, o general mexicano Antonio de Santa Anna foi para o exílio nos Estados Unidos e ficou na casa de Adams em Staten Island, Nova York. Santa Anna incentivou o inovador Adams a ver o que podia fazer com o chicle, uma substância derivada das árvores sempre verdes do México. Santa Anna acreditava que o chicle poderia ser usado para fazer borracha sintética e disse a Adams que ele poderia conseguir a substância a um preço muito baixo com alguns amigos no México.

Assim, Adams pôs mãos à obra fazendo experiências com o chicle em um armazém na cidade de Nova York. Ele tentou misturá-lo à borracha para fazer pneus de bicicletas, mas fracassou. Também tentou fazer brinquedos, máscaras, botas de chuva e outros artigos, mas nunca teve êxito. Depois de fazer experiências diligentemente por cerca de um ano e não encontrar utilidade para o chicle, ele decidiu jogar o estoque restante do produto no rio East e esquecer o assunto.

Antes de jogar fora o chicle, Adams foi visitar uma farmácia local, onde ouviu a conversa de uma garotinha pedindo para comprar um pedaço de goma de mascar por um centavo. Na época, a goma de mascar dos Estados Unidos era feita de cera de parafina. Naquele instante, Adams entendeu que provavelmente poderia fazer goma de mascar com chicle, não percebendo que isso já estava acontecendo no México havia anos. Naquela noite, Adams e seu filho fizeram pedaços de goma de mascar com chicle — pequenos pedaços sem nenhum sabor artificial — e os embrulharam em papel de seda brilhante colorido. Eles venderam cada pedaço de goma por um centavo.

Adams finalmente encontrou o sucesso vendendo sua goma, a qual deu o nome de "A Goma Nº1 de Nova York de Adams". Em 1888, sua goma "tutti-frutti" tornou-se a primeira a ser vendida em máquinas automáticas, e por volta do fim do século XIX ele havia estabelecido a empresa mais lucrativa de goma de mascar dos Estados Unidos. Sua empresa ganhou o monopólio do negócio de gomas de mascar em 1899, ao fazer uma fusão com os maiores fabricantes de goma de mascar dos Estados Unidos e do Canadá. Essa empresa desenvolveu e vendeu o Chiclets®, com um tremendo sucesso, a partir do início da década de 1900.Na próxima vez que você vir um pacote de goma de mascar, pense em Thomas Adams e deixe que isso o relembre que você nunca deve desistir.

CAPÍTULO 17

O PODER DA ESPERANÇA

"A esperança é necessária em qualquer situação".

SAMUEL JOHNSON

Na véspera do Natal de 1981, um grupo de pessoas embarcou em uma trágica jornada que jamais esqueceria. Uma mulher chamada Pat, seu marido Gary, seus dois enteados adolescentes e um amigo próximo, estavam voando para o Colorado para esquiar. Gary estava pilotando o pequeno avião que deveria levá-los a seu destino. Ele tinha carteira de piloto, mas não estava habilitado para voar com instrumentos, de modo que não registrou um plano de voo.

Voar sobre as montanhas exigiu demais do pequeno motor, e eles começaram a descer. Gary viu uma pequena clareira ao longo da linha das árvores no meio de uma cordilheira. Ele se dirigiu a ela e embora tenha feito uma aterrissagem forçada, conseguiu manter a maior parte do avião intacta e com o lado certo para cima.

O impacto quebrou as costas de Pat, mas os ferimentos de todos os demais foram mínimos. Pat ficou inconsciente por algum tempo, mas ela se lembra vagamente de seu marido dizendo que ia sair para buscar ajuda.

Os quatro ficaram na cabine apertada do avião e esperaram durante a noite a chegada do socorro. No dia seguinte, pensaram que

258   NUNCA DESISTA

suas preces tinham sido atendidas. A cerca de noventa metros dali, um helicóptero militar pousou e um grupo de soldados saltou. Os passageiros perdidos pensaram que sua prova havia terminado. Eles presumiram que Gary tivesse chegado a um lugar seguro e que aquele era o grupo de salvamento. Alguns minutos depois, o grupo percebeu que aqueles homens *não* estavam procurando por vítimas de acidentes. Aterrorizados, eles gritaram pedindo ajuda, mas o motor do helicóptero era tão ensurdecedor que os soldados não podiam ouvi-los. O topo branco do avião se misturava com a neve, que estava alta demais para que os meninos tentassem ir para muito longe do avião, e eles não tinham nada para usar como sinalizador. Não havia nada mais que pudessem fazer. O helicóptero decolou. O frio silêncio da montanha esmagou o espírito deles.

As vítimas comeram neve como ceia de Natal e tentaram inutilmente fazer fogo. Ficaram sentados naquela temperatura congelante e suportaram a escuridão da noite, negra como breu. Na mente de Pat, ela pedia a Deus: *Se vamos todos morrer, posso ir primeiro? Não posso ver os outros morrerem antes de mim.*

Felizmente, eles tinham uma Bíblia com eles. Por meio dela, o Senhor começou a encorajá-los a continuar tendo fé quando parecia não haver esperança.

Pelo fato de não haver nenhum plano de voo registrado, ninguém sabia que o grupo estava desaparecido. Entretanto, o transmissor de emergência estava emitindo um sinal. Mal sabiam as vítimas do acidente que um jato comercial acima deles ouviu aquele sinal, mas como não havia nenhum relatório sobre um avião desaparecido, eles presumiram que o transmissor estivesse sendo usado para entrega de drogas (nos anos 1980, os traficantes de drogas deixavam cair cargas de drogas embaladas com transmissores para que as equipes em terra pudessem localizá-las). No entanto, quando o mesmo avião ouviu o transmissor alguns dias mais tarde, o alerta foi passado e centenas de pessoas começaram a procurar nas montanhas. Foi difícil localizar a região em que estava o transmissor porque o sinal ecoava fora das montanhas.

O Poder da Esperança   259

O tempo piorou no sexto dia; uma nevasca começava a tomar vulto. Então os sobreviventes, com frio e fome, começaram a ouvir barulhos do lado de fora. De repente, do nada, um homem com um grande sorriso apareceu na janela do avião! Os reforços haviam sido chamados. Mesmo contra as ordens, um piloto de helicóptero aterrissou seu Huey em um pedaço de gelo irregular em meio à nevasca. Pat e os meninos foram acomodados no helicóptero, mas o amigo deles teria de descer por meio de um esqui na manhã seguinte. A neve agora estava na altura do peito, de modo que uma equipe de resgate, com suprimentos de emergência, ficou com ele durante a noite. Na manhã seguinte, foram necessárias sete horas para transportá-lo em um esqui até uma área de pouso.

Pat sofreu uma cirurgia nos ossos fraturados e até hoje tem uma placa de aço que ajuda a manter sua coluna reta. Os meninos perderam cerca de metade de cada pé devido à ulceração causada pelo frio, e o amigo deles perdeu ambas as pernas na altura do joelho.

Durante meses, ninguém viu ou ouviu falar de Gary. Pat sabia que ele se fora.

Foram necessários vários meses, mas Pat começou a se recuperar fortemente. Ela se sentiu animada a seguir em frente. Então começou a sentir que Deus tinha algo para ela fazer. Pat percebeu que podia sentir pena de si mesma e viver como uma vítima, ou prosseguir vivendo sua vida.

Nove meses depois do acidente, o corpo de Gary foi encontrado. Ele aparentemente havia caído em um despenhadeiro e congelado até à morte.

> Quando estiver em uma situação difícil, lembre-se sempre de que você tem duas escolhas: você pode desistir ou pode prosseguir!

Pat decidiu seguir em frente e descobrir o trabalho que Deus a estava chamando para fazer. Ela passou uma década de busca e de deserto emocional; provações e dor — tudo isso enquanto se preparava para o trabalho que ela agora exerce com o homem com quem se casou após a morte de Gary.

260 NUNCA DESISTA

Quando estiver em uma situação difícil, lembre-se sempre de que você tem duas escolhas: você pode desistir ou pode prosseguir! Só você pode fazer a escolha, mas se escolher prosseguir, você pode encorajar muitos outros ao longo de sua vida que se depararem com a mesma escolha que você teve de fazer um dia.

AGARRE-SE À ESPERANÇA

Pat e os outros sobreviventes da queda do avião aprenderam a ter esperança em uma situação aparentemente sem esperança. Pessoas como Pat, que viram a fidelidade de Deus no passado, têm a tendência de serem muito esperançosas. Elas sabem que uma situação ruim pode se transformar em um maravilhoso testemunho em questão de minutos. Elas sabem como se agarrar à esperança e se recusar a desistir.

As pessoas que perderam a esperança encaram a vida com pavor. O pavor, que está intimamente relacionado ao medo, rouba a capacidade de desfrutar a vida comum e torna as pessoas ansiosas quanto ao futuro. Ele impede que elas tenham expectativas quanto à hora seguinte, ao dia seguinte, ao mês seguinte ou à década seguinte. Seus pensamentos sobre o presente são negativos e sua perspectiva sobre o futuro é cheia de medo, pessimismo, dúvida e preocupação.

A esperança, por outro lado, é o oposto do pavor; e é um parente próximo da fé. Hebreus 11:1 nos diz que a fé é "a certeza daquilo que esperamos". Quando temos esperança, nossa perspectiva da vida e do futuro é positiva. Podemos ter esperança porque confiamos no amor de Deus, em Seu poder para nos suprir e em Sua capacidade de nos guiar em todas as situações. A esperança impede que nos preocupemos, permitindo que deixemos nossas perguntas não respondidas nas mãos de Deus, nos dá poder para permanecermos em paz, e nos capacita a crermos no melhor acerca dos dias que estão por vir. As pessoas que têm esperança são felizes, otimistas e cheias de força e coragem.

O Poder da Esperança 261

Pelo fato de que a esperança é uma força tão poderosa, o inimigo a persegue com sentimento de vingança. Se ele conseguir roubar sua esperança, ele conseguirá colocá-lo no caminho para o desespero e para a depressão total — e essa é a intenção dele. Ele vai plantar pensamentos como estes em sua mente:

- Você sempre foi assim. Você nunca vai mudar.
- Ninguém nunca vai querer casar com você.
- É melhor você se contentar com este emprego de principiante, porque nunca será inteligente o bastante para conseguir uma promoção.
- É melhor comprar roupas de tamanho maior porque você nunca vai perder este peso.
- Seus filhos nunca conseguirão ser nada na vida.
- Você não vai ter dinheiro suficiente para se aposentar.
- Ninguém em sua família viveu mais de setenta anos, de modo que você não pode esperar ter uma vida longa.
- Você nunca terá um carro novo.
- Você nunca vai ter a casa própria.
- Você nunca vai sair das dívidas.

Se você ler essas afirmações com atenção, vai perceber que elas têm um fio comum que as percorre: a autocomiseração! O diabo coloca pensamentos em nossa mente para fazer com que sintamos pena de nós mesmos e tenhamos ressentimento contra as pessoas que têm o que nós estamos convencidos de que nunca teremos.

A autocomiseração é uma emoção negativa muito destrutiva. A autocomiseração nos torna cegos para nossas bênçãos e para as possibilidades que estão diante de nós; ela rouba nossa esperança para o hoje e para o amanhã. As pessoas que sentem pena de si mesmas pensam: *Por que devo tentar fazer alguma coisa? Não vai dar certo.*

Eu adorava ficar sentada tomando meu café, sentindo pena de mim mesma, e pensando no quanto eu havia sido maltratada. Mas finalmente entendi que autocomiseração é idolatria, porque ela é

262 NUNCA DESISTA

o foco em nós mesmos levado ao extremo, e ela rejeita o amor de Deus e a capacidade Dele de transformar as coisas para nós.

Eu o encorajo a estar determinado a não perder nem mais um dia de sua vida sentindo autocomiseração. Quando você perder a esperança e começar a sentir pena de si mesmo, pare na mesma hora e diga: "Recuso-me a sentir pena de mim mesmo. Posso estar em um momento difícil da vida agora, mas não vou parar de esperar dias melhores!". O orador romano Cícero disse: "Enquanto há vida, há esperança". É verdade. Enquanto você viver, você tem a capacidade de ter esperança.

O inimigo quer que você se consuma sem ter esperança, e lhe dirá todo tipo de coisas sobre si mesmo, sobre sua vida, sobre as outras pessoas e sobre Deus, se ele achar que você vai acreditar nelas e perder a esperança. Mas o diabo é um mentiroso; você não deve acreditar em nada do que ele diz. O salmista se recusou a desistir quando o inimigo o atacou com a falta de esperança. Ele sabia como falar consigo mesmo para vencer esses ataques, e disse: "Por que você está assim tão triste, ó minha alma? Por que está assim tão perturbada dentro de mim? *Ponha a sua esperança em Deus!* Pois ainda o louvarei; ele é o meu Salvador e o meu Deus" (Salmo 42:5, ênfase da autora).

Lembre, Deus tem pensamentos e planos para seu bem, para lhe dar esperança para seu futuro (ver Jeremias 29:11). Se você se agarrar à esperança e lutar por ela quando o inimigo tentar tirá-la de você, verá coisas extraordinárias acontecerem em sua vida. Ter esperança ajuda você a seguir em frente em vez de desistir.

ESPERANÇA EM MEIO À DECEPÇÃO

Uma amiga me contou uma história que ilustra o que acontece quando uma pessoa se recusa a desistir da esperança mesmo depois de sofrer uma grande decepção.

Um pastor se encontrou com um membro de sua igreja, um homem de negócios que estava muito entusiasmado e cheio de fé

O *Poder da Esperança* 263

porque Deus estava agindo em sua vida de forma impressionante. O negócio do homem era a venda de grandes equipamentos para empresas, e ele disse a seu pastor que havia participado recentemente de uma licitação para um contrato muito lucrativo. Ele acreditava que ia conseguir o contrato. Na verdade, o homem estava absolutamente *convencido* de que o fornecedor lhe daria o negócio.

O pastor sentiu que Deus estava lhe mostrando que o homem não conseguiria aquele contrato, e avisou a ele para reconsiderar suas expectativas a fim de não se decepcionar quando o negócio não se concretizasse. O homem se recusou, dizendo: "Sei que vou conseguir esse contrato. Estou crendo nisso. Minha fé é forte. Vou consegui-lo".

Ele não o conseguiu. Um concorrente ganhou o contrato.

Inicialmente, o homem de negócios ficou angustiado, mas depois o pastor lhe deu um conselho sábio: "Creio que o melhor plano de ação a esta altura é ir falar com as pessoas que deram o contrato a outros e dizer que você teria prazer em ajudá-los e em se envolver no negócio como puder. Diga a eles que você entende porque eles compraram o equipamento de outra empresa, mas que você gostaria de fazer a instalação porque possui os melhores instaladores". Ele o encorajou a permanecer esperançoso e a se recusar a ser derrotado por um revés ou uma decepção.

O homem de negócios aceitou o conselho de seu pastor e decidiu superar sua decepção e não desistir da esperança de ter um relacionamento com a empresa que não comprou dele, embora ele tivesse de aceitar um tipo de relacionamento diferente do que o que desejava ter inicialmente.

Ele conseguiu o contrato para instalação e enquanto os empregados do homem de negócios estavam instalando o equipamento, o diretor da empresa percebeu o excelente trabalho que estavam fazendo. Na próxima vez que ele adquiriu um equipamento de grande porte, comprou-o daquele homem — e foi uma venda muito maior que o primeiro contrato teria sido. Assim, ele termi-

264 NUNCA DESISTA

nou tendo "o melhor de dois mundos", porque se recusou a deixar de ter esperança diante de uma grande decepção.

Quando as coisas não funcionam como gostaríamos, podemos ficar tristes com o que não conseguimos, ou podemos ser criativos e procurarmos ver o que podemos fazer com o que nos resta. O homem de negócios optou por ter uma atitude positiva e esperançosa com relação a uma situação decepcionante. Ele combateu a tentação de ficar irado com a empresa que não concedeu a ele o primeiro contrato ou com ciúmes das pessoas que conseguiram, e terminou fazendo o melhor negócio de todos. Ele achou que Deus ia abençoá-lo de uma maneira — com o primeiro contrato —, mas Deus o recompensou de outra maneira. Primeiro, Ele o abençoou com uma negociação lucrativa, e, em segundo, Ele lhe ensinou a importância e o valor de permanecer esperançoso após uma decepção.

TENHA ESPERANÇA QUANDO NÃO HOUVER ESPERANÇA

Uma maneira de desenvolver a esperança é aprendendo sobre como Deus agiu pelas pessoas em situações aparentemente sem esperança, como foi o caso de Pat e do homem de negócios que vendia equipamentos de grande porte. A Bíblia também está cheia de histórias que nos dão esperança e edificam nossa fé. Uma delas é o notável relato de três jovens hebreus — Sadraque, Mesaque e Abede-Nego — que insistiram em adorar o único Deus verdadeiro e se recusaram a adorar a imagem de ouro (ver Daniel 3:1-6). Como punição pela rejeição ao falso deus, os jovens foram lançados em uma fornalha ardente — aquecida sete vezes mais do que a temperatura normal. Eles seriam incinerados instantaneamente; a vida deles estava acabada; a situação era desesperadora.

A situação era realmente desesperadora? Não se Deus está envolvido. Minha parte favorita dessa história é quando o rei que tentou incinerá-los olhou para dentro da fornalha e viu um quarto homem lá dentro com eles (muitos estudiosos acreditam que ele

O *Poder da Esperança* 265

fosse o Jesus pré-encarnado), e depois percebeu que as cadeias ou as cordas com as quais os jovens haviam sido amarrados tinham se soltado. Quando os três jovens saíram ilesos da fornalha, eles receberam promoções no governo do rei! Tudo naquela situação terrível e aparentemente sem esperança cooperou para o bem deles. Assim como Sadraque, Mesaque e Abede-Nego, você pode estar enfrentando uma situação que parece totalmente sem esperança. Eu o incentivo hoje a pedir e a permitir que o Senhor restaure sua esperança. A esperança diz simplesmente: "Creio que algo de bom vai acontecer". A tristeza, a decepção e o desespero têm de fugir na presença da esperança. Enquanto você tiver esperança, você não irá desistir.

> A tristeza, a decepção e o desespero têm de fugir na presença da esperança.

No Caminho Certo

Durante seus primeiros anos, esperava-se que Andrew Carnegie seguisse os passos de seu pai e se tornasse tecelão em seu país natal, a Escócia. Antes da Revolução Industrial, que levou os teares a vapor para a Escócia em 1847, um tecelão podia ganhar a vida decentemente trabalhando com as mãos. Mas quando os teares mecânicos chegaram, as empresas não precisavam mais dos tecelões. Quando isso aconteceu ao pai de Carnegie, o padrão de vida da família caiu vertiginosamente e sua mãe teve de começar a trabalhar. Ela abriu uma mercearia e ganhava um dinheiro extra consertando sapatos. Refletindo sobre aqueles dias, Carnegie escreveu que aquela experiência lhe ensinou "o que significava a pobreza", ao ver seu pai implorar por um emprego. Como resultado, ele escreveu: "Foi ali, naquele momento, que me veio a decisão de resolver aquilo quando eu fosse um homem". Ele cresceu com a determinação de fazer tudo o que pudesse para dar emprego a trabalhadores e para garantir que ele não vivesse uma vida de necessidades.

Em 1848, a mãe de Carnegie deu um passo drástico em um esforço para evitar a total devastação e a ruína financeira da família. Ela pediu dinheiro emprestado para se mudar, com seu marido e seus filhos, para os Estados Unidos. Duas de suas irmãs já haviam se estabelecido em Pittsburgh, de modo que a família Carnegie se juntou a elas. Carnegie e seu pai encontraram trabalho em uma fábrica de algodão.

Então Carnegie foi trabalhar como mensageiro na agência telegráfica de Pittsburgh. Ele se destacou trabalhando duro e se oferecendo com disposição para assumir responsabilidades novas ou adicionais. Ao mesmo tempo, ele desenvolveu um hábito disciplinado de leitura e encontrou maneiras de assistir a peças de teatro e de ter outras atividades culturais e educacionais.

Por meio de seu trabalho na agência de telégrafos, o jovem e diligente Carnegie chamou a atenção de Thomas A. Scott, da Estrada de Ferro da Pensilvânia. O filho de Scott contratou Carnegie como

O Poder da Esperança

seu secretário pessoal. Com dedicação e uma ética de trabalho excelente, Carnegie passou por diversas funções na Estrada de Ferro da Pensilvânia, e tornou-se o sucessor de Scott como superintendente da divisão de Pittsburgh.

Depois da Guerra Civil, Carnegie viu um grande potencial na indústria metalúrgica, então pediu demissão da Estrada de Ferro e preparou-se para fazer fortuna naquela área. E foi o que fez. Com decisões inteligentes, riscos calculados e um olho clínico para gastos disciplinados, ele se tornou um dos homens mais ricos e um dos maiores filantropos de seu tempo.

Carnegie acreditava que "o homem que morre rico morre em desgraça", então ele começou a dar dinheiro à medida que envelhecia, concentrando-se em causas educativas e culturais. Por ocasião de sua morte, ele havia fundado duas mil e cinco bibliotecas públicas e distribuído aproximadamente 350 milhões de dólares.

O trabalho árduo e a busca irredutível por seus objetivos fizeram de Andrew Carnegie, um dia o filho de um tecelão desempregado, um homem a quem seus colegas chamavam de "o mais rico do mundo". Ele decidiu se tornar um empreendedor próspero e alguém que dava emprego a outros. Trabalhando duro, aproveitando as oportunidades e assumindo responsabilidades, ele conseguiu. Quando você se decidir a realizar seus objetivos e a fazer o possível para atingi-los, você os realizará.

CAPÍTULO 18

COMO UM VENTO IMPETUOSO

"A maior recompensa pelo trabalho de um homem não é o que ele consegue por ele, mas o que ele se torna através dele".

JOHN RUSKIN

Certa vez ouvi uma história chamada "O Obstáculo em Nosso Caminho", que quero compartilhar agora.

Em tempos antigos, um rei mandou colocar uma pedra em uma estrada. Então ele se escondeu e ficou observando para ver se alguém removeria a enorme rocha. Alguns dos mais ricos mercadores e cortesãos do rei apareceram e simplesmente contornaram a pedra.

Muitos culpavam o rei em voz alta por não manter as estradas livres, mas ninguém fez nada para tirar a grande pedra do caminho. Então apareceu um camponês carregando um fardo de legumes. Ao aproximar-se da pedra, o camponês deixou de lado seu fardo e tentou mover a pedra para o lado da estrada. Depois de empurrar e se esforçar muito, ele finalmente conseguiu. Quando o camponês pegou seu fardo de legumes, percebeu que havia uma bolsa na estrada onde antes estava a pedra. A bolsa continha muitas moedas de ouro e um bilhete do rei dizendo que aquele ouro era para a pessoa que removesse a pedra do caminho. O camponês aprendeu o que muitos outros nunca entenderão.

A lição importante a ser lembrada é que o trabalho tem suas recompensas. Isso é verdadeiro no ambiente empresarial, em sua casa, em seus relacionamentos, e em todas as áreas da vida. Se você estiver disposto a pagar o preço, você terá o prêmio. O mesmo princípio se aplica à nossa vida espiritual ao andarmos com Deus. Ele exige que trabalhemos para realizar o que Ele nos chama para fazer, que cumpramos com Seus propósitos para nossa vida, e que sigamos os sonhos que Ele planta em nosso coração; e Ele promete que se formos diligentes, teremos uma recompensa.

Creio que muitas pessoas são infelizes hoje porque só querem se comprometer com coisas que são fáceis ou convenientes. Isso me entristece porque essas pessoas geralmente se enganam se mantendo longe das recompensas que Deus tem para elas, simplesmente porque querem evitar as dificuldades. Se elas estivessem dispostas a se esforçar, colheriam grandes benefícios.

Deus quer nos abençoar de muitas formas. Às vezes Ele requer que façamos algo difícil antes de recebermos certas bênçãos porque Ele quer que essas bênçãos sejam recompensas por nossa diligência. Não há recompensas por começar alguma coisa; não há recompensas por desistir. Mas se não desistirmos, *receberemos* nossas recompensas.

DEUS É RECOMPENSADOR

Talvez o único versículo que apresente mais claramente a promessa de que Deus recompensa aqueles que nunca desistem seja Hebreus 11:6: "Sem fé é impossível agradar a Deus, pois quem dele se aproxima precisa crer que Ele existe e que recompensa aqueles que o buscam".

Precisamos crer que Deus é recompensador para aqueles que o buscam diligentemente. Se formos diligentes, podemos esperar recompensas. Não podemos manipular Deus; precisamos crer em Sua Palavra e fazer o que Ele nos pede para fazer. Ele nos diz que

Como um Vento Impetuoso 271

os diligentes serão abençoados, então simplesmente continuamos seguindo em frente e nos recusamos a desistir.

A esta altura, você sabe que fazer alguma coisa do jeito certo uma vez não gera necessariamente uma grande recompensa. É fazer o que é certo sucessivamente que gerará o bom resultado que você deseja. Você precisa ser diligente quando todos à sua volta esmorecerem ou desistirem. Ser diligente não é fácil, mas tem suas recompensas — e eu lhe garanto que elas valem cada esforço e cada sacrifício que você fizer.

O TRABALHO POR TRÁS DAS RECOMPENSAS

Não se consegue uma reviravolta na vida fazendo o pedido no *drive-thru*! Você pode conseguir um hambúrguer ou um *milk-shake* em um *drive-thru*, você pode até sair e pegar sua roupa limpa em um *drive-thru*, mas você não tem a opção da conveniência de um *drive-thru* se quer receber uma recompensa de Deus. Com Deus não existem atalhos. Se você quer a recompensa, tem de fazer o trabalho.

Neste ponto de minha vida, estou tendo as recompensas que vêm com anos de diligência — não um ano, não dois anos, e nem mesmo dez anos, mas com *décadas* de diligência. Saber que obedeci a Deus e que segui Seu chamado para minha vida é a recompensa mais importante, e ser capaz de viver meu sonho de ministrar a outros é um benefício extra. Fico eletrizada quando percebo que, embora eu não tenha tido um grande começo na vida devido ao ataque do diabo, estou tendo um grande fim e Deus tem sido exaltado como Rei.

Quero lembrá-lo que eu não vi as recompensas rapidamente. Durante muitos anos, eu realmente sentia que estava fazendo tudo o que sabia e ainda não estava tendo muito progresso. Na verdade, eu estava progredindo, mas havia tantas coisas em minha vida que precisavam ser consertadas, que eu não conseguia ir além do que ainda estava errado para ver o que havia mudado para melhor. Quero que você saiba disso para não ficar desanimado se tiver de lutar com sentimentos semelhantes. Na maior parte do tempo, você realmente está progredindo quando pensa que não está avançando um milímetro sequer. Deus está trabalhando no processo de fazer você avançar pouco a pouco, de tal maneira que talvez você nem note que não está mais como estava no ano passado.

> Deus está trabalhando no processo de fazer você avançar pouco a pouco, de tal maneira que talvez você nem note que não está mais como estava no ano passado.

Mas Deus nota; e Ele quer que você continue seguindo em frente, mesmo que você avance apenas um centímetro de cada vez. A Bíblia diz que Deus nos livra dos inimigos pouco a pouco (ver Deuteronômio 7:22). O simples fato de recusar-se a desistir é uma vitória em si.

HÁ UM MOTIVO PARA ESSAS BÊNÇÃOS

Quando vemos pessoas que parecem estar cheias das bênçãos de Deus e que estão prosperando na vida, pessoas que parecem estar perfeitamente em paz e que estão sempre alegres e parecem ter tudo cooperando a seu favor, nos perguntamos por que elas têm uma vida tão abençoada. O mundo as chama de pessoas de sorte, mas nós sabemos que é mais que isso. Sabemos que existe um motivo para a vida abundante que elas desfrutam.

Na maior parte do tempo, as pessoas a quem nos referimos como "abençoadas" não começaram a vida na bênção. Elas tiveram sua parcela de desafios e adversidades; passaram por dificuldades; foram diligentes em viver segundo a Palavra de Deus; permaneceram fiéis a Ele; deram a outros quando tinham pouco para dar; oraram quando não sentiam vontade de orar; e foram pacientes, amorosas e bondosas para com as pessoas quando não queriam ser bondosas com ninguém. Elas fizeram essas coisas em obediência à Palavra de Deus, e porque sabiam que fazendo isso trariam alegria à sua vida.

Como um Vento Impetuoso 273

Quando Deus viu que essas pessoas tomavam decisões sábias, o seguiam de todo coração, e se recusavam a desistir por muito tempo, Ele as abençoou. Ele é um Deus que ama nos abençoar, mas Ele nos testa para ver se estamos determinados e dispostos a viver para Ele mesmo quando não temos o que gostaríamos de ter.

Em Mateus 5, Jesus diz que os puros de coração são abençoados (ver v. 8), mas precisamos nos lembrar que se tornar puro de coração não é fácil nem rápido. Ele também diz que os pacificadores e os que mantêm a paz são abençoados (ver v. 9), mas fazer a paz e mantê-la requer humildade, sacrifício e disposição de se adaptar e se ajustar às outras pessoas. As bênçãos de Deus são dadas livremente por Sua graça, mas precisamos estar dispostos a obedecer a Ele se quisermos desfrutá-las.

Passei por muitas situações difíceis a respeito das quais ninguém sabe nada. Passei por muitos momentos de solidão, e por muitos anos de dificuldades. Suportei muitos anos de rejeição, julgamento e crítica por ser uma mulher no ministério. Mas agora tenho a recompensa. Não foi fácil, mas valeu a pena.

Sua recompensa também virá se você se recusar a desistir! Estremeço quando penso como minha vida seria agora se eu tivesse desistido durante um daqueles momentos em que fui tão tentada a abandonar tudo. Agradeço a Deus por Ele ter me impulsionado para frente e por algumas vezes até me arrastar enquanto eu esperneava e gritava por qualquer inconveniência. Às vezes, eu me sentia como se não pudesse voltar atrás; eu não sabia como seguir em frente, mas Deus não me deixava desistir. Ele providenciou pessoas para me ajudar, dinheiro para pagar as contas, portas abertas, força, sabedoria e tudo mais que eu precisava. O caminho era estreito, íngreme e difícil de enfrentar, mas finalmente percebi que era o único caminho que realmente levava a algum lugar. Estou tão feliz agora por não ter desistido, e se você se recusar a desistir, sua recompensa também virá.

AO VENCEDOR...

Dissemos que embora gostemos de aparentar sermos pessoas fortes, determinadas e capazes de superar dificuldades, ainda assim tentamos evitar os obstáculos, a oposição e as adversidades que acabam por nos dar o que dizemos que queremos. Podemos receber muito incentivo no livro de Apocalipse porque ele está cheio de promessas de recompensas para aqueles que vencerem:

Aquele que tem ouvidos ouça o que o Espírito diz às igrejas. Ao vencedor darei o direito de comer da árvore da vida, que está no paraíso de Deus (Apocalipse 2:7).

Farei do vencedor uma coluna no santuário do meu Deus, e dali ele jamais sairá. Escreverei nele o nome do meu Deus e o nome da cidade do meu Deus, a nova Jerusalém, que desce dos céus da parte de Deus; e também escreverei nele o meu novo nome (Apocalipse 3:12).

Ao vencedor darei o direito de sentar-se comigo em meu trono, assim como eu também venci e sentei-me com meu Pai em seu trono (Apocalipse 3:21).

Essas passagens nos lembram de nossa recompensa celestial quando vencermos a adversidade com fé, perseverança e caráter. Alcançamos a vitória em nossa vida quando optamos por adotar o difícil caminho da superação.

ESPREMA-SE PARA ENTRAR EM UM LUGAR ESTREITO

Se você quer atingir algum objetivo que valha a pena ou fazer alguma coisa expressiva para Deus, descobrirá que sempre terá de passar por um lugar estreito. A qualquer momento em que Deus o conduza a um lugar mais espaçoso — uma posição de maior influência, de maior prazer na vida, ou a um desejo realizado — você terá de se espremer para passar por um lugar estreito. Seu

Como um Vento Impetuoso 275

lugar estreito pode ser um tempo em que você terá de se afastar dos relacionamentos negativos, em que você terá de disciplinar sua boca para falar positivamente em vez de reclamar, ou quando você terá de se submeter a um orçamento tão apertado que não poderá se dar ao luxo de ceder a alguns dos pequenos prazeres da vida, como tomar uma xícara de café gourmet ou comprar uma entrada para o cinema. Você pode ter de optar por trabalhar enquanto os outros estão se divertindo. Esse tipo de disciplina irá pressioná-lo, mas também irá conduzi-lo aos lugares espaçosos e às bênçãos que Deus tem para você. Quando você for pressionado a ponto de sentir que mal pode respirar, certifique-se de permanecer focado na recompensa que está por vir. É como trabalhar a semana inteira e ter a expectativa de receber o pagamento na sexta-feira. Quando o diabo tentar desanimá-lo, diga apenas em voz alta: "O dia do pagamento está chegando!".

Jesus falou sobre a porta estreita em Mateus 7:13-14: "Entrem pela porta estreita, pois larga é a porta e amplo o caminho que leva à perdição, e são muitos os que entram por ela. Como é estreita a porta, e apertado o caminho que leva à vida! São poucos os que a encontram".

Muitas pessoas nunca saem do caminho amplo que leva à destruição. Por quê? Porque há muito espaço no caminho amplo. Você terá muita companhia no caminho amplo. É o caminho mais fácil. Jesus o chama de "amplo", e quando penso nisso, penso em uma pessoa que tem espaço para carregar toda a bagagem carnal consigo nessa estrada! O caminho amplo pode ser fácil e espaçoso, mas ele não leva a nada de bom. Na verdade, leva à destruição.

Aqueles que realmente querem encontrar vida devem seguir o que Jesus chama de "o caminho estreito". Ele é apertado; é comprimido; não é tão fácil de ser trilhado como o caminho amplo. Quando decidimos seguir esse caminho estreito, Deus começa a exigir mais de nós. Ele começa a remover um pouco de nossa bagagem carnal. Ele começa a tirar um pouco do acolchoamento de nosso ninho. Ele pede para deixarmos para trás alguns de nossos antigos caminhos, para ajustarmos algumas de nossas atitudes, para elevarmos o padrão de nossos relacionamentos e de nossas conversas, e para fazermos algumas mudanças na maneira como gastamos nosso tempo e nosso dinheiro. Viver no caminho estreito exige que deixemos Deus sair da "caixinha do domingo de manhã" onde tentamos mantê-lo e o convidemos para entrar em todos os nossos dias e em tudo que fazemos. Não podemos ter nenhum lugar em nossa vida onde Deus não seja bem-vindo.

Nem tudo que Deus nos pede para fazer ao tomarmos o caminho estreito será fácil, mas será bom para nós. Talvez, ao passarmos por ele, não sintamos que é uma bênção, contudo, por fim, ele nos levará à bênção. Ele exigirá que vençamos algumas coisas, mas nos levará a recompensas maravilhosas.

Eu o encorajo a entrar no caminho estreito e a permanecer nele. Talvez não haja muitas pessoas nele com você, mas se você olhar com atenção verá Jesus, porque o caminho estreito é sempre o caminho por onde Ele anda. Não volte ao caminho amplo quando o caminho estreito perder sua atração. O caminho amplo é enganoso. Ele pode ser divertido por algum tempo, e pode ser fácil, mas leva a grandes problemas. Pague o preço de permanecer com Deus no caminho que leva à vida.

O DIA DO PAGAMENTO ESTÁ CHEGANDO

A promessa de recompensa é uma promessa dinâmica que nos mantém seguindo na direção certa e nos recusando a desistir nos momentos difíceis. Quando você ficar desanimado ou cansado enquanto avança, não desista, porque o preço que você vai pagar valerá a pena no fim. O dia do pagamento está chegando!

Deus pode estar lhe dando algumas tarefas difíceis neste instante. Ele pode estar lhe pedindo para fazer coisas que você acha que simplesmente não pode fazer, mas quero que você saiba: se continuar e avançar, Deus tem uma recompensa para você. A pro-

Como um Vento Impetuoso 277

messa de recompensa é extraordinária. Ela nos mantém motivados e animados.

Um versículo que imediatamente me vêm à mente quando penso nas recompensas que Deus promete quando nunca desistimos é Hebreus 11:6, que nos diz que Deus "recompensa aqueles que o buscam". Precisamos lembrar sempre que Deus recompensa aqueles que o buscam diligentemente. Suas recompensas talvez não venham na forma que você espera ou no tempo que você espera, mas elas virão.

Uma de minhas passagens favoritas das Escrituras está em Isaías 61:7-8: "Em lugar da vergonha que sofreu, o meu povo receberá porção dupla, e ao invés da humilhação, ele se regozijará em sua herança; pois herdará porção dupla em sua terra, e terá alegria eterna. Porque eu, o Senhor, amo a justiça".

Veja comigo a primeira parte dessa passagem: "Em lugar da vergonha que sofreu, o meu povo receberá porção dupla". A palavra *porção* nessa passagem significa "recompensa" ou "pagamento pelos sofrimentos passados". A palavra *recompensa* me faz lembrar *compensação*. Quando penso na compensação dada ao trabalhador, me lembro do pagamento que é feito a uma pessoa que foi ferida no trabalho. Lembre-se sempre de que se nos ferimos enquanto trabalhamos para Deus, Ele cuida de nós; Ele nos "paga", por assim dizer. Nós não estamos na folha de pagamento do mundo; Deus está cuidando de nós. Se alguém se levantar contra nós, se alguém nos ferir, se alguém nos rejeitar, se alguém nos magoar, precisamos continuar servindo a Deus e fazendo o que é certo, e Ele garantirá que alcancemos o que merecemos no final.

> Suas recompensas talvez não venham na forma que você espera ou no tempo que você espera, mas elas virão.

Entender que eu não tinha de tentar receber nada das pessoas que me feriram foi uma experiência transformadora para mim. A verdade é que elas não podiam me pagar por nada. Elas não podiam

278 NUNCA DESISTA

me devolver o que haviam tirado de mim, mas Deus sempre pode nos dar mais do que as pessoas tiraram de nós.

Encontramos outra promessa de recompensas em Joel: "Vou compensá-los pelos anos de colheitas que os gafanhotos destruíram: o gafanhoto peregrino, o gafanhoto devastador, o gafanhoto devorador e o gafanhoto cortador, o meu grande exército que enviei contra vocês. *Vocês comerão até ficarem satisfeitos*, e louvarão o nome do Senhor, o seu Deus, que fez maravilhas em favor de vocês; nunca mais o meu povo será humilhado" (Joel 2:25-26, ênfase da autora).

Observe as palavras que coloquei em itálico: "Vocês comerão até ficarem satisfeitos". Essa parte da promessa significa muito para mim porque passei muitos anos insatisfeita e descontente. Não importava o que tivesse, eu não estava satisfeita. Não importava o que realizasse, eu não estava satisfeita. Por quê? Porque só Deus pode satisfazer.

Seja o que for que você tenha perdido na vida, Ele restituirá. Isso é uma promessa. Ele devolverá o que foi roubado de você. À medida que você confiar Nele, Ele garantirá que você "coma até ficar satisfeito e louve o nome do Senhor".

VOCÊ ESTÁ NO CAMINHO

Existe uma razão pela qual você escolheu ler este livro. Suspeito que alguma coisa no título dele, *Nunca Desista!,* tenha chamado sua atenção. Talvez você tenha vivido a vida inteira sem uma esperança, um sonho ou um objetivo que você sente que é tão importante que vale a pena nunca desistir dele; você faria qualquer sacrifício para ver aquele sonho se realizar ou passaria por qualquer dificuldade para alcançá-lo. Talvez você esteja enfrentando uma situação neste instante e sabe que a única maneira de sobreviver é nunca desistir. Talvez você tenha desistido de alguma coisa no passado e queira ter certeza de que nunca mais vai desistir.

Seja qual for o motivo, quero encorajá-lo pessoalmente mais

Como um Vento Impetuoso 279

uma vez a *nunca desistir.* Quero também ter certeza de que você sabe que Deus costuma agir de repente quando as pessoas insistem e persistem por anos, recusando-se a desistir. Não se desespere, porque a reviravolta em sua vida pode acontecer "de repente" hoje, e se não for hoje, pode ser amanhã ou no dia seguinte. Ele ouve cada oração que você faz sobre seus problemas, e Ele vê o compromisso que você demonstra, e observa enquanto você supera as adversidades na busca de tudo que Ele tem para você. Creio que haverá momentos em que, de repente, Ele lhe dará a provisão de que precisa, abrirá as portas da oportunidade que espera, lhe dará as ideias de que necessita, alinhará os relacionamentos que precisam ser acertados, ou fará o que quer que você esteja ansiando que Ele faça em sua vida. Vai acontecer, e talvez pareça a você que foi "de repente".

Creio que na maioria das vezes, só os *resultados* acontecem de repente. Por trás de toda vitória, reviravolta, grande oportunidade, realização ou bênção aparentemente repentina, há certo grau de fiel perseverança e determinação conhecidas somente por aqueles que foram persistentes.

Você pode ter de esperar muito mais do que gostaria antes de finalmente poder desfrutar a satisfação de um objetivo realizado ou um desejo cumprido. Esperar — e esperar pacientemente e com expectativa — faz parte de nunca desistirmos. Seja o que for que você está crendo

> Na maioria das vezes, só os resultados acontecem de repente.

que Deus fará acontecer em sua vida, seja paciente, desfrute a jornada, e recuse-se a desistir.

Talvez você não possa mudar as circunstâncias, mas pode estar determinado a esperar em Deus e a confiar Nele para fazer isso. Você pode ter de esperar mais do que acreditou ou pensou que teria de esperar, mas Deus não tardará. Enquanto espera, você pode confiar que Deus virá em seu socorro. Quando Ele fizer isso, você ficará feliz por ter perseverado.

Deus tem um plano maravilhoso e único para você, e eu o encorajo a estar determinado a ver a plenitude desse plano se realizar em sua vida. Quando a vida parecer difícil e você for tentado a desistir, lembre-se daqueles que vieram antes de você. Lembre-se daqueles que nunca desistiram e que acabaram desfrutando as recompensas de sua fé e de sua esperança.

Você não quer decidir agora mesmo que, independentemente do que aconteça em sua vida, você nunca desistirá? A escolha cabe a você, mas eu lhe asseguro que, seja o que for que você tenha de superar para atingir seus objetivos e para desfrutar o sucesso que Deus tem para você, o esforço valerá a pena.

Seja determinado; seja comprometido; seja paciente; e seja diligente em todas as áreas de sua vida — e seja o que for que você faça, nunca desista!

ORAÇÃO DE SALVAÇÃO

O relacionamento mais importante de sua vida é um relacionamento pessoal com Jesus Cristo. Se você deseja recebê-lo como seu Senhor e Salvador, e entrar no relacionamento mais maravilhoso que você já conheceu, faça esta oração:

> Pai,
> *Tu amaste o mundo de tal maneira que deste o Teu único Filho para morrer por nossos pecados para que todo aquele que crer Nele não pereça, mas tenha vida eterna.*
> *Tua Palavra diz que somos salvos pela graça por meio da fé, como um dom que vem de Ti. Não há nada que possamos fazer para merecer a salvação.*
> *Eu creio e confesso com minha boca que Jesus Cristo é o Teu Filho, o Salvador do mundo. Creio que Ele morreu na cruz por mim e levou todos os meus pecados, pagando o preço por eles.*
> *Creio em meu coração que Tu levantaste Jesus dos mortos e que Ele está vivo hoje.*
> *Sou um pecador; lamento por meus pecados; e peço-te que me perdoes. Pela fé recebo Jesus Cristo agora como meu Senhor e Salvador. Creio que estou salvo e que passarei a eternidade contigo! Obrigado, Pai. Sou tão grato! Em nome de Jesus, Amém.*

APÊNDICE

HISTÓRIAS DE PESSOAS QUE NUNCA DESISTIRAM

Introdução
1. Henry Ford
2. Fred Astaire
3. Louisa May Alcott
4. Walt Disney
5. Enrico Caruso
6. Theodore RooseveltJohn Wesley
7. Abraham Lincoln

Capítulo 1
8. Pennie Shephard
9. Winston Churchill

Capítulo 2
11. Marie Curie

Capítulo 3
12. Bessie Coleman
13. Alexander Graham Bell

Capítulo 4
14. Dr. Martin Luther King Jr.
15. Helen Keller

Capítulo 5

16. Wilma Rudolph
17. Caitlin Hammaren
18. Aaron Ralston
19. Levi Strauss

Capítulo 6

20. John Washington Roebling
21. Sarah Breedlove (Madame C. J. Walker)

Capítulo 7

22. Stanley Praimnath
23. James Cash (J. C.) Penney

Capítulo 8

24. Ben Carson
25. Marian Anderson

Capítulo 9

26. William Wilberforce

Capítulo 10

27. Mary Kay Ash

Capítulo 11

28. Dr. Ignaz Semmelweis

Capítulo 12

29. Maya Angelou
30. Osceola McCarty

Apêndice

Capítulo 13

31. Rosa Parks

32. "Michelle"

Capítulo 14

33. Vincent Newfield

34. Spencer Silver e Art Fry

Capítulo 15

35. Florence Nightingale

Capítulo 16

36. Thomas Adams

Capítulo 17

37. "Pat"

38. Andrew Carnegie

Sobre a Autora

Joyce Meyer é uma das líderes no ensino prático da Bíblia no mundo. Renomada autora de *best-sellers* pelo *New York Times*, seus livros ajudaram milhões de pessoas a encontrarem esperança e restauração através de Jesus Cristo.

Através dos *Ministérios Joyce Meyer*, ela ensina sobre centenas de assuntos, é autora de mais de 80 livros e realiza aproximadamente quinze conferências por ano. Até hoje, mais de doze milhões de seus livros foram distribuídos mundialmente, e em 2007 mais de três milhões de cópias foram vendidas. Joyce também tem um programa de TV e de rádio, *Desfrutando a Vida Diária®*, o qual é transmitido mundialmente para uma audiência potencial de três bilhões de pessoas. Acesse seus programas a qualquer hora no site www.joycemeyer.com.br

Após ter sofrido abuso sexual quando criança e a dor de um primeiro casamento emocionalmente abusivo, Joyce descobriu a liberdade de viver vitoriosamente aplicando a Palavra de Deus à sua vida, e deseja ajudar outras pessoas a fazerem o mesmo. Desde sua batalha contra um câncer no seio até as lutas da vida diária, Joyce Meyer fala de forma aberta e prática sobre sua experiência, para que outros possam aplicar o que ela aprendeu às suas vidas.

Ao longo dos anos, Deus tem dado a Joyce muitas oportunidades de compartilhar seu testemunho e a mensagem de mudança de vida do Evangelho. De fato, a revista *Time* a selecionou como uma das mais influentes líderes evangélicas dos Estados Unidos. Sua vida é um incrível testemunho do dinâmico e restaurador trabalho de Jesus Cristo. Ela crê e ensina que, independente do passado da pessoa ou dos erros cometidos, Deus tem um lugar para ela, e pode ajudá-la em seus caminhos para desfrutar a vida diária.

Joyce tem um merecido PhD em teologia pela Universidade Life Christian em Tampa, Flórida; um honorário doutorado em divindade pela Universidade Oral Roberts em Tulsa, Oklahoma; e um honorário doutorado em teologia sacra pela Universidade Grand Canyon em Phoenix, Arizona. Joyce e seu marido, Dave, são casados há mais de quarenta anos e são pais de quatro filhos adultos. Dave e Joyce Meyer vivem atualmente em St. Louis, Missouri.